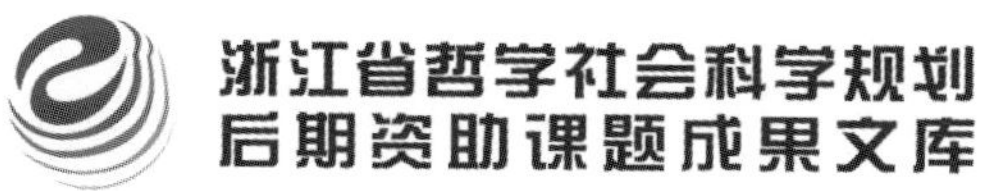

17-19世纪欧美汉语官话语法著作研究

17-19 Shiji Oumei Hanyu Guanhua Yufa Zhuzuo Yanjiu

叶 锋 著

中国社会科学出版社

图书在版编目（CIP）数据

17—19世纪欧美汉语官话语法著作研究／叶锋著．—北京：中国社会科学出版社，2019.6

（浙江省哲学社会科学规划后期资助课题成果文库）

ISBN 978-7-5203-3943-8

Ⅰ.①1… Ⅱ.①叶… Ⅲ.①汉语-语法-研究-西方国家-17世纪—19世纪 Ⅳ.①H146

中国版本图书馆CIP数据核字（2019）第016308号

出 版 人 赵剑英
责任编辑 宫京蕾
特约编辑 李晓丽
责任校对 秦 婵
责任印制 李寡寡

出 版 中国社会科学出版社
社 址 北京鼓楼西大街甲158号
邮 编 100720
网 址 http://www.csspw.cn
发 行 部 010-84083685
门 市 部 010-84029450
经 销 新华书店及其他书店

印刷装订 北京君升印刷有限公司
版 次 2019年6月第1版
印 次 2019年6月第1次印刷

开 本 710×1000 1/16
印 张 17.75
插 页 2
字 数 300千字
定 价 86.00元

前　言

本书以17—19世纪欧美人士的汉语官话语法著作的写作和出版、主要内容以及引例与参考文献等为研究对象，汇集了汉语语法学史、西方汉学史、中西文化交流史和基督教东传史等各专业领域的研究成果，利用了它们的研究理论和方法。

针对现有研究以专著为纲，著作之间的承袭和发展的论述缺失，版本调查不足、评价体系混乱的现状，本书挑选了5部西方有代表性的汉语语法著作，在多方收集史料、深入分析文本的基础上，详细介绍各位作者的生平以及学习汉语的经历，进一步梳理了这些著作的成书和出版历程，探究了它们所利用的中外文献。为避免沦为“专著简介”，本书采用点、线、面结合的方式，以著作研究为“点”，以国别研究为“线”，进而扩展到汉语语法著作关联和承袭整体研究的“面”上，从而建立起立体的多层次体系。

本书分为绪论、汉语语法著作个案研究、结语和附录四个部分。各部分之间相互照应、层层推进，具有内容上的相对独立性和逻辑上的关联性。

“绪论”介绍了17—19世纪欧美汉语官话语法著作大量出现的历史背景，设想了研究的主要任务，梳理了相关领域的学术研究状况并进行了一定的考释和反思。具体来说，绪论的第一部分讨论了与本书有关的若干基本概念，明确界定了研究范围；第二部分在此基础上细化了研究内容和操作方法；第三部分列举了研究的主要创新点和难点；第四部分调查了现存的17—19世纪欧美汉语语法著作，修订了前人调查结果的一些错误；第五部分则是对相关领域学术研究的回顾。

“汉语语法著作个案研究”从第一章到第五章，是研究的主体部分，讨论17—19世纪欧美汉语语法的代表性著作，分别选取卫匡国《中国文法》、马若瑟《汉语札记》、马礼逊《通用汉言之法》、威妥玛《语言自迩集》和甲柏连孜《汉文经纬》五部著作进行个案分析，记述各位作者的生平与汉语学习经历，考证这些著作的成书过程和出版情况，特别是写作时参考的中外文献。还有，根据每本著作的内容，挑选有价值的方面进行专项研究。此外，这些著作的流传和影响也是我们探讨的重点。为了更加准确地反映欧美汉语语法学在不同国家的发展轨迹，本书还根据需要，在各章根据各个著作编写者的国籍，对欧美不同的国家和地区汉语语法学的历史进行专门论述。

“结语”主要对欧美主要汉语语法著作进行横向地深入比较，对这些著作之间的承袭特点进行分析，举例论述了其对语法概念的阐释。此外，“结语”还对 17—19 世纪这些著作在汉语语法发展过程中的历史地位和作用进行了客观评述。最后，本书对西方早期汉语语法著作与近代中国学者语法研究兴起之间的关系进行了大致梳理。这样做，都是为了实现个案和整体最大程度的关联。

“附录”分为两个部分，包括 17—19 世纪欧美汉语官话语法著作目录和欧美主要汉语官话语法著作书影。

目　　录

绪　论

16 世纪初，欧洲逐渐进入“大航海时代”的高潮，殖民势力蓬勃兴起，中西关系出现了不同于以往的鲜明特征。随着传教士、殖民者和商人越洋进入中国以及周边地区，中西方在语言方面开始了较大规模的多层次接触和交流，其中就包括欧美人对于汉语语法的探讨和总结。为了更好地帮助后来人学习汉语以及向西方介绍中国的语言，欧美的“先行者”们编撰了许多包含大量汉语语法论述及实用指南的汉语教科书以及有关汉语语法的研究性著作。

在日益全球化的今天，不同文化之间的密切沟通和交流是构建和谐世界的前提。这当中语言自然是不可或缺的工具。中国人要学外语，欧美人也要学习汉语，他们需要对汉语语法有一定程度的了解和掌握。因而，回顾欧美人在汉语语法方面的学习和研究就显得很有必要。本书所要进行的工作主要有：(1) 在 17 世纪中叶之后的中西文化交流中，探讨作为欧美人汉语学习重要成果和工具书的汉语语法著作的萌芽、成长及其原因。(2) 确认西方早期编撰的主要的汉语语法著作的作者、年代以及承袭等概况。(3) 从历史的角度评价西方整体和作者个人在汉语发展进程中的作用和历史地位，评述其中一些有影响的语法著作的成败得失，反映在中国发生的一些重大历史事件对西方汉语语法论述和研究的作用及影响。(4) 考察西方语法理论和研究方法对欧美人编写汉语语法著作的影响，倡导批判地继承适合中国的西方语法理论和研究方法。(5) 将早期欧美汉语语法著作纳入汉语语法学史的研究，更好地指导今后的研究和汉语语法著作建设。

考察西方早期汉语语法著作起源和发展的历史进程，不仅丰富了汉语语法学史研究，而且也对我们研究中外文化交流史、西方汉学史以及天主教和新教的传布历史都有重要意义。

一　基本概念和研究范围

1643 年，意大利耶稣会士卫匡国（Martinus Martini）抵达中国。当下学界一般认为，卫匡国 1651—1652 年间完成的《中国文法》（*Grammatica Sinica*）是最早的欧美汉语语法著作。因此，本书将开始的时间定为卫匡国《中国文法》成书的 17 世纪中期。1881 年，德国语言学家甲柏连孜（Georg von der Gabelentz）[①] 的《汉文经纬》在莱比锡出版，“在汉语研究史上开辟了一个新的篇章”[②]，是 19 世纪西方汉语语法研究的巅峰之作。1898 年，马建忠出版了《马氏文通》，是中国语法学历史上第一部系统的汉语语法著作。由此，汉语语法的研究进入了新的时期，王力更是把这一年作为中国现代语言学的开始之年。所以，本书的截止时间是马建忠《马氏文通》出版之前的 19 世纪末。本书中的“早期”指的也就是 17—19 世纪这段时间。

“欧美”指的是欧洲和美国。具体来说，本书涉及欧洲国家主要集中在南欧和西欧，以意大利、西班牙、葡萄牙、法国、英国、德国为关注重点，兼及俄罗斯。“西方”的含义比较复杂，从文化意义上来说，17—19 世纪的“西方”主要指基督教的文化大区，包括了欧美的大部分地区。在本书中，“欧美”和“西方”基本通用，只是为了行文的通顺和避免过多重复，在字面上有所不同而已。

早期西方汉语语法著作的作者可以分成两类。一类是来过中国的，有的甚至客死在了这里，这类人主要是来华传教士和外交官。另一类则没有到过中国，这类人由在欧美的汉学家和语言学家构成，他们主要依据能够收集到的前人著作，在深入研究汉语语法的基础上融会自己的创新，形成自己的作品。

汉语是我国的主要语言，现代汉语的标准语是普通话。口语是谈话时使用的语言，大致可以分为官话和方言两大类。当今，官话一般是普通话的旧称，有时也泛指普通话的基础方言北方话。这和明清西来人士所认为的“官话”是不同的。利玛窦时代及其后的很长一段时间，传教士们都

---

① Gabelentz 因为翻译的缘故，主要有甲柏连孜、贾伯莲、嘎伯冷茨、加贝伦茨等几个汉文译名。

② 何九盈：《中国古代语言学史》，广州教育出版社 2000 年版，第 140 页。

认为所谓“官话”是在中国南方，特别是江南一带的官场和士大夫中通行的交谈用语，以南京音为标准音。直到清代中晚期，西方人才逐渐认识到此时中国人的“官话”变成了以北京话为标准，南京音已经废弃不用了。北京官话通行于帝国朝廷和政府主要官员之间。威妥玛在《语言自迩集》第一版序言中说道：

> 那时没有人把北京话作为写作对象，而各种表音法都声称描写的是南方官话（the southern mandarin）——诸如马礼逊博士（Dr. Morrison），即第一部汉英词典的编纂者，麦都斯博士（Dr. Medhurst）和卫三畏博士（Dr. Wells Williams）等人——他们对于本地话系统的描写，远不是无懈可击的。[①]

张卫东据此认为：“大约是1850年前后，北京音才获得官话正音的地位。”[②] 虽然该问题还是有争议，但考虑到卫匡国、马若瑟、马礼逊等人进入中国，大都是在南方活动，对北京话知之甚少，没有到过中国的欧美学者都是通过他们及其前辈获得有关对中国语言的认识，所以本书基本采用张卫东的说法，所论及的“官话”语法著作，在1850年之前，大体上以南京话为标准音，在1850年之后，则改为以北京话为标准音。

书面语与口语相区别，指的是用文字写出来的语言。新文化运动之前的中国，书面语和口语有着很大的区别，一般指的是以规范的古代汉语呈现在文章中的语言。由于篇幅所限，本书集中于以官话口语和书面语为对象的汉语语法著作，并不涉及其他的各地方言，主要与方言相关的汉语语法著作不在本书的论述范围之内。但有些基本以官话口语为对象的语法著作并未对官话口语和方言进行明确区分，它们在讨论官话口语的同时也有小部分论及了方言。这样的著作也是本书分析的对象。因此，本书以汉语口语中的“官话”为中心，兼及“书面语”，几乎不去讨论“方言”。[③]

语法大致说来有广义和狭义之分。广义的语法指的是一种语言结构关

---

① Thmas Francis Wade *Yü-yen Tzŭ-êrh Chi* London：Trübner Company，1867，*Preface*，P. vi.

② 张卫东，译序，第5页。参见［英］威妥玛《语言自迩集——19世纪中期的北京话》，张卫东译，北京大学出版社2002年版，第5页。

③ 马礼逊《通用汉言之法》误将一部分广东方言作为“官话”收录其中。为了保证个案研究的完整性，本书将其也纳入了探讨的范围。

系的整个系统，包括形态、句法、语义和音系诸层面。狭义的语法指的是语言的构成方式，包括词的构成的变化、词组和句子的组织。因为本书所涉语法著作一般都会包含音韵、字形、词类以及句法等内容，因此本书所说的“语法”指的是广义的语法。其中，着重探讨汉语音系、词义某一方面内容，却很少甚至没有涉及汉语构成方式的著作，诸如词典、音韵书之类，本书都不会纳入重点考量范畴，但有可能根据研究的需要有所提及。只有这样，才能与课题中的“语法著作”对应起来。

当然，早期欧美汉语语法著作中存在许多在此定义以外的内容。例如，万济国（Francisco Varo）《华语官话语法》中附有另一位圣方济各会士叶尊孝（Basilio de Glemona，后改名为Basilio Brollo）所编的《解罪手册》，就与汉语语法无关。诸如此类，本书也不予考虑。本书探讨的中心其实是欧美汉语语法学史，而并非欧美地区的汉语史。语法史和语法学史是两门性质很不相同的学科。对此，现代汉语专家邵敬敏这样论述：“前者是研究汉语语法本身内部规律产生、发展、变化的历史，如：某种句式（‘把’字句、‘被’字句、使动式等等）、某种词类（量词、代词、介词等等）是如何兴起发展的，即它的研究对象是汉语语法本身，它是汉语史的一个有机组成部分。而后者则是对汉语语法学这门学科的产生、发展、变化进行研究，如：某个学者、某种专著、某种学派在汉语语法研究历史中的贡献、得失、地位、影响等等，即它的研究对象是有关语法研究的人物、时间、成果、影响，它是中国语言学史的一个重要组成部分。”① 这也就是何九盈所说的“汉语研究史”，“尽量把一代又一代的研究成果网罗在一起，做到充分占有前人的研究成果，然后做出自己的独立评判”②。

本书中，汉语语法著作主要指的是有关汉语语法的著作，另外，还包括了一些欧美人所编写的汉语学习教材。事实上，这两者的区别非常难以界定。欧美许多早期汉语语法著作编纂之初就是用作西方人学习汉语的教材，例如马礼逊（Robert Morrison）的《通用汉言之法》、比丘林（Никита Яковлевич Бичурин）的《汉文启蒙》等著作。而许多被明确是汉语学习教材的著作中也包含了大比例的对汉语语法的论述，例如尚特（Wilhelm Schott）的《汉语教课本》、威妥玛（Thomas Francis Wade）的

① 邵敬敏：《汉语语法学史稿》，商务印书馆2006年版，第7页。

② 何九盈：《中国古代语言学史》，北京大学出版社2006年版，第7页。

《语言自迩集》等著作。本书的处理是：对于汉语语法著作，无论其是否充当过汉语教材，都在研究范围之内；对于汉语教材，只要其中存在大量的汉语语法的介绍和论述，不是那种“蜻蜓点水”的提及或简介，我们就对汉语学习教材中涉及汉语语法的部分展开研究。[①] 实际上，这些教材被大多数学者直接归到了汉语语法著作当中。

本书试图厘清 17—19 世纪西方各种汉语语法著作极具特色的承袭关系。这样的承袭大致包括三个方面：第一，此类西方汉语语法著作对西方语言语法著作的借鉴；第二，此类著作对中国本土汉语语法研究成果的吸收；第三，至关重要的是，此类著作中后作对前作的承袭和革新。我们认为，只有这样，才能比较有效地串联起本书的个案研究，使它们形成一个整体。

二 研究内容和研究方法

本书将 17—19 世纪西方人的汉语语法著作作为探讨的中心，通过深入研读文本，对这些著作的编写与出版、参考文献以及引例来源等相关信息进行细致考证，厘清它们之间的关联和承袭，考察它们在汉语语法学历史中的地位和作用、对近代中国学者语法研究的推动。

根据研究对象和目的，本书分为两个相互呼应的组成部分。第一部分从第一章到第五章，是研究的主体部分，讨论 17—19 世纪欧美汉语语法的代表性著作，分别选取卫匡国《中国文法》、马若瑟（Joseph Henri-Marie de Prémare）《汉语札记》、马礼逊《通用汉言之法》、威妥玛《语言自迩集》和甲柏连孜《汉文经纬》5 部著作进行个案分析，记述各位作者的生平与汉语学习经历，考证这些著作的成书过程和出版情况，特别是写作时参考的中外文献等情况。还有，根据每本书的内容，挑选有价值的方面进行专项研究。当然，这些著作的流传和影响也是我们探讨的重点。为了准确地反映欧美汉语语法学历史的发展轨迹，避免以语法著作为纲的研究沦为“专著简介”，本书“点线结合”，根据需要，这 5 章每章的最后

---

① 日本学者内田庆市在为《中国文法》所作的序言中，就把《语言自迩集》《官话类编》等汉语教材归入“西方人写的汉语语法书”。见［意］卫匡国《中国文法》，［意］白佐良、白桦译，第 8—10 页。张西平主编的《世界汉语教育史》中也把《汉语教课本》《语言自迩集》列入中文语法书的行列。见张西平主编《世界汉语教育史》，商务印书馆 2009 年版，第 79 页。

一节都分国家或地区对欧美汉语语法学历史的发展进行专门论述。第二部分是结语，集中精力进行“面”上的整体性研究。这部分主要是对欧美主要汉语语法著作进行横向的深入比较，论述 17—19 世纪这些著作之间的承袭并对它们在汉语语法发展过程中的历史地位和作用进行客观评述，明确这些著作对中国近代学者语法研究兴起的促进作用。

之所以在众多的西方汉语语法著作中挑出这 5 部进行个案研究，是因为这些著作都非常具有典型性。《中国文法》是现存最早的由西方人编写的汉语语法书，成书于 17 世纪，代表着西方人论述和研究西方汉语语法的开始。《汉语札记》则因为正确地向欧洲人传递了中国语言的性质及其构造，被学界视为 18 世纪欧美汉语语法著作的最高水平之作。《通用汉言之法》成书于 19 世纪初，它的出版是西方汉语语法学史在经过沉寂之后新高潮的开始，也是英美人士成为这一领域研究主体的开篇之作。《语言自迩集》在 19 世纪中期出版，是占有汉语语法著作很大比重的汉语教科书的最有影响力的代表作。《汉文经纬》在 19 世纪末的出现，使西方人对汉语语法研究达到了一个新的高度，是三个世纪里西方对古代汉语书面语研究的又一高峰。这五部著作，除了《语言自迩集》关注的人较多以外，其他几部至今成果寥寥，还有许多有价值的东西有待发掘。事实上，万济国的《华语官话语法》和雷慕沙的《汉文启蒙》等书也极有代表性，但学界对它们的研究已然很多，相关的成果也出了不少，《汉文启蒙》更是用法文写成，没有出英译本或是中译本，故而在此不将其列入本书的个案。

早期西方汉语语法史研究具有极强的跨学科性。17—19 世纪，欧美汉语语法著作的产生和流传，与当时的历史背景甚至具体历史事件，有着密不可分的关系。在考察语法著作和作者的地位、作用和影响时，必须紧密联系中西文化交流、基督教在中国传播和西方汉学发展等方面的历史。此外，这些著作大都借鉴了西方的语法理论以及研究的思路和方法，同时又是汉语语法萌芽和成长中的重要组成部分，因此本书又属于语言学的范畴。因而，本书主要采用历史学和语言学的理论和方法，分别从微观和宏观两个层面对早期欧美汉语语法学史进行深入分析和论证。

对欧美早期汉语语法著作产生和发展的研究要以历史学的理论和方法为主，利用归纳、对比考察汉语语法在欧美不同国家的发展线索，关注西方不同时期对汉语语法的研究突破。历史学收集文献史料并加以考证和解读，是本书所采用的主要方法。具体来说，先尽量多地收集有关 17—19 世纪欧美汉语语法著作的目录，然后依照目录提示，利用图书馆和网络调查这一时期欧美汉语语法著作的出版情况。接着利用各目录记载的差异，列出尽可能多的著作，根据调查核对目录中重复和矛盾的记载，修正错误，建构这一时期欧美语法学著作发展的基本面貌。同时，本书也会从汉学史、中西文化交流史、基督教东传史等各个历史学分支收集关于 17—19 世纪欧美汉语语法著作以及作者的论述和研究，丰富研究的背景和信息。

西方人学习汉语，编写汉语语法著作，开始时没有任何的现成材料可供参考，他们就以当时欧洲流行的语法理论来套用汉语，以自己熟知的分析欧洲语言的那一套来学习和研究汉语语法。因此在进行研究的时候，了解西方语言学的发展历史，采用其理论和研究方法就成为必然。当然，汉语有着鲜明的自身特点，论述汉语语法学学史自然又逃不开对近代和现代汉语相关知识的把握。西方早期的汉语语法著作是汉语语言学发展历史的一部分。在具体分析这些著作的时候，本书重点关注四个方面：（1）这些作者引用西方语法理论和方法，在继承和创新上的体现。（2）他们所论述的汉语和欧洲语言的异同。（3）同一阶段欧美汉语语法著作的比较及评价。（4）不同阶段这些著作之间的相互联系。简单来说，本书采用的是共时和历时比较相结合的方法，力求比较全面、客观地认识欧美早期的汉语语法著作。

三　研究的创新与困难

本书与先前一些同类或相关研究相比，有着较大的进步，创新点较多，主要存在于下列几个方面：

首先，本书在整体上对 17—19 世纪对欧美汉语语法著作进行了系统深入研究和宏观把握，厘清了这些著作之间的承袭关系。以往，学界对于这些著作的相关研究，基本上是以个案研究为主，大多是对相关学者的专门人物研究。丹麦学者龙伯格对马若瑟、中国学者谭树林对马礼逊都曾有过精辟的论述。其中，对他们语法著作的研究只不过是整体的一个部分，看起来是人物研究的“附属产品”。当然，这些研究也有少部分是以 1—2 部论著为核心展开论述的，例如宋桔对威妥玛《语言自迩集》、王艳对甲柏连孜的《汉文经纬》开展的个案研究。此类研究以单独的个体为对象，且论述侧重多半在语言学之上，显然无法站在历史的角度上对这个时期的西方汉语语法著作进行宏观把握。董海樱的研究①虽然较多地涉及这时期西人汉语语法著作方面的内容，但论述单薄，几乎没有考证，只是进行罗列和简单介绍，与“专著简介”类似，更不用说这些著作之间的承袭与发展了。到目前为止，依据能够收集到的研究成果，国内外学界尚无真正全面、完整论述该时段欧美汉语语法著作的系统性研究。

其次，本书利用现有资料，厘清了许多与欧美汉语语法著作相关的问题。这些问题，有的是前人研究中未曾涉及的。比如对于马礼逊《通用汉言之法》于 1811 年写成，却在 1815 年才得以出版，众多的学者在讲到这个问题的时候，普遍说的是“不知何故”。本书根据《马礼逊日记》和其他史料，对此进行了详细的考证，最终有了可令人信服的结论。有的问题虽然前人相关研究中有所提及，但却因为种种原因出现差错，本书也进行了修正。例如，《汉语札记》英译本在导言之后将原先拉丁文本的语音表换成了另外一份表格。由于翻译失当，董海樱误认为该表是裨雅各设计的。事实上，英译本前言中说得很清楚，这份汉字语音表是从卫三畏字典中全本抄录的。对于前人未予论述问题的考证和前人在论述某些问题时出现偏失的辨误，是本书中的一大亮点。还有一些问题，由于相关史料的缺乏，很难对其进行确切的探研。本书则根据现有史料和研究成果，对这些问题进行了大胆地推想，为后续的研究提供了大致的方向。如对卫匡国开始编写《中国文法》的时间，本书利用现有收集到的材料，进行了大胆地推想。

最后，本书是在全面研读文本的基础上进行的，因此，对于文献及史料的挖掘和运用更为深入。前人的许多研究，往往对基本文献只进行粗浅阅读，然后就开始探讨相关问题。这样做，只能对著作的主要内容进行述评，无法对相关细节进行探察。本书不同，不但重视论述著作的整体，还分析了这些著作中许多值得研究的细节。这样做，无疑能更加具体、准确地分析这些个案。

当然，本书不可避免的，在研究过程中也存在着一些困难。面对困难，我们积极寻找解决之道。现阶段确实无法解决的困难，我们也只好留待日后的研究中深入探讨。

---

① 董海樱：《16 世纪至 19 世纪初西人汉语研究》，商务印书馆 2011 年版。

第一，本书作者未能掌握多门外语是最大障碍。本书中的西方汉语语法著作，原本很多是由拉丁文、法文写成。幸运的是，有些著作，已经出版了中译本（如《中国文法》）或英译本（如《汉语札记》）。在个案重点研究的时候，我们才能退而求其次，对于相同的著作，利用收集到的拉丁文本和中译本或是英译本进行比较释读，在研究的时候，尽量尊重原本的说法。对于以法文写成的著作，暂不考虑进行重点研究。而本书涉及的一些法文著作中避不开的问题，则充分利用现有成果，查阅词典、请教同道等多种方式解决。

第二，本书所能利用的基本文献原本难以收集。我们经过调查发现，这些 17—19 世纪西方汉语语法著作，其原本在国内都是非常稀少的。为此，我们采取了多种办法。一是充分利用网络的现有资源，很多的此类著作，其原本都有数字化版本可供下载，比如《汉语札记》的拉丁文本和英文本，《语言自迩集》的第一版和第二版；二是收集这些原本的影印本，现在国内外出版社也出了这些原本的影印版，比如《通用汉言之法》《汉文经纬》等，都能找到对应的影印本；三是尽可能地搜索国内各大图书馆的馆藏，一旦确定有自己要找的藏书，就通过网络购物方式，对以前两种方式无法收集到的原本进行复印。经过充分的前期准备，我们收集到了这段时期所有 30 种西方汉语语法著作中的 25 种，剩下的 5 部著作几乎都是 19 世纪后期美国人的著作。而且这 5 部著作不是具有代表性的主要著作，对于本书价值不大。

第三，本书是对早期汉语语法学领域跨学科研究的一种尝试，主要运用历史学和语言学的理论和研究方法。本书的方针是：以历史学研究为主，兼及语言学。“以历史学研究为主”这项，本书基本达成，无论是作者的生平、汉语学习经历，还是对这些著作的编写与出版，参考文献等方面的考证、分析，都是如此。而“兼及语言学”这项，做得就明显不够。由于作者学力所限，本书在与语言学理论和方法的结合研究上，还是欠缺不少，不能不说是一种遗憾。

第四，即使是今人所做的与本书相关的研究，甚至一些重要的代表性研究，笔者也无法做到全部掌握，只能是尽可能地多占有一些前辈学者的研究成果。对于此，我们只能寄希望于后续的相关深入研究能够对此类缺失进行弥补。

第五，本书开始的最初阶段，笔者原打算通过对欧美汉语语法著作发展进行时代划分，并分别对各时代展开专门的研究和论述。董方峰进行过这样的尝试，他将这些著作的发展大体划分出两个阶段，17—18 世纪（天主教传教士主导）和 19 世纪（新教传教士和欧洲本土汉学家主导）。[①] 这和他把研究重点放在新教传教士相关著作上密不可分。但这样却不适用于本书，容易造成线索混乱。故而笔者还是决定从早期西方的汉语语法著作个案研究入手，以此为“点”，以这些语法著作在不同国家的发展为“线”，进而扩展到汉语语法著作关联和承袭整体研究的“面”上，从而建立起立体多维的体系。本书并非前人的“专著简介”，只注重资料的收集和整理，而是本书的各个章节中视需要，进行了专门的且较为深入的研究。虽说如此，但各项个案研究独立性强，互相之间的联系还是不够密切，整个研究的主线显得不够清晰，没有一个很好的办法来实现理想中的整合。

四 17—19 世纪欧美汉语语法著作调查

为了调查 17—19 世纪欧美编写了多少正式出版过的汉语语法著作，本书先从收录这一时期中国原始文献资料信息的目录汇编丛书或介绍相关目录的短文入手。有了这些书籍和短文，我们可以根据目录提供的书名、作者等关键信息，非常方便地找到需要的著作。

法国汉学家高迪爱（Henri Cordier）在中国生活多年，在欧美各国和中国的图书馆和档案馆调查过与中国有关的文献，加之熟悉目录学、图书馆分类法和书目编辑等相关知识，因此他编写的《中国书目》（*Bibliotheca Sinica*：*Dictionanaire Bibliographique des Ouvrages Relatives a l’Empire Chinois*）具有极高的可信度和参考价值。《中国书目》收录了当时大量的以欧洲文字记载的与中国有关的书籍信息。[②] 该丛书有五卷，第一部分“中国概况”的第八章位于第三卷，收录的就是“语言和文学”类的书籍信息，包含了与中国语言文字、文学有关的千余种西文图书的信息。该章第三节“语法”收录 17—19 世纪西方汉语语法书籍二十余种，其中涉及汉语官

---

① 董方峰：《十九世纪英美传教士的汉语语法研究》，外语教学与研究出版社 2011 年版，第 3—4 页。

② 《中国书目》出版于 1878 年至 1885 年，1893 年至 1895 年有增补；1904 年至 1908 年出第二版，1922 年至 1924 年有增补。本书使用的是经过增补的第二版，1966 年由台北成文书局出版。

话口语和书面语语法的书籍有近二十二种。[①] 第五册是这套丛书的补编，在“语法”条目之下，从1650年到1922年，有十余种著作的信息。其中，与第三册所列多有重复，有些则不能归到语法著作当中。[②] 高迪爱的书较为系统地收录了当时的汉语语法著作的书名、作者、卷数、页数等重要信息。不仅如此，他还把与该书有关的文章和著作，甚至著作序言中的重要语句以及自己对该书的评述等内容也用小号字列在该书之下，以方便读者查阅。该书信息丰富、学术性强，是研究欧美早期汉语语法著作的重要目录丛书。

不可避免地，《中国书目》也存在着一些不足和遗憾。首先，该书“语法”中收入了一些关于汉语语音、汉字、汉外词典和研究中国古代经典的书籍。例如在第五卷的补编中，书中就出现过《京音字汇》，外文名称是 *Dictionnaire de la pronunciation de Pékin*，明显应与语法无关。[③] 其次，《中国书目》存在重复收录相同书籍的现象，研究者在使用该书时应该特别留意，加以辨别。高迪爱采用的似乎是逐一收入所见语法书的方式。因为有些书存在多次出版或是在不同地区用不同语言出版等情况，他又没有进行细致考证，因此把同一部著作并列在了一起。例如，万济国的《华语官话语法》1703年的拉丁文版和1887年的法文版就是这种情况。此外，该书还存在着对美国人所著的汉语语法著作收录明显不足，在著作名称和作者姓名处理上不够规范等缺憾，在述及比丘林的《汉文启蒙》（Kutaйckaя Tpammatuka）时，书名采用俄文，作者姓名却写成了 Père Hyacinthe [Yakinf]，尽管是同一个人，但还是给读者造成了一定的困扰。虽说如此，但瑕不掩瑜，该丛书的作用和影响是不容置疑的。

高迪爱《中国书目》中美国人所著汉语语法著作过少的欠缺可以由《1867年以前来华基督教传教士列传及专著目录》（*Memorials of Protestant Missionaries to the Chinese*）来弥补，该书的作者是英国汉学家伟烈亚力（Alexander Wylie）。伟烈亚力1846年来华，在中国近30年，致力于传播西学，其所著是研究新教在华传播的重要历史文献。该书以人物为纲，对

---

① 见 Henri Cordier. *Bibliotheca Sinica*: *Dictionanaire Bibliographique des Ouvrages Relatives a l'Empire Chinois*. 5vols. Original Edition Published. Taipei: Ch'eng-wen Publishing Company, 1966, Volume III, pp. 1650-1683。

② 见 Henri Cordier. *Bibliotheca Sinica*. Original Edition Published. Volume V, pp. 3911-3917。

③ Ibid., p. 3915.

主要来自英美的新教传教士出版的有关传教以及其他方面的书籍做了很好的列举。在某种程度上，我们也可以把该书当作书目来看。

美国传教士裨治文（Elijah Coleman Bridgman）创办了英文期刊《中国丛报》（*Chinese Repository*）。从 1832 年 5 月到 1851 年 12 月，该刊物分期介绍了中国的政治、经济、地理、历史以及语言、文化等诸多方面的内容，共有 20 卷。在第 18 卷的第 8 期“有关中国的专著介绍”中，列举了“帮助学习中文的专著”，包括语法著作 12 种，字典和词汇书 41 种。[①] 这些介绍涉及书名、作者、出版的时间地点、其他简要情况等信息。其中，江沙维的《辣丁字文》用来帮助中国人学习拉丁语，巴赞的《汉字撮要》着眼汉语语音辨正，与汉语语法没有关系。除了一部未能考证的《中文初阶》[②] 以外，其余 9 部著作，高迪爱的《中国书目》都有收录。

安德烈（V. Andreae）和盖格（John Geiger）所编《汉字文法书广总目》（*Bibliotheca Sinologic*）收录了三部高迪爱不曾提及的汉语语法著作及其作者。由于条件所限，哈盖尔（Joseph Hager）所著的 *Elements of the Chinese Language* 以及署名 Anmerkung 所著的 *Kurze Darstellungen der chinesischen Grammatik* 难以考辨。

伦敦大学亚非学院曾经出过一部馆藏中西关系书目汇编，由英国学者勒斯特（John Lust）编纂而成。《截至 1850 年出版的关于中国的西方专著》（*Western Books on China Published up to* 1850：*in the Library of the School of Oriental and African Studies*）按主题分类，在“语言”类别中收录了九十多部论著，有关汉语语法的有十几部，多与高迪爱的《中国书目》重复。更为遗憾的是，该书只涉及 1850 年之前的出版著作，与本书到 19 世纪末的时间节点相差了 50 年。

英国传教士马礼逊是新教在中国的开山始祖。他译编字典、写专著、办学校、开医馆，在中西文化交流史上留下了浓墨重彩的一笔。他所编写的《中国杂记》（*Chinese Miscellany*）对汉语语法著作的相关情况也有所涉及，但却篇幅不大，无法与前面的丛书相比。

---

① 张西平主编：《中国丛报》（*Chinese Repository*），顾钧、杨慧玲整理，广西师范大学出版社 2008 年影印版，第 408—410 页。

② P. *remieres Rudimens de la langue Chinoise.*

在2007年内田庆市为卫匡国《中国文法》的出版所写的序言中①，他列出了在《中国文法》影响下至19世纪末西方人所写的汉语语法书，共有24种。2010年，内田庆市在《近代西洋人的汉语研究的定位和可能性——以“官话”研究为中心》一文中②，对这份列表做了修订，增加了卫匡国的手稿本《潮州话文法》和《汉语语法》，并把威妥玛的《语言自迩集》、狄考文（Calvin Wilson Mateer）的《官话类编》和戴遂良（Leon Wieger）的《汉语汉文入门》单列，作为“课本”归入语法书的范畴。这两个列表大同小异，比较全面地列出了17—19世纪的欧美汉语语法著作，应该是参看了高迪爱的《中国书目》和其他的书目汇编，补充了一些不见于《中国书目》的汉语语法书。当然，这两篇文章所列书目的缺憾也在所难免：首先，内田庆市把一些论述中国方言的语法书也列入其中。他两次把戴遂良所著的河间府方言课本《汉语汉文入门》，2010年又把卫匡国的手稿《潮州话文本》列进书目。如果要把涉及中国方言的语法书都列入其中，绝对不止这两本的。如果只列官话口语和书面语的语法著作，这两本书显然不应该列入。其次，这两份列表有重要的遗漏。内田庆市参看了《中国书目》，却没有列出19世纪汉语语法学的巅峰之作——甲柏连孜的《汉文经纬》以及俄国汉语语法及教科书的开创之作——比丘林的《汉文启蒙》。而《中国书目》是记载有这两本著作的相关信息的。除此之外，还有恩德里希和罗切特的汉文语法著作，也应该列入该书目之中。还有，该书目在著作和作者姓名上也出现了不该有的错误。英国人苏谋斯的《汉语手册》英语书名应是 *A Handbook of the Chinese Language*，而并非“*Handbook of the Chinese Language*”。美国传教士富善的全名是 Chauncey Goodrich，也不是内田庆市在文中所写的“Chaunchey Goodrich”。

丹麦汉学家何莫邪（Christoph Harbsmeier）《〈马氏文通〉以前的西方汉语语法书概况》③ 列出了20部与早期汉语语法有关的著作，并对各部

---

① ［日］内田庆市：《序二》，第9—10页，见［意］卫匡国《中国文法》，［意］白佐良、白桦译。

② ［日］内田庆市：《近代西洋人的汉语研究的定位和可能性——以“官话”研究为中心》，参见国际汉学研究（http://www.sinologystudy.com/2010/0425/9.html），2010年4月25日。

③ 北京大学中国传统文化研究中心编：《文化的馈赠——汉学研究国际会议论文集·语言文学卷》，北京大学出版社2000年版，第464—466页。

著作作出简要介绍和评价，概括了这些著作各自的鲜明特征。写这篇文章，他主要参考的也是高迪爱的《中国书目》。既然参看了《中国书目》，何莫邪在文中却没有把《中国书目》提及的所有汉语语法著作都纳入进去，其中不乏不能遗漏的著作，如卫匡国的《中国文法》。令人费解的是，何莫邪把韦伯（John Webb）1669年出版的奇文《论汉语之为人类原始语言的可能性》列在文首。实际上，这是一篇历史论文，英文的主标题就是 *An Historical Essay*，显然不是著作。还有，虽说何莫邪把该论文说成是"第一本专门论述汉语特点的书，对汉语在世界语言学上的地位非常重视"①。但检视过后，我们发现，其重点并非在汉语语法上。另外，在说到有些语法著作的详细信息时，何莫邪的文章也有一些错误。譬如，比丘林的《汉文启蒙》最早是1835年在圣彼得堡出版，并非何莫邪认为的1834年。还有，法国汉学家傅尔蒙的名应为"Étienne"，而绝不可能是该文所说的"Éticnnc"。这样的错误，应是在打字和出版过程中缺乏仔细校对造成，与何莫邪无关。

附录一《17—19世纪欧美汉语官话语法著作目录》融合多种有关于欧美汉语语法著作的书目汇编丛书和文章，进行考证和修订，基本反映了17世纪至19世纪末欧美汉语官话口语和书面语语法著作的概况。

五 相关研究综述

（一）汉语语法著作的译介

至今，欧美大部分的汉语语法著作是用欧洲语言写就，甚至有些著作的写作语言还是拉丁语。虽然某些著作在举例时用了些许汉字和汉语句子，但由于大多数的著作没有译作英文或者中文，还是影响了这些著作在中国以及世界其他地区的传播。可喜的是，20世纪以来国内外对欧美汉语语法著作的译介取得了较大的进展。

1653年，意大利耶稣会传教士卫匡国写成《中国文法》一书，被学界视为最早的一部汉语语法书。虽然这部著作被收入法国东方学家泰夫奈的文集《旅行奇集》并于1696年在巴黎出版，但长期以来，该书主要以抄本的形式在小范围传播，影响力不大。直到意大利汉学家白佐良

① ［丹］何莫邪：《〈马氏文通〉以前的西方汉语语法书概况》，见北京大学中国传统文化研究中心编《文化的馈赠——汉学研究国际会议论文集·语言文学卷》，第464页。

（Giuliano Bertuccioli）发现《中国文法》的几份抄本。经过对比和研究，他把最完整的一份编入《卫匡国全集》的第二卷，于1998年在意大利正式出版，[①]该书才为更多的人所知。此后，白桦根据白佐良的意大利文译本，把该书翻译成了中文，并在2011年由华东师范大学出版社出版。该书的四篇序言从不同的角度，对该书进行了详细的介绍。

西班牙传教士万济国编撰的《华语官话语法》拉丁文版于1703年在广州出版。[②] 2000年，柯蔚蓝（W. South Coblin）和雷祖善（Joseph A. Levi）将该书翻译成英文出版。这部书在更大范围内得到了关注和研究。2003年，姚小平、马又清根据英译本，将该书翻译成中文，由外语教学与研究出版社出版，作为《海外汉学研究丛书》中的一部。该书的英译出版前言和导论是介绍和研究该书的佳作。值得一提的是，该丛书还计划把马若瑟的《汉语札记》、雷慕沙的《汉文启蒙》以及甲柏连孜的《汉文经纬》等欧美汉语语法研究的代表性著作翻译成中文。如能达成，这绝对是学界的一件幸事。

英国外交官威妥玛的《语言自迩集》可谓是供早期西方人学习汉语的教材类著作中的圭臬，其中的部分内容是有关汉语语法的。张卫东把该书翻译成了中文，并在2002年由北京大学出版社出版。该书洋洋洒洒八十多万字，规模远非卫匡国《中国文法》之类的小册子所能比。该书的译序由译者所作，清晰、直白地介绍了该书以及对该书的研究概况。

我们要让更多人了解、熟知乃至于对欧美早期的汉语语法著作进行研究，就必须收集、整理和翻译这些文献，这无疑是一项庞大而复杂的工程，需要更多有识之士和机构的参与。

（二）对早期西方汉语语法著作以及西方人汉语学习的研究

围绕着“汉语的早接触学习”这一主题，许多学者依据现存的史料，各有侧重地发表了一些相关的专著和论文。虽然数量不多，但足以对本书起到引领作用。

董海樱的博士学位论文《西人汉语研究述论——16—19世纪初期》与本书的关系最为密切。该博士学位论文经过增订和修改，于2011年由

① Matinus Martini, *Grammatica Sinica*, *in Martino Martini Opera Omnia*, Trento: Univedrsità degli Studi de Trento, 1998, Vol. II., pp. 349-481.

② Francisco Varo, *Arte de la lengua Mandarina*, Canton, 1703.

商务印书馆出版。[①] 该书从语音、汉字以及语法三个方面考察了西方人接触和认知汉语的历史过程。在论述“17—18世纪西人关于汉语语法的认识和研究”的时候，作者列举了卫匡国《中国文法》、万济国《华语官话语法》、马若瑟《汉语札记》、巴耶尔《汉语博览》和傅尔蒙的《中国官话》，从成书与流传、主要内容和影响评价三个方面进行研究。之后的一章，作者单列一节，对19世纪初新教传教士的汉语语法研究进行探讨，主要谈到了马礼逊和马士曼的汉语语法著作。作者在该章的最后一节还对雷慕沙的汉语研究和法国专业汉学的确立进行了分析，专门论述了他的《汉文启蒙》。

在该书的汉语语法部分，作者以著作为纲，却很少论述这些著作之间的承袭和发展，各小节缺乏紧密的联系，沦为邵敬敏所说的实质上的“专著简介”。对各部著作的主要内容的阐述流于形式，分析和论证几乎没有。再有，在该书的第五章第三节“19世纪初新教传教士关于汉语语法的研究”中，把江沙维的《汉字文法》也纳入其中，作者在该部分先简要介绍江沙维的生平：“江沙维是葡萄牙遣使会传教士……”[②] 但遣使会属于天主教，而不是新教。在《16—20世纪入华天主教传教士列传》中，有1697—1935年遣使会士的列传，江沙维被称作公司铎。[③] 这样重大的失误，作者的博士学位论文中是没有的，却出现在了正式出版的专著中，实在是遗憾。另外，在西人语法著作研究中，该书作者的一些观点也是值得商榷的。作者对争议很大的傅尔蒙的《中国官话》评价比较正面，认为他还是做了一些研究的开创性工作，但却没有指出开创性在哪里。西方人对汉语语法的讨论和研究在19世纪有了长足的发展，出现的著作不仅数量多而且水平高，是前代无法比拟的，可惜的是该书只写到了19世纪初。

另一部与本书关系较为密切的专著是董方峰的《十九世纪英美传教士的汉语语法研究》。该书将17—19世纪西洋汉语语法研究看作一个整体，并根据研究者和文本特点划分了三个传统：17—18世纪的天主教传统、17—19世纪的欧洲本土汉学家传统、17—19世纪的英美传教士传统。该

① 董海樱：《16世纪至19世纪初西人汉语研究》，商务印书馆2011年版。

② 同上书，第275页。

③ ［法］荣振华、方立中、热拉尔等：《16—20世纪入华天主教传教士列传》，耿昇译，广西师范大学出版社2010年版，第563页。

书选择以19世纪英美传教士传统作为切入点，详细地分析了19世纪英美传教士汉语语法研究的历史背景、主要文本，这些作者语法思想的来源以及影响，并对其历史作出客观评价。

该书将17—19世纪的欧美汉语语法著作区分出两个阶段、三个传统。第一阶段是天主教士主导的17—18世纪；第二阶段是新教传教士和欧洲本土汉学家主导的19世纪。三个传统分别为天主教传统、欧洲本土汉学家传统和新教（或英美传教士）传统。这样的区分颇有见地，具有一定的开创意义。对这些著作的评价也比较客观、公允。与本书不同，该书只集中讨论了19世纪英美传教士汉语语法研究的特点和成就，总结其源头及对后世的影响等。且该书用较为纯粹的语言学视角来展开研究，对各部著作的版本调查、著作之间的承袭和发展等相关论述明显不足。此外，可能是由于作者学术背景的关系，该书中对于汉语语法著作作者和欧美相关研究者的汉语译名并未做到统一规范。绝大多数采用的是规范的中文名，如卫匡国（Martino Martini）；但个别却在有汉文名的情况下直接采用音译，如瓦罗（Francisco Varo，汉文名万济国）；[①] 个别在有汉文名的情况下直接采用外文名，不作任何处理，如Harbsmeier（汉文名何莫邪）。[②]

姚小平主编的《海外汉语探索四百年管窥——西洋汉语研究国际研讨会暨第二届中国语言学史研讨会论文集》收集了多位当代学者对明末传教士入华以来欧美出现的汉语相关论著的研究。其中，在“著作和人物”类中，有多篇文章对本书有较大的助益。如李真对马若瑟及《汉语札记》的研究：《马若瑟对汉语语法研究的贡献》；黄爱美对《通用汉言之法》的研究：《从马礼逊〈通用汉言之法〉看英国早期来华传教士的汉语研究》等。此类文章，初步进行了史料挖掘，论证严密，得出的结论具有说服力。但限于篇幅，作者并未进行深入研究，多从若干个别角度入手来论述，因此，从总体上来看，这样的研究还不够全面，流于表面。该论文集谈到的语法著作不多，除了上述两部，还有并非本书所要重点考察的万济国的《华语官话语法》和艾约瑟的《官话口语语法》，且多篇论文涉及《华语官话语法》。

卡萨齐（Giorgio Cassacchia）和莎丽达（Mariarosaria Gianninoto）合著

① 董方峰：《十九世纪英美传教士的汉语语法研究》，第21页。

② 同上书，第39页。

的《汉语流传欧洲史》与董海樱的著作有类似的特点，对许多著作进行了“简介”。在该书第五章“明清以来欧洲人的汉语语法研究中”列举了15 部此类著作。在对每一部著作的介绍中，作者只是大段引用了著作的相关内容，几乎没有任何的分析和考证，行文逻辑十分混乱且充斥着不少错误。当然，该书的翻译更是不敢恭维。对著作的作者、书名等多项重要信息不予考证，随意乱译。对于这些作者，有些用汉文名，如“卫匡国”；有些用外文名，如“韦德”[①]；有些甚至中文、外文名混用，前一章用了汉文名，后一章用了外文名，读者很容易被误导，认为是不同的两个人，如该书中的“佩尼”和“童文献”就是同一个人，前者只不过是他的外文名英译罢了。对于书名的翻译，该书也不遵循规范，如把马若瑟的著作译成《汉语介绍》，把马礼逊的《通用汉言之法》译成《通用汉语之法》。可能正因为如此，该书的汉译本竟然连译者的署名都没有。因此，对于本书来说，该书几乎没有什么参考价值，之所以列出，是因为该书的部分叙述对象（汉语语法著作）和本书有某种程度的重合。并且这部著作也是当代西方学界在该领域研究的一个缩影，摊子铺得很大，但却浅尝辄止。这就为后续的深入研究提供了很大的空间。

法国汉学家贝罗贝（Alain Peyraube）的论文《20 世纪以前欧洲汉语语法学研究状况》挑选了万济国、马若瑟、马士曼、马礼逊、雷慕沙以及甲柏连孜的汉语语法著作进行主要内容介绍和简要评价。而且该文对《马氏文通》也进行了内容概括，并对该书所受到的中西方影响进行了较细致地考证，得出了马若瑟和雷慕沙的汉语语法著作都对《马氏文通》产生过影响的结论。该文条理清晰、论证严密，可以说是当代西方学者在该领域研究的上佳之作。

分析汉语语法著作作者的汉语学习过程和特点，与其所编的著作相互参照，也是本书所关注的一个重点。卞浩宇的博士学位论文《晚清来华西方人汉语学习与研究》从历史的角度对晚清来华西方人的汉语学习和研究进行了系统的总结。该论文中论述马礼逊《通用汉言之法》以及探讨《中国丛报》中对汉语语法的研究，对本书具有一定的参考价值。

郑梦娟《19 世纪上半叶汉语语法研究成果简评》梳理了大致的研究成果，并对一些重要著作加以评介。但该文因为缺乏细致的考证，差错实

① 即威妥玛。

在太多，在著作罗列上，就有把比丘林《汉文启蒙》的不同版本误认为是两部著作，把巴赞的《汉字撮要》归入儒莲名下，郭实腊的《汉语语法》因为与麦都斯有关，被列为两部同名的不同著作等问题。她的另一篇论文《试论19世纪上半叶西方汉语语法研究的历史背景》从政治、学术背景等角度分析了这些因素对西方汉语语法研究的影响。可能是专业背景的关系，作者虽然掌握许多资料，但似乎在考证和利用方面总出问题。桂林《西方语言学理论对汉语语法学的影响》论述了从《马氏文通》问世以来，西方语言学语法理论、方法、架构以及专业术语对中国汉语语法研究的影响。像桂林一样，许多汉语语法研究者都把注意力集中于此且大多关心现代汉语语法，而忽视了西方语言学的理论方法对欧美早期汉语语法著作的影响。

（三）中西文化交流史、汉学史、基督教史、汉语教育史等领域的相关研究

与17—19世纪欧美汉语语法著作的研究密切相关的有中西文化交流史、汉学史以及基督教史等历史学的分支，这些领域中有大量的对汉语语法作者的生平事迹、汉语学习、著书时的时代背景等的研究。这些作者主要由来华的传教士、外交官以及在欧洲的汉学家、语言学家构成。本书充分借鉴这些领域的研究成果，对汉语语法著作之下隐藏着的时代背景、历史事件、文化交流等相关情况有更好的把握。

中西文化交流史方面的专著因为体系宏大，需要论述许多方面的内容。所以，许多专著并没有提及与本书相关的内容，即使有提到的，也是十分简要。参考此类专著，重要的是了解西方对汉语语法的研究与其他文化交流的相关性。例如方豪《中西交通史》第三篇第十一章“语文学”，受写作年代所限，相关部分主要介绍论述了拉丁文的东传和中西文字典的编译。

与此类专著相比，探讨和研究欧美汉学的起源和发展的专著更值得关注。张国刚等著《明清传教士与欧洲汉学》考察明清来华传教士与欧洲汉学产生和发展的关系。该书介绍的西方对中文的研究以及俄国汉学奠基人比丘林，与本研究具有一定的相关性。该书在综述学习中文工具书时，注意著作的历时和共时研究，值得借鉴。但论及各部著作，其中有的名称却未按惯例，而是直接从外文译成中文。其实，很多的汉语语法著作，作者在出版时都会给它们取一个汉文名称，通常印于封面页。例如，比丘林

的《汉文启蒙》在该书中被称作《汉语语法》。[①] 莫东寅《汉学发达史》以事件为顺序，系统地介绍了从秦汉直到鸦片战争以后的欧洲汉学研究演进史。在每个时代，该书以人物为纲，简述其生平和著作，我们甚至可以把该书当成书目，以备查阅，本书所涉西方汉语语法著作，该书大多有所论及。

西方汉学史领域，大量的专著是欧美国别汉学史系列。阎宗临《传教士与法国早期汉学》、许明龙《黄嘉略与法国早期汉学》和徐光华《法国汉学史》有助于理解法国汉语语法著作之间的联系和承袭。熊文华《英国汉学史》、胡优静《英国 19 世纪的汉学史研究》提供了英国汉学家群体的背景信息。李明滨《俄罗斯汉学史》、阎国栋《俄罗斯汉学三百年》增进了学界对比丘林汉学成就的认识。李雪涛《日耳曼学术谱系中的汉学——对德国汉学之研究》，马汉茂、汉雅娜、张西平和李雪涛主编的《德国汉学：历史、发展、人物与视角》，叙及德国学者绍特、贾伯莲的汉学研究经历和汉学专著。[②] 顾钧《卫三畏与美国早期汉学》以卫三畏为对象，梳理了美国汉学的早期历史。

西方汉语语法著作的作者有很大一部分是来华的天主教和新教传教士，因而有关于基督教史文献的收集，本书主要集中于外来宗教与近代中国关系研究的专著上。王治心《中国基督教史纲》是我国学者所撰的第一部中国基督教通史，顾卫民《基督教与近代中国社会》论述近代以来基督教在华传播的历史，着重于外来文化和中国传统文化的冲突和调和。顾长声《传教士与近代中国》系统记述了自鸦片战争到 1949 年传教士在中国活动的过程。此外，还有王立新《美国传教士与晚清中国现代化》、肖玉秋《俄国传教团与清代中俄文化交流》，在内容上都有对早期西方汉语语法著作的探讨。本书关注与西方汉语语法著作有关的具体事件。

张西平主编的《世界汉语教育史》从对外汉语教育的角度，对这一领域也有所涉及。该书专门探讨了“西方近代以来的汉语学习进程对于汉语研究的意义”，其中的一条“开拓了中国语法的研究范围”条理清晰地介绍了 17—19 世纪欧美汉语语法研究的产生和发展。[③] 但由于该书是对外

① 张国刚等：《明清传教士与欧洲汉学》，中国社会科学出版社 2001 年版，第 406 页。

② 绍特即尚特，贾伯莲即甲柏连孜。

③ 张西平主编：《世界汉语教育史》，商务印书馆 2009 年版，第 75—81 页。

汉语教育史的通史专著，简明扼要、以“述”为主的行文自然留下了很大的拓展空间。

与专著类似，许多探讨汉学史、基督教东传史以及汉语教育史的文章有时也会提及早期西方的汉语语法著作。这里列举若干，绝非涵盖全部。孟庆波、刘彩艳《专业汉学以前韩国汉语研究简述》梳理了1840年前英国传教士、外交官和学者的汉语研究。值得一提的是，该文在“英国汉学史上的汉语语法研究”中简单评介了道格斯1889年所出的《华语鉴》，是一种汉语语法课本。这是在前述的书目当中没有提及的。何群雄、阮星、郑梦娟《19世纪新教传教史的汉语语法学研究——以艾约瑟为例》，作者以积极吸收西方语言学说来研究汉语的典型艾约瑟为例，把他放在新教来华传教的大背景之下，对其汉语学习和研究进行了探讨。张西平《世界汉语教育史的研究对象与研究方法》在“汉学史的研究方法”中有对于西方人所著汉语语法、词汇等书的评介。

学界在中西文化交流史、汉学史、基督教史、汉语教育史等领域的研究，为本书了解各位作者个人生平、与汉语的接触和学习汉语以及汉语语法著作的编写背景提供了宝贵的资料。我们挑选有影响的汉语语法著作进行文本研读，必须从收集、整理与著作、作者有关的历史文献入手。并且我们要时刻与著作的时代背景、作者的个人经历相联系。

（四）专人专著的相关研究

本书以17—19世纪西方人所写的汉语语法著作为研究对象，辅之以欧美国家早期汉语语法学史的国别研究，力求做到点线结合，探索这些专著的发展和承袭。所以，与本书有关的汉语语法代表性著作与作者的学术研究史回顾，也是一个重要的方面。

学界对卫匡国和万济国及其著作的研究主要散见于一些期刊文章当中，几乎不见系统性的专论。这样的专论，丹麦学者龙伯格（Knud Lundbaek）所著的《清代来华传教士马若瑟研究》是一部。目前，关于马若瑟研究，该专著最具影响力。马若瑟是法国著名的来华耶稣会士，该书突出了其在中国语文和典籍上的深入研究。其中，《汉语札记》的风格特征、艰辛的出版历程及其历史地位、对之后著作产生的巨大影响等部分的精彩论述，都是本书需要借鉴和发扬的。谭树林《马礼逊与中西文化交流》分章介绍新教来华传教第一人——马礼逊在中西文化交流中的贡献，书中叙述了马礼逊的中文学习过程，对《通用汉言之法》进行了研究。

《马礼逊回忆录》描述了马礼逊从出生到成长为一名传教士以及他在中国的传教活动过程，是其夫人根据丈夫生前所写的书信和文件等手稿编纂而成，能为马礼逊《通用汉言之法》研究提供许多的佐证。

李真《马若瑟〈汉语札记〉研究》由其博士学位论文修改出版，收集了较为丰富的一手文献和史料，对《汉语札记》主要进行文本史研究和文本内容研究。该书论述了马若瑟和《汉语札记》的渊源，梳理了该书各个版本流传的脉络，确定了承袭谱系，并探讨了《汉语札记》的写作目的、研究方法和语料来源，考证了其中文参考资料的来源。最后，李真将《汉语札记》与其他一些著作进行比较，对其主要特点、学术价值和不足之处进行了总结。该书最有价值的是第二章和第五章，第二章在丰富史料的基础上对《汉语札记》进行了版本调查，详尽考证了手稿、抄本、刊本、译本之间的承袭关系，释疑解难，具有说服力。第五章对《汉语札记》特点和局限的论述比较到位，对其学术贡献与影响的分析精到、评价客观。该书最大的不足在第二章和第三章，大段采用《汉语札记》的原文，分析和评价不足。对于著作而言，这样的“述而不论”似乎缺乏学术性。

对威妥玛《语言自迩集》比较详尽的研究是宋桔的博士学位论文《〈语言自迩集〉的文献和语法研究》。该文充分挖掘史料，对《语言自迩集》的编写及出版过程做了更为详细的梳理，并考辨了《语言自迩集》各版本的差异，对《语言自迩集》中国协作者的生平也有一定的介绍。该文在绪论部分勾勒了16—19世纪欧美汉语语法研究的总体情况，对《语言自迩集》进行了多层次、多角度的评价。进而，宋桔进一步探究了威妥玛等人的语法观、语料观与《语言自迩集》全书隐含着的西方语法话语体系。文中对于威妥玛的语法观念和对《语言自迩集》的语法体系的分析以及论证体现了较高的水平，具有独到的观点。

学界对甲柏连孜的《汉文经纬》成体系研究不多，其中有两篇硕士学位论文还是值得一读的。一篇是王艳《甲柏连孜〈汉文经纬〉略论》，介绍了《汉文经纬》的概要、语法构架，比较了甲柏连孜与吕叔湘、周法高在语法观念、处理词类上的异同，最后简要评价了《汉文经纬》，并将《汉文经纬》与《汉语札记》进行了大致比较。李保平《加贝伦茨〈汉文经纬〉汉文引例校笺——以〈书〉〈诗〉〈论语〉为中心》则主要是对《汉文经纬》中的汉文引例进行校笺考证。该文使用文献研究的方式，考察加贝伦茨汉语研究的资料来源及其使用情况，查找纠正其引例字词句方面的错讹，为从文献学、语言学和汉学的多角度研究打下坚实的基础。这在本书对其他著作进行分析和论述时在研究方法方面提供了有益借鉴。

计翔翔《十七世纪中期汉学著作研究——以曾德昭〈大中国志〉和安文思〈中国新志〉为中心》以《大中国志》和《中国新志》为中心，对17世纪中期的汉学发展进行了梳理。曾德昭和安文思来华时间比卫匡国稍早，是和卫匡国同一时代的人物。对这两部著作的研究，尤其是对汉语及其文字相关部分的探讨、分析，有助于我们了解卫匡国的时代、西方人在汉语研究上达到的真实水平和成果。

虽然有关于这些专人专著的研究专著和硕博论文不是很多，但相关介绍和研究的小论文却可以用汗牛充栋来形容。本书无法一一赘述这些论文，这里列举一些有代表性和影响力的论文：顾卫民《本世纪中国学者对马尔蒂尼（卫匡国）的介绍和研究》、姚小平《现存最早的汉语语法著作——瓦罗著〈华语官话语法〉简介》、李真《〈汉语札记〉对世界汉语的贡献》、于锦恩《马礼逊的汉语学习考察》、顾钧《英语世界最早的中文语法书》、陈喆《伦敦会传教士艾约瑟的中西语言比较研究及其影响》、张卫东《威妥玛氏〈语言自迩集〉所记的北京音系》和姚小平《〈汉文经纬〉与〈马氏文通〉——〈马氏文通〉历史功绩重议》等。类似的外文论文也有一些，意大利汉学家白佐良《卫匡国的〈中国文法〉》[①]，柯蔚南《万济国所著之官话索引》[②]，《马礼逊和清代中期的官话语音体系》[③]，戴闻达（J. J. L. Duyvendak）《荷兰早期汉学研究》[④] 以及西方学者对这些著作所作的书评，也是本书写作时重要的参考。

以上大致梳理了一下本书的学术史，只是进行罗列并根据其与本书的

---

① Bertuccioli, *Martino Martini's Grammatica Sinica*, in Monumenta Seerica: Journal of Oriental Studies, 2003.

② South Coblin (ed.), *Francisco Varo's Glossary of the Manndarin Language*, Sankt Auggstin: Monumenta Serica Institute, 2006.

③ South Coblin, *Robert Morrison and the Phonology of Mid-Qīng Mandarin Robert Morrison and the Phonology of Mid-Qīng Mandarin*, Journal of the Royal Asiatic Society, Third Series, Vol. 13, No. 3 (Nov., 2003), pp. 339-355.

④ J. J. L. Duyvendak, *Early Chinese studies in Holland*, Toung Pao. Leiden, 1936.

关系作了或详或略的简评，遗漏的肯定不少。这里所列的论著均或多或少与本书有一定的关联，在写作过程中必有一定的借鉴和利用。有些论著，本书虽然没有直接引用，但至少在思考过程中，提供了一些背景上的知识积累以及研究方法的移用。这些论著，主要是与语言学史、语言对比、近代汉语语法史和语法学史有关的成果，像何九盈《中国古代语言学史》、姚小平《西方语言学史》、王建军《中西方语言学史之比较》、潘文国主编《汉英语言对比概论》、蒋绍愚《近代汉语研究概要》以及邵敬敏《汉语语法学史稿》等，因为篇幅所限，不再一一介绍。

第一章

"已知现存西方人所编写的最早（汉语）语法书"①：卫匡国《中国文法》

西方对语法的探索最早可以追溯到亚里士多德，他从哲学、逻辑学的角度经常谈到语法，被称为"哲学—逻辑语法"。② 公元前 1 世纪，狄奥尼修斯撰成《语法术》，明确了希腊语中八大词类的名称和定义。其后继者阿波罗纽斯著有《论句法》四卷。他继承了狄奥尼修斯对八大词类的划分，重点论述了词语组成句子的方式。"以后多个世纪里，欧洲各国的语法教学和研究都是在这一希腊语法间架的基础上，针对本民族语言的语法特点加以调整、补充和改造。"③ 与亚里士多德一样，中国古代学者对语法的论述也是散见于他们在文字、训诂等方面的研究，著名的有许慎《说文解字》、袁仁林《虚字说》以及王引之《经义述闻》等著作。与西方不同的是，在中国语言学史上，汉语语法学从零星研究到正式确立经历了上千年。④

打破汉语语法研究的依附局面，为汉语语法研究翻开新的一页的是明清来华的西方传教士。"已知现存西方人所编写的最早（汉语）语法书"的面世，和清初愈演愈烈的"礼仪之争"⑤ 有关。这时，"礼仪之争"已经由小范围的争论扩大到在华传教天主教的各个教派。绝大多数的耶稣

① 张西平：《序一》，参见［意］卫匡国《中国文法》，白佐良、白桦译，第 2 页。括号为本书作者所加。

② 参见姚小平《西方语言学史》，外语教学与研究出版社 2011 年版，第 43 页。

③ 姚小平：《西方语言学史》，第 46 页。

④ 学界普遍认为 1898 年《马氏文通》的出版是汉语语法学正式确立的标志。

⑤ "礼仪之争"有两个核心问题：能否用中文"天"或"上帝"来称呼天主教尊奉的宇宙最高主宰 Deus；中国人祭祖和祀孔是否涉及偶像崇拜，有无违背天主教的基本教义。

会传教士和皈依的中国天主教徒都在中国礼仪的问题上积极辩解，力证利玛窦所制定策略的正确性。而在华传教的天主教其他派别，包括多明我会、方济各会、奥古斯丁会、外方传教会的传教士，出于虔诚的信仰以及对耶稣会的反对，强烈驳斥其所制定的在华传教策略。1645 年，罗马教皇根据多明我会士黎玉范的描述，谴责了中国礼仪，并严令禁止教徒进行这些行为。1650 年，在华耶稣会士为了扭转这种不利局面，委托卫匡国前往罗马描述所谓中国礼仪的性质，澄清事实。1651—1652 年，他在去欧洲的途中被荷兰人扣在了巴达维亚（今雅加达），完成《中国文法》。1653 年，他到达欧洲，向欧洲的朋友展示他的手稿并找人抄写，《中国文法》在欧洲学界渐渐得以流传。我们把这一年当作西方汉语语法著作的正式开创之年。至此，西方对于汉语语法著作的探讨和研究进入了一个新阶段。

第一节　卫匡国之前西方人对汉语言文字的介绍和研究

本书提及的“语法”是广义的语法，包括形态、句法、语义和音系诸层面。在卫匡国之前，也有一些西方人对中国的语言文字进行过论述和相关研究。西方人对汉语言文字的介绍和研究，按利玛窦来到中国为界，可以分为前后两个时期。

一　前期

现今，在西方人所著的文献中，我们能够找到的最早关于汉语言文字的描述，出自意大利方济各会士柏朗嘉宾（Jean de Plan Carpin）的《蒙古行纪》（*Histoire des Mongols*）。他曾受教廷派遣，于 1245 年至 1247 年之间出使中国。《蒙古行纪》实际上是其为教廷所写的出使报告。这份报告介绍了蒙古的情况，并顺带提及“契丹”和“契丹人”。张西平认为：“他们所知道的‘契丹’实际上就是今天的中国。”[①] 在简略描述“契丹”的时候，柏朗嘉宾谈到了汉语：“我们上文所提到的契丹人都是异教徒，

① 张西平：《西方游学汉学简述》，参见张西平《欧美汉学研究的历史与现状》，大象出版社 2006 年版，第 52 页。

他们拥有自己特殊的字母，……他们所操的语言也甚为独特。”[①] 虽然柏朗嘉宾是有记录的“第一位介绍中国的语言和文献的人”[②]，但这样的介绍仅仅是只言片语，只是提到了一下而已。

比柏朗嘉宾稍晚些出使中国的是另一位意大利人鲁布鲁克（William of Rubruck），继续着与蒙古修好和在中国传教的双重使命。他的著作《鲁布鲁克东行纪》（*The Journey of William of Rubruck to the Eastern Parts*）更加形象地描述了汉字的书写方式和构成：“他们使用毛刷写字，像画师用毛刷绘画。他们把几个字母写成一个字形，构成一个完整的词。”[③] 虽然比柏朗嘉宾有进步，但对于汉字来说，这也仅仅是一种粗浅的、表面的感受。

在他们之后，也有一些西方人来到中国，留下相关的著述。其中，以马可·波罗（Marco Polo）的《马可·波罗游记》（*The Travels of Marco Polo*）、鄂多立克（Odoricus de Portu Naonis）的《鄂多立克游记》（*The Eastern Parts of the World*）以及马黎诺里（Joan de Marignoli）的《马黎诺里游记》（*Der Resbrechit des Johannes Marignolla*）最为出名。他们分别介绍了各自前往东方的旅行，但令人称奇的是，他们都没有谈到汉语。这或许与他们主要和蒙古上层人士交往，对当时的汉语缺乏了解有关。元代在大都传教的方济各会士孟高维诺（Giovanni de Montecorvino）曾寄往欧洲三封信件，详细记述他在中国的遭遇以及为传教事业付出的努力。在这些信中，提到过“鞑靼语言文字”。学界的普遍看法是：这指的是蒙古语，而非汉语。

元代来华的外国人主要与上层的蒙古人、色目人打交道，对汉语知之甚少。即使有的西方人对汉语有所耳闻，也疏于记述。即使有人对其有所记录，也是语焉不详，略有提及而已。

明朝建立之初，在对外交往上强调“华夷之防”，奉行守边自固的方针。在这样的政策下，无论是海路还是陆路，明王朝与亚非各国基本上长期维持着有限的朝贡和封赐关系，来到中国的欧洲人更是寥寥可数。虽说其间也有郑和下西洋、中亚帖木儿的继承者沙哈鲁遣使赴明等重要事件发

---

① ［意］柏朗嘉宾、鲁布鲁克：《柏朗嘉宾蒙古行纪·鲁布鲁克东行纪》，耿昇、何高济译，中华书局1985年版，第48—49页。

② 同上书，第129页。

③ 同上书，第280页。

生，但毕竟只是昙花一现，并没有推动中西文化交流的大发展。之后，奥斯曼帝国开始崛起，阻隔了东西方之间的陆路交通，使西方人通过传统的陆上通道来到中国的做法难以为继。这种情况一直延续到了 1557 年葡萄牙殖民者占据澳门。在这之后，中西关系出现重大变局，许多西方人来到澳门或是中国沿海，在中国东南沿海开展贸易活动。有的欧洲人甚至遣使来华，意图与明王朝建立官方的直接联系。这些来华人士主要来自葡萄牙、西班牙和意大利，他们关于中国的一些著作或多或少涉及汉语及其文字。

葡萄牙多明我会士克路士（Gaspar da Cruz）根据自己的来华经历，在 1570 年首次出版《中国志》（*Tractado*）。该书这样论述中国的汉字："中国人在书写方面没有固定的字母，他们用字来写一切，他们用这些字来组成单词，他们有数量极多的文字，用文字来标明每件事物：因而只用一个字便可标明'天'或'地'或'人'以及其他东西。"① 此外，克路士还发现中国人写字"不像别国那样是横写，而是从上到下"②。克路士对汉字的认识，和柏朗嘉宾、鲁布鲁克等人相比，虽然没有太多的新奇之处，但描述却更加到位、详细。5 年之后，西班牙奥古斯丁会士拉达（Martin de Rada）获准出使福建，回到菲律宾之后，撰写了一份使华报告。在报告中，拉达强调了学习汉语的难处："他们的文字是最不开化和最难的。因为那是字体而不是文字。每个词或每件事物都有不同的字体，一个人哪怕识得一万个字，仍不能读懂。"③

拉达之后，值得我们高度重视的著作是西班牙传教士门多萨（Juan Gonzales de Mendoza）编撰的《中华大帝国史》（*The History of the great and mighty Kingdom of China and the situation there*）。门多萨从未到过中国，该书是他用两年的时间，大量收集、精心整理各种资料，编辑完成的一部有关中华帝国的通志。因此，《中华大帝国史》中论述到的汉语和汉字（主要还是汉字），可以说是这一时期西方人对汉语认识的总结。门多萨根据多方资料，认定汉语"没有跟我们一样的字母，只有用图形书写"；他还

---

① ［英］C. R. 博克舍编注：《十六世纪中国南部行纪》，何高济译，中华书局 1990 年版，第 112 页。

② 同上书，第 113 页。

③ 同上书，第 211 页。

说，汉字非常难学，即使中国人“也要长时间，很困难地学会它，因为几乎每一个词都有一个字”，更别说是西方人了；并且中国人的书写方式也极有特色：“他们是从上往下写，……从右边开始朝左写，跟我们的相反，他们的印刷保持相同的顺序。”①

门多萨及其之前对汉语和汉字的论述和研究，主要以简略描述汉字的特点和书写方式为主，后来又加入西方作者对于汉语学习的看法，虽然“从中国人的观点来看，这种研究存在着不少错谬、附会之处，但毕竟是那个时代的‘泰西之人’研究中国语言文字，开风气之先，功不可没”②。

二 后期

对汉语展开相对系统研究的是明末清初来华的耶稣会士，他们在汉字、音韵、句法等诸多方面均有建树，开启了一个西方人学习汉语、研究汉语的新时期。

利玛窦，金尼阁《利玛窦中国札记》（*De Christiana expeditione apvd Sinas*）较早注意到了汉语口语和书面语的区别：

> 在风格和结构上，他们的书面语言与日常谈话中所用的语言差别很大，没有一本书是用口语写成的。一个作家用接近口语的体裁写书，将被认为是把他自己和他的书置于普通老百姓的水平。然而，说起来很奇怪，尽管在写作时所用的文言和日常生活中的白话很不相同，但所用的字词却是两者通用的。③

接着，利玛窦谈到了汉字的声和调的问题：

> 所有的中国字词无一例外都是单音字，我从未遇到过双音或多音字，虽然有些字可能包含两个甚至三个元音，其中有些是双元音。……中国人不习惯说元音和辅音，因为每个字正好象（好像）

---

① ［西］门多萨：《中华大帝国史》，何高济译，中华书局 1998 年版，第 111—115 页。

② 吴孟雪、曾丽雅：《明代欧洲汉学史》，东方出版社 2000 年版，第 115 页。

③ ［意］利玛窦、［比］金尼阁：《利玛窦中国札记》，何高济、王遵仲、李申译，中华书局 2005 年版，第 27 页。

> 每个对象一样，都是用它自己的汉字或符号来表示的，用于代表一个意思。因此，汉字符号的数目就是字的数目，措词的单位不是字而是音节。……人们运用重音来解决我称之为含义不清或模棱两可的困难问题。一共有五种不同的声调或变音，非常难以掌握，区别很小而不易领会。他们用这些不同的声调和变音来弥补他们缺乏清晰的声音或语调；因而我们只具有一种明确含义的单音节，在他们就至少具有五个不同的意义，并且彼此由于发音时的声调不同而可能相去有如南极和北极。每个发音的字的确切意义是由它的声调质量决定的，这就当然增加了学习说这种语言以及听懂别人的困难。①

还有就是关于汉字的数量：

> 虽然每个对象都有它自己恰当的符号，但由于许多符号组成的方式，所以，总数不超过七万或八万。一个人掌握了大约一万个这样的符号，他受的教育就达到了可以写作的阶段。②

值得关注的是，利玛窦在写给欧洲友人的信中，提到了汉语语法的“奇怪”现象：“中文没有冠词、性别、单复数、时间的区别；不过他们用副词来补救，表达得十分清楚。”③

这样的描述虽然依然重在直观认识，但与之前相比，却有了很大的进步。前期的著作说到汉语，几乎都把重点放在了汉字的特点和书写方式上，却没有深入，表明这时的西方人对汉语的了解真的不多，只能在汉字的特点、书写方式等这些最直观、浅层的方面泛泛而谈。利玛窦与他们不同，他深入中国社会，与各阶层广泛交流，对汉语的认识和理解自然更加深刻、具体，论述更为详细，例如汉语口语与书面语的差别、汉字的语音、语调，这些都需要作者对汉语有更熟悉的了解。因此，本书把利玛窦对汉语的论述和体会作为卫匡国之前西方人对汉语言文字研究的新开始。

---

① ［意］利玛窦、［比］金尼阁：《利玛窦中国札记》，何高济、王遵仲、李申译，中华书局2005年版，第27—29页。

② 同上书，第28页。

③ ［意］利玛窦：《利玛窦书信集》（上册），罗渔译，光启出版社、辅仁大学出版社1986年版，第32页。

除了利玛窦以外，卫匡国之前，大抵认真研究过汉字，比较著名的来华耶稣会士还有郭居静、庞迪我、金尼阁等人。大致和卫匡国处于同一时期，在汉语言文字的考证和研究方面做出过突出贡献的是曾德昭和安文思。这些人的工作主要有两项：一为对汉字进行多方考证；二是尝试给汉字进行西式注音，并在此基础上对汉字的发音进行整理归类。

对汉字的考证主要集中在汉字的历史、汉字的数量、汉字的象形特点等方面。首先，关于汉字历史，曾德昭论述颇为详细：“中国使用的语言是很古老的，许多人认为它是巴比伦塔的 72 种之一。他们的书籍至少证明，这种语言的使用，至少超过了 3700 年。”① 计翔翔认为，虽然曾德昭的说法颇合于现代发现，但其依据的却是中国史籍，他只是接受了某些中国学者的观点向欧洲人做了介绍而已。② 对于相同的议题，安文思的说法虽然比较模糊，但也确定：“尽管埃及人自夸他们首先使用文字和象形文，但可以肯定的却是中国人在他们之前就有了文字记录。”③ 和他们一样，来到中国，许多传教士都真切感受到了中国文字和语言的悠远历史。在汉字的数量上，当时的西方人也只能是估算，但出来的结果却是大相径庭。克路士认为汉字的总数应该“超过五千字”，④ 门多萨认为汉语“一共有六千多个彼此不同的汉字”，⑤ 这与现实情况相去甚远。随着利玛窦等人来到中国，对汉语的了解和体会越来越深刻。他们著作中谈到的汉字总数也有了大幅“增长”。前文已述，利玛窦在书中认为汉字总数“不超过七万或八万”，⑥ 曾德昭估计中国文字“共有六万”，⑦ 有意思的是，安文思的估算竟然“精确”到了个位数：“中国人使用的是五万四千四百零九个字。”⑧ 与早期只有几千的估计相比，这样的估算无疑更接近事实，

① ［葡］曾德昭：《大中国志》，何高济译，上海古籍出版社 1998 年版，第 39 页。

② 计翔翔：《十七世纪中期汉学著作研究——以曾德昭〈大中国志〉和安文思〈中国新志〉为中心》，上海古籍出版社 2002 年版，第 130—131 页。

③ ［葡］安文思：《中国新史》，何高济译，大象出版社 2004 年版，第 43 页。

④ ［英］博克舍编注：《十六世纪中国南部行纪》，何高济译，中华书局 1990 年版，第 113 页。

⑤ ［西］门多萨：《中华大帝国史》，何高济译，中华书局 1998 年版，第 112 页。

⑥ ［意］利玛窦、［比］金尼阁：《利玛窦中国札记》，何高济、王遵仲、李申译，中华书局 2005 年版，第 28 页。

⑦ ［葡］曾德昭：《大中国志》，何高济译，上海古籍出版社 1998 年版，第 41 页。

⑧ ［葡］安文思：《中国新史》，何高济译，大象出版社 2004 年版，第 43 页。

明显是一种进步。西方人接触过汉字后，必会被汉字的字形特点所吸引。无论是利玛窦之前还是之后的时期，许多作者都有过较为详细的论述，最引起他们注意的是汉字的象形特点。曾德昭在《大中国志》中最先向西方介绍了汉字的造字方法，列举的是基于象形的三种方式：描摹实物形状的"象形"、集合两个以上意符的"会意"和意符、声符并用的"形声"造字法。在安文思的《中国新志》中，他不仅以音、形、义三者相结合的方式首次完整而正确地向欧洲人介绍了大量的汉字实例，而且还从五个方面论证了汉字就是象形字。计翔翔认为，安文思虽然"过分强调了汉字的象形功能"，但却表明了"他比先前的西方人掌握了更多的汉语知识，也更善于说文解字"。①

在汉语音韵方面，也是由利玛窦开启的新时期，他在这方面的贡献是和罗明坚合编了《葡汉辞典》。前文已述，从元代开始的一些介绍中国的著作，也会简略谈到汉语，但却几乎没有涉及汉语音韵。从《葡汉字典》开始，西方人尝试给汉字进行西式注音，并在此基础上对汉字的发音进行整理归类。这套汉字拉丁字母方案在引入了声调符号和送气符号之后，在利玛窦所编的《西字奇迹》中得到进一步完善。金尼阁继承了利玛窦的做法，略加修改用于其所编的《西儒耳目资》。这是西方人所编写的第一部分析汉语语音的韵书。该书采用了 29 个字母，并由这些字母组成汉语的 50 个韵母、20 个声母，罗列了 335 个汉字音节。之后的迪亚士、曾德昭、卫匡国、安文思等人在各自的著作中也都谈到了汉语的音韵，与《西儒耳目资》中的方案相比，没有大的变化，只是做了一些调整和改动，最主要的差异存在于声母、韵母和音节的数量以及举出的实例上。

综上所述，在卫匡国之前，西方人对汉语言文字的研究，以利玛窦为界，大体可以分为两个阶段。前期对汉语的论述多从直观的方面入手，内容也显得零碎，以汉字为主要对象；后期逐渐扩展，汉字的声和调、词义甚至词组、句子都被纳入研究范围，且也不再都是浮光掠影地介绍，多为深入地分析、总结，具有一定的系统性。西方人在对汉字的音、形、义有了一定的了解和研究之后，必然会对汉语的构成方式，包括词的构成的变化、词组和句子的组织等展开论述和研究，以便能够更好促进西方人学习和掌握汉语，

① 计翔翔：《十七世纪中期汉学著作研究——以曾德昭〈大中国志〉和安文思〈中国新志〉为中心》，上海古籍出版社 2002 年版，第 314—315 页。

更全面地向西方世界介绍汉语。此时，欧洲的拉丁语法体系也基本建立起来了，许多语法现象得到总结，理论化工作渐趋成熟。因而，在积累到了一定程度的时候，西方汉语语法著作的出现就显得水到渠成了。

据史料记载，在 1592—1593 年，多明我会教士高母羡（Juan Cobo）就撰有一部汉语语法书，书名叫《中国语言文法》或《中文语法术》（*Arte de la lengua China*），这是迄今为止发现的最早的有记录的西方汉语语法著作，可惜却未能保存下来。1640—1641 年间在菲律宾，同样来自多明我会的葡萄牙传教士弗朗西斯科·迪亚士（Francisco Diaz）又编写了一部汉语语法，由于至今没有发现其手稿或抄本，迪亚士的语法甚至连书名也已不存，只有空头记录。此后，又有莫拉雷斯（Juan Bautista de Morales）、耶苏斯（Juan Bautista de Jesus）等传教士写过一些类似的著作，也都先后散失了。[①] 目前，1653 年成书的《中国文法》是“已知现存西方人所编写的最早的（汉语）语法书”。[②]

第二节 卫匡国生平与汉语学习

一 卫匡国的生平

卫匡国，意大利耶稣会传教士，全名是 Martino Martini，拉丁文写作 Martinus Martini。他 1614 年 9 月 20 日出生于意大利北部的特兰托（Trento）城。该城处在威尼斯通往中欧的要道上，从威尼斯而来的中国商品经由此处运往欧洲各地。耳濡目染之下，卫匡国从小就对中国有所了解并对中国文化抱有浓厚的兴趣。1625 年，卫匡国进入耶稣会在当地开办的教会学校学习。1632 年，卫匡国离开家乡，来到罗马加入了耶稣会。见习修士期满之后，1634—1637 年，他进入罗马神学院学习，师从著名学者阿塔纳修斯·基歇尔[③]神父，学习数学、修辞学，攻读哲学。[④] 那时，

① ［美］柯蔚南、列维：《英译出版前言》，参见［西］弗朗西斯科·瓦罗《华语官话语法》，姚小平、马又清译，外语教学与研究出版社 2003 年版，第 F6—F7 页。

② 张西平：《序一》，参见《中国文法》，第 2 页。括号为本书作者所加。

③ 基歇尔又被翻译成季尔盖、基尔旭等。

④ 张西平、［意］马西尼、［意］斯卡尔德志尼主编：《把中国介绍给世界：卫匡国研究》，华东师范大学出版社 2012 年版，第 11—12 页。

在印度和中国等地传教的耶稣会先驱一些介绍东方以及他们在东方活动的消息或文章也经常被带回意大利。罗马神学院是当时此类信息汇集的中心。这使同样身为耶稣会士的卫匡国心向往之。1634年8月，卫匡国向耶稣会提出了去印度传教的申请。[①]

1638年，卫匡国的传教申请被批准，被派往中国。之后，卫匡国前往中国的两次尝试都以失败告终。直到1640年3月，他与另外24名耶稣会士一起乘船前往印度，终于在9月成功到达了果阿。在果阿待了一年多之后，1642年8月，卫匡国到达澳门。1643年，卫匡国从澳门进入中国内地，先后在杭州、宁波等地传教。他按照来华耶稣会士的习惯，给自己取名“卫匡国”。据马雍猜测：“马尔蒂尼之所以取名卫匡国，可能因为目睹当时的危局，力图表示自己愿为明朝效忠之意。这样做当然也是为了取悦于明朝政府、取悦于明朝士大夫。”[②] 我们不排除卫匡国最初取汉名时的这种意图。但“卫匡国”这个名字其实在任何朝代都是能获得中国人好感的，清取代明之后，卫匡国也照样交游广泛，认识了不少清代前期的达官贵胄。卫匡国在中国的时间可以分为三段。1643年到1647年是其汉学著作的准备阶段。这段时间虽然局势混乱，但卫匡国一边传教，一边结交文人学士。他在学习中国各种文化知识的同时还极力收集各地的史料和地理信息。这些经历和知识，为他创作出一流的汉学著作打下了坚实的基础。卫匡国也与南明政权有过交集，向他们介绍过西洋火炮的使用方法，也曾到达延平。1648年到1655年是卫匡国汉学著作的成形时期。[③] 从1648年开始，卫匡国开始翻译神学著作，编绘中国地图。1650年，为了解释和澄清“礼仪之争”中耶稣会的立场，卫匡国受委托返回欧洲。在1654年回到罗马之前，卫匡国先滞留在巴达维亚，后来到挪威、荷兰等地。在欧洲，卫匡国先后出版了《鞑靼战记》《中国新地图集》以及《中国历史初编》。1654年，卫匡国来到罗马，历经五个多月的辩论，使教廷终于同意耶稣会在中国礼仪问题上的主张。从1656年到1661年，卫匡国专注于教务，传世的著作寥寥，影响力也不如从前。1657年，他从

---

① 张西平、[意]马西尼、[意]斯卡尔德志尼主编：《把中国介绍给世界：卫匡国研究》，第11—12页。

② 马雍：《近代汉学家的先驱马尔蒂尼》，《历史研究》1980年第6期。

③ 卫匡国的《中国历史初编》（又称《中国上古史》），虽然于1658年于慕尼黑出版，但根据卫匡国在欧洲的经历，此书应在1656年之前已经完成。

里斯本出发东航。历经艰难困苦和天灾人祸，他于1659年回到了杭州。在杭州，他把主要精力投入到了教堂扩建和开展教务，两年后在杭州病殁。

二 卫匡国的汉语学习

目前，学界涉及卫匡国的相关研究较多①，但有关《中国文法》的专题研究却很少②。因为受到资料的限制，国内学界对于卫匡国的汉语学习过程和效果几乎没有涉及。本书试图从卫匡国的个人经历、论著以及其他传教士的相关记载中爬梳，进行大致的判断和推理。因为现有可利用的很多资料都缺乏明确的记载，所以这样的推测有待于将来发现的明确记载来证实。

意大利汉学家白佐良按照时间先后，列出了卫匡国的生平及其著作。③从中，我们发现许多有价值的信息。卫匡国在意大利应该是没有进行过专门的汉语学习的。1634年8月，卫匡国向耶稣会提出的申请是去印度传教。可见，卫匡国开始时的传教志愿是印度而非中国，那时学习汉语是没有必要的。在罗马神学院，他的老师基歇尔后来出版了《中国图说》，这部书根据一些欧洲传教士在华各地旅行的所见所闻，描述了若干中国甚至亚洲独特的人文现象和奇异的自然事物。④《中国图说》主要根据来华传教士（包括卫匡国）和学者提供的资料写成，而基歇尔本人并不会说汉语。1638年7月，卫匡国接到了去中国传教的指示。之后，他便积极筹划前去中国的事宜。1640年9月，在经历了两次搭船前往中国的失败尝

---

① 与卫匡国有关的研究，主要集中在基督教东传史、欧洲汉学史以及中意文化交流史三个方面。其中最值得一提的是由张西平、［意］马西尼、［意］斯卡尔德志尼主编的《把中国介绍给世界：卫匡国研究》，在2012年出版。该书汇集了参与2004年卫匡国研讨会的多位学者研究卫匡国的论文。

② 《中国文法》的专题研究以意大利学者白佐良的《〈中国文法〉研究》为代表，曾发表于《国际汉学》第15辑。后来，该文又出现在论文集《把中国介绍给世界：卫匡国研究》中，经过修改后作为《中国文法》中文版的导言。此外，还有张西平和李真、内田庆市、姚小平、陆商隐等多位学者为《中国文法》中文版各自所作的序言。

③ ［意］白佐良：《卫匡国的生平及其著作》，参见张西平、［意］马西尼、［意］斯卡尔德志尼主编《把中国介绍给世界：卫匡国研究》，第11—40页。本节中有关卫匡国的事例都引自该表，除非直接引用，否则不再一一作注。

④ 基歇尔《中国图说》拉丁文版于1667年出版。

试之后，卫匡国终于到达了果阿。

在果阿，卫匡国待了一年，白佐良解释是“由于缺乏船只，无法继续航行”①。但事实并非像白佐良说的那么简单。在果阿，卫匡国应是在当地的圣保禄学院休养、学习了一段时间。该学校1541年开始动工兴建，宗旨是培养和训练葡属东方的当地司铎候选人。1549年，沙勿略以耶稣会的名义接管了整个学校。布罗基在《穿越印度之路：天主教通往印度的必经之路1570—1700》中说：

> 圣保禄学院不仅为殖民地居民服务，同时也负责为其他教区培训教士。由于许多满怀憧憬的年轻修士在离开葡萄牙时仅接受了部分培训，他们不得不在到达印度之后完成他们剩下的学业。……在继续前往所要服务的教区之前，他们需要在果阿休息，补充营养和完成学业。②

顾为民因此说：“由于果阿是当时由欧洲前往东亚的中国、日本和朝鲜的中转站，许多从欧洲去到东方的传教士都要在果阿中途停留，有的甚至会停留很长时间，于是圣保禄学院也为整个东亚传教区培养人才。”③按常理，卫匡国前往中国传教，在果阿的一年时间里，对于他来说，最为紧迫的任务也就是学习汉语了。圣保禄学院可以说是耶稣会在果阿的大本营，耶稣会士众多。虽然没有直接的证据，但我们也不能排除其中有一些人会说汉语，卫匡国在那里接触汉语，是有可能的。因此我们推测，卫匡国的汉语学习很有可能是从果阿的圣保禄学院开始的。但卫匡国在果阿学习汉语的效果似乎并不好。因为1643年，年轻的卫匡国从澳门进入中国内地的时候，“对中国缺乏了解，语言也不通”④。

1643年2月，卫匡国进入中国内地，开始了一次长途旅行。因为语

---

① 张西平、[意]马西尼、[意]斯卡尔德志尼主编：《把中国介绍给世界：卫匡国研究》，第13页。

② 转引自顾为民《葡萄牙文明东渐中的城市：果阿》，上海辞书出版社2009年版，第136页。

③ 顾为民：《葡萄牙文明东渐中的城市：果阿》，第135—136页。

④ [意]白佐良：《卫匡国的生平及其著作》，参见张西平、[意]马西尼、[意]斯卡尔德志尼主编《把中国介绍给世界：卫匡国研究》，第14页。

言不通的原因，中国教区派副会长艾儒略（Giulio Aleni）和神父瞿西满（Simao da Cunha）随行。此时的艾儒略来华已经 30 余年[①]，对中国非常熟悉，对汉语也是十分精通。虽然没有记载，但在 4 个月的旅行中，我们推测艾儒略定会将一些汉语的常用口语以及与中国的相关知识传授给卫匡国。1643 年 6 月，卫匡国结束长途旅行，“也许是在到达杭州之前，卫匡国前往上海拜会了 Francesco Brancati（中文名潘国光）神父。或许是受那里浓厚文化氛围的影响（而这是在澳门时未曾遇到的），他开始系统地学习中文”。[②] 之后，卫匡国在以杭州为中心的江南一带活动，他交游广泛，不但与其他在华传教士，而且与许多的士人儒生也有密切的来往，其在汉语学习上主要请教和讨论对象除了传教士以外，也就是与他交往的中国人了。在接下来的两年中，卫匡国刻苦学习汉语，似乎进步很快。因为 1645 年，在他从杭州去往福建延平的同时，他已经被耶稣会安排“负责指导刚刚从广州到那里的 Johannes Nikolaus Smogulecki 神父（中文名穆尼各，字如德）学习汉语”[③]了。

1647 年，卫匡国在浙江兰溪完成了其重要的代表作之一《逑友篇》。[④] 该作用词地道、语句流畅、论证严密，体现出很高的汉语水平。虽然该文是卫匡国口述，由其好友祝石润饰加工，但从中我们还是不难发现：此时的卫匡国，在与中国友人的交流中，已能够准确地把自己的想法传达给对方。不然，《逑友篇》中体现的基督教精神，散发的欧洲人文气息，就无从而来了。可见，卫匡国对汉语的运用，已经可称熟练。得益于此，卫匡国从 1648 年开始与中国文人合作，将西方的神学著作翻译成中文，并着手编绘中国地图。

卫匡国的汉语学习，应该开始于果阿的圣保禄学院。进入中国之后的长途旅行中，卫匡国主要跟着艾儒略学习汉语。结束游历之后，卫匡国主要依靠本会传教士和与其交游的中国人，加上努力自学，使其在传教的同时，汉语水平也是日渐精进。到 1645 年，他已经可以担当起指导新来传

① 艾儒略 1610 年来华。

② ［意］白佐良：《卫匡国的生平及其著作》，参见张西平、［意］马西尼、［意］斯卡尔德志尼主编《把中国介绍给世界：卫匡国研究》，第 15 页。

③ 同上书，第 17 页。

④ 该书于 1661 年出版。参见张西平、［意］马西尼、［意］斯卡尔德志尼主编《把中国介绍给世界：卫匡国研究》，第 19 页。

教士的汉语学习的任务了。从进入中国开始，不到5年时间，卫匡国就到了能够日常运用汉语的地步。关于其汉语水平，卫匡国对于自己的评价是："在学了十年汉语之后，才勉强能读一些用中文写的供祈祷用的小册子。"①

第三节 卫匡国《中国文法》考

一 《中国文法》的编写和出版

关于《中国文法》的编写和成书，学界几乎找不到明确的历史记载。因此，很多学者在谈到这个问题的时候，往往言之不详或是根据线索进行猜测。

《意大利与中国》是1996年白佐良与马西尼（Federico Masini）合著的一部介绍意大利与中国交往的著作。② 该书在提到艾儒略和卫匡国的时候，这样说道：

> 在北欧期间，卫匡国向学者们解释了汉语的结构，写了一本书法：一本学习中文的实用手册，而不是谈理论。这本手册很可能印了多本。……可惜，卫匡国留下的文法书至今仍是手抄本；否则，它会是以西方语言出版的第一本中文文法。③

这里，作者的主要观点有三个：第一，卫匡国的书是1653年9月在挪威上岸之后待在北欧期间所写；第二，卫匡国的文法书（即《中国文法》）是一部学习中文的实用手册，不是一部大著作；第三，卫匡国的文法书如若即时出版，则是"以西方语言出版的第一本中文文法"。看来，意大利汉学家白佐良④也有和普通中国人一样的情结，凡事也喜欢争个"第一"。

---

① ［意］白佐良：《导言》，参见《中国文法》，第73页。

② 该书的中文版在2002年由商务印书馆出版，译者为萧晓玲和白玉崑。

③ ［意］白佐良、［意］马西尼：《意大利与中国》，商务印书馆2002年版，第122页。

④ 该章的作者是白佐良。

根据巴耶尔（Theophilus Siegfried Bayer）的说法，卫匡国在完成《中国文法》之后，曾经把该书的抄本送给了荷兰学者葛列斯（Jacob Golius）。[①] 根据记载，卫匡国一共见了葛列斯两次，一次是1654年1月，一次是1654年9月。卫匡国在北欧上岸之后，便马不停蹄赶往汉堡，前去荷兰和比利时。所以，《中国文法》在北欧编写的说法站不住脚。如果《中国文法》在欧洲所写是事实，那么《中国文法》的编写时间应该是1653年8月到1654年1月或是9月。但无论1月还是9月，相距卫匡国在北欧上岸的时间都比较短。这段时间卫匡国在欧洲城市之间四处游历，为自己所著《鞑靼战记》和《中国新地图集》的出版而奔忙，根本没有时间静心写作。即便《中国文法》内容不多，也是很难在如此短的时间之内完成的。因此，《中国文法》应该是在卫匡国回到欧洲之前就已经完成了。

后来，白佐良读到了龙伯格有关巴耶尔的文章，发现了这样的材料：卫匡国在巴达维亚曾被荷兰人扣留。1689年，《中国文法》的一份手稿副本被在荷兰东印度公司就职的克利耶（Andreas Cleyer）[②] 从巴达维亚寄给了德国学者门泽尔（Christian Mentzel）。[③] 于是，白佐良修正了自己的观点，认为《中国文法》可能是卫匡国滞留在巴达维亚时完成：

> 1652年他被巴达维亚的荷兰人扣留了8个月，可能就是在此期间，他完成了语法书的手稿，并把一个副本留给了一个朋友。[④]

根据史料记载，卫匡国在巴达维亚的时间是1652年5月到1653年1月，他于1653年2月1日从此地启程前往欧洲。这8个多月的时间正好给了繁忙的卫匡国一个调整。“利用这被迫停留在巴达维亚的8个月时间，

---

① Theophilus Siegfried Bayer. *Museum Sinicum: In Quo Sinicae Linguae te Litteraturae ratio Explicatur*. Petropoli: Ex Typographia Academiae Imperatoriae, 1730, pp. 88-89.

② 白佐良说克利耶是德国人，参见《卫匡国的〈中国文法〉》，参见张西平、［意］马西尼、［意］斯卡尔德志尼主编《把中国介绍给世界：卫匡国研究》，第245页。他的博士生陆商隐（Luisa Paternico）则说克利耶是荷兰医生，参见序四，《中国文法》，第25页。

③ Knud Lundbaek. *T. S. Bayer*, 1694-1738. In *Sinology Pioneer*. London: Malmo, 1986, p. 76.

④ ［意］白佐良：《卫匡国的〈中国文法〉》，参见张西平、［意］马西尼、［意］斯卡尔德志尼主编《把中国介绍给世界：卫匡国研究》，第245页。

卫匡国整理了自己此前完成的历史和地理研究，并对未来旅行中要做的工作做了打算。”[①] 我们认为，白佐良的这个判断有史料为据，加上一些合乎情理的推想，应该是可以成立的。卫匡国《中国文法》的手稿最终完成时间基本上可以确定为 1653 年 1 月。对此，学界已基本达成共识，内田庆市、姚小平等前辈学人都认为《中国文法》的成书时间是在 1653 年。

但卫匡国编写《中国文法》的开始时间则非常难以判定。白佐良只是说《中国文法》的手稿是卫匡国在巴达维亚完成的。至于何时开始编写这部著作，他根本没有提及。本书认为，《中国文法》不太可能在卫匡国在巴达维亚时才开始编写。在欧洲上岸之后，卫匡国随即在西欧的许多城市游历，结交知名学者和其他上层人士，目的也就是扩大自己的影响力，游说他们为自己著作的出版给予帮助。这些著作包括 1654 年 3 月出版的《鞑靼战记》，1655 年下半年出版的《中国新地图集》以及 1658 年 11 月至 12 月出版的《中国历史初编十卷》。1653 年，卫匡国重返欧洲之后，忙于各种事务，因此，这三部著作也是在其回到欧洲之前便已完成了。它们的修订、整理工作也只能是在卫匡国来到挪威之前进行，待在巴达维亚的 8 个月时间是最适合做这些事情的。从后来的出版情况来看，卫匡国对这三部著作的出版极为重视，倒是对出版《中国文法》似乎不太在意，而整理这三部著作显然要花去他很多的精力和时间。因此，他不太可能在巴达维亚才开始《中国文法》的编写工作。

在离开中国到达巴达维亚之前，卫匡国还在菲律宾逗留了将近一年。他“在这段时间里整理了他在中国游历时获取的历史和地理资料，准备将来写成两部大部头出版”。[②] 同样的道理，卫匡国在菲律宾时，已经把重心放在中国历史和地理书籍的准备和写作上。所以，《中国文法》开始编写的时间应该再往前移，是卫匡国没有启程，还在中国的时候。

卫匡国在 1643 年进入中国内地，开始系统学习中文。1645 年，其汉语水平有了很大进步。但此时卫匡国的很多时间都花在了与南明上层联络沟通上面，加之清军南下，他居无定所，受尽了颠沛流离之苦，直到

① ［意］白佐良：《卫匡国的生平及其著作》，参见张西平、［意］马西尼、［意］斯卡尔德志尼主编《把中国介绍给世界：卫匡国研究》，第 24 页。

② 同上书，第 23 页。

1647 年下半年才开始安定下来。很明显，1647 年之前，卫匡国连基本的著书立说的条件都不具备。所以，我们有理由认为，卫匡国《中国文法》开始编写的时间最有可能是在 1647—1648 年。

由此，我们认为卫匡国在 1648 年左右开始《中国文法》的编写，并且该书在 1651 年卫匡国离开中国之前就可能已经初具规模。再有，他可能在马尼拉对该书进行过充实。最后，卫匡国于 1653 年在巴达维亚最终修订、整理好了该书的手稿。

卫匡国回到欧洲，却没有把《中国文法》列入他的出版计划，其中的缘由已无法考证，我们同样也只能对其进行推测。卫匡国回到欧洲之后不久，《鞑靼战记》《中国新地图集》很快就出版了。《中国历史初编十卷》虽然是在卫匡国离开欧洲后出版，但也应该是其临行之前便已敲定了的。并且，《鞑靼战记》的出版取得了空前的成功。白佐良考证：“仅仅在 1654 年当年，其拉丁文就再版了 4 次（两次在安特卫普，一次在科隆，一次在维也纳），并被译成 5 种语言（德语、意大利语、法语、英语和荷兰语）。”[①] 所以，我们基本可以确定：只要卫匡国自己愿意并努力推动，《中国文法》是完全有机会出版的。即使要单独出版《中国文法》有困难，他也完全可以把它作为附录，收进其他有望出版的著作之中。但卫匡国却没有这么做，似乎从一开始《中国文法》就不是其编写和出版计划的重点。

姚小平在给《中国文法》中文版所作的序言中，提到了《中国文法》长期没有出版的原因：

> 其中的缘由已难考明，也许是因为他觉得自己的著作尚未成型，需要时日提炼；但也可能是受限于技术条件，比如手稿中插有汉字，会让印刷商发憷。[②]

这其中最主要的可能原因是《中国文法》过于简略，列举单音节汉字及其注音的“汉语词条”是该书比例最大的部分。相反，真正和汉语

① ［意］白佐良：《卫匡国的生平及其著作》，参见张西平、［意］马西尼、［意］斯卡尔德志尼主编《把中国介绍给世界：卫匡国研究》，第 27 页。

② 姚小平：《西方语法理论与中国语言事实的初始遭遇》，参见《中国文法》，第 25 页。

语法有关、需要详细介绍的内容却明显不够充分。在讲到各种词类的用法和规则的时候，《中国文法》往往是论述单薄，即使举例也很少（只有"数词和数量词"举例相对较多）。可以说，我们现在能看到的《中国文法》简单、粗糙，只能说是一个雏形罢了，远未成熟。作为该书作者，卫匡国势必也知道这一点。按常人心理，与其让自己的著作勉强正式发布，遭人诟病，干脆不如暂不出版。对此，白佐良这样说：

> 卫匡国可能从来没有想到过要出版他的语法书，看起来更像是个人参考用书，或在与欧洲的外国学者见面时使用。[①]

当然，印刷技术也是一个难题。卫匡国时代，要出版中、西文字混排的书籍，对于已经熟练掌握印刷术的西方人来说也是一件十分困难的事情。不要说能够刻写中文字模的印刷工了，当时欧洲认识汉字的人都很少。这个问题其实困扰了西方人很久，在《中国文法》之后，1703年出版的《华语官话语法》没有一个汉字，举例使用的是用拉丁字母的注音。马若瑟也曾经因为《汉语札记》中汉字较多，与傅尔蒙通信专门讨论过这个问题。他给出的方案是，书的拉丁文部分在巴黎印刷，空出足够的字数和行距，而中文部分则在中国使用雕版进行套印。[②] 直到马礼逊的时代，随着中外文化交流的日益热络，这个问题才最终完全解决。

虽然没有及时出版，但卫匡国在巴达维亚以及重返欧洲之后，曾经把几部《中国文法》的手稿副本分别送给自己的一些朋友和学者。白佐良在整理卫匡国遗稿的过程中，发现了卫匡国《中国文法》的几份抄本。根据他和陆商隐（Luisa Paternicò）等人的调查，《中国文法》手稿现存有七份抄本：三份抄本存于英国格拉斯哥大学图书馆，一份存于德国柏林国立图书馆，一份存于波兰克拉科夫加格罗林大学图书馆，一份在威吉瓦诺主教图书馆，最后一份保存在法国康贝雷图书馆。其中，柏林和克拉科夫

① ［意］白佐良：《卫匡国的〈中国文法〉》，参见张西平、［意］马西尼、［意］斯卡尔德志尼主编《把中国介绍给世界：卫匡国研究》，第 245 页。

② ［丹］龙伯格：《清代来华传教士马若瑟研究》，李真、骆洁译，大象出版社 2009 年版，第 59 页。

的抄本来源于克利耶从印度尼西亚寄给门泽尔的本子。格拉斯哥图书馆的三份手稿都是德国汉学家巴耶尔从柏林抄写而来。至于威吉瓦诺主教图书馆的抄本，是卫匡国回到中国之前把其送给了当时即将成为威吉瓦诺主教的卡拉姆耳。①

根据白佐良以及陆商隐等人的考证，法国汉学家雷慕沙曾在王家图书馆总目中有关 *Grammatica Liguae Sinensis*（即《中国文法》）条目旁作了个注：“从纸张的使用和字体来看，这个版本是为收录在泰夫奈文集中而作。”伯希和据此猜测卫匡国的语法著作曾经在泰夫奈的文集中出版。2009 年，陆商隐等人发现了 1696 年出版的泰夫奈文集里的确包含了 *Grammatica Liguae Sinensis*。只不过，它是以附件的形式存在。所以，他们断定：卫匡国语法是第一本出版的中文官话语法。②

1998 年，五卷本的《卫匡国全集》在意大利出版，《中国文法》是该全集第二卷的一部分。

二 《中国文法》的主要内容

根据 2011 年出版的《中国文法》中文、拉丁文的对照本，该书分成了四个部分：导言、主体、部首和附录。

该书的导言是在白佐良所写《卫匡国的〈中国文法〉》一文的基础上修改而成，主要介绍了所发现的卫匡国手稿 5 个抄本的内容和特色，并对它们进行比较分析，接着是《中国文法》的出版情况以及后人的评价。主体部分共有三章。第一章主要介绍汉语语音的相关知识。首先是一份包含了 320 个单音节汉字及其对应拉丁字母的注音和简单解释的列表，从 ça 到 xun 排列。每个词条的注音都标注了卫匡国和迪亚士所采用的两种注音方式，汉译者在其间还加上了现代汉语拼音的注音。其中，有两个汉字的注音完全一致，另有一个汉字出现了两次。这实际是一份包含 318 个音节的汉语音节表。其次是对以拉丁字母注音的一些特殊发音做出方法说明。最后是汉语去声、上声、入声、平声和浊平 5 个声调的发声方法。第二章介绍的是汉语中名词、代词和动词的用法，并进行举例。在谈到动词的时

① ［意］陆商隐：《从〈中国文法〉到〈中国语文法〉：卫匡国语法的流传与不断丰富的过程探讨》，参见《中国文法》，第 28—34 页。

② 同上书，第 26—27 页。

候，卫匡国直接讲的就是动词的变位。第三章则论述了介词、副词、感叹词、连词、名词、代词（附录）以及数词和数量词的用法，也通过举例进行说明。其中，对于数词和数量词的举例较多。“部首”部分按笔画顺序罗列了 330 个汉字部首，每个部首旁边都标注了拉丁字母拼音和释义。该书最后的附录是一份迪亚士《卡斯蒂利亚方言释义的中文词汇》的词条与格拉斯哥大学图书馆所藏抄本“A”[①] 的词条对照表。

我们把这些内容与白佐良的研究结果相比较，非常明显，导言和附录是后人所加。卫匡国的手稿其实就包含了两个部分：主体和部首。

《中国文法》虽说是一本小小的册子，但却依然是按照拉丁语的八大词类来分析汉语的。1481 年，西班牙语法学家内布列加（Antonio de Nebrija）出版了《拉丁语法》（*Grammatica Latina*），按照名词、代词、动词、分词、介词、副词、连词和叹词的顺序，依次论述其用法和规则。在其出版后的 200 年里，一直是拉丁语语法方面的权威著作。因而卫匡国很有可能看过该书，其《中国文法》的结构安排便是由此而来，在各种词类的顺序安排上也基本一致。因为汉语中没有分词，卫匡国把数量词加入其中，成为一类，这和《拉丁语法》稍有不同。

本书在进行与《中国文法》相关的论述时，主要参考和引用的是 2011 年华东师范大学出版社出版的《中国文法》中文、拉丁文的对照本。该本来自于格拉斯哥大学图书馆保存的被白佐良称作《文法》“A”的抄本，该本经过了耶稣会传教士柏应理的增补。

三 《中国文法》所涉的参考文献

白佐良生前对卫匡国及《中国文法》有过深入的研究，其《卫匡国的〈中国文法〉》经过一些修改，被收录于《中国文法》的中文、拉丁文本，作为该书的导言。在这篇文章中，白佐良详细论述了卫匡国在编写《中国文法》之时可能参考过的前人著作。[②]

在《中国文法》第一章中，卫匡国罗列了一份 320 个单音节汉字及其拉丁字母注音和释义的列表。根据白佐良的调查，发现在柏林国家图书馆

① 白佐良把格拉斯哥大学图书馆所藏的三份《中国文法》抄本分别命名为《文法》“A”、《文法》“B”和《文法》“C”。参见［意］白佐良《导言》，参见《中国文法》，第 51—62 页。

② 本节的写作多受益于白佐良的研究。

所藏、经过门泽尔改头换面的、被称为《中文之钥》（*Clavis Sinica*）的《中国文法》抄本中，有这样一段话：

> 这些是汉语中所有的单音节字，它们来自迪亚士的西班牙文词典。在这一领域，我们相信西班牙人和葡萄牙人，因为他们是先于他人最先到达中国传播基督福音的两个民族。①

白佐良于是按照这个线索，把《中国文法》与迪亚士所编字典的音译相比较，发现：

> 汉字发音的拉丁化音译，除了个别特例之外，与迪亚士1640年的《中文词汇》（*Vocabulario de Letra China*）音译相吻合。显然，卫匡国、门泽尔和巴耶都知道这本词典。②

这本《中文词汇》，学界通称为《汉西字汇》，又叫《卡斯蒂利亚方言释义的中文词汇》（*Vocabulario de Letra China con la Explication Castellana*），是葡萄牙多明我会传教士弗兰西斯科·迪亚士在1640年编成的。这部字典收有七千余汉字，较完整的抄本现藏于波兰克拉科夫市的雅杰隆斯卡图书馆（Jagienllonska）和梵蒂冈图书馆。《中国文法》中文、拉丁文对照本中的附录就是摘自雅杰隆斯卡图书馆所藏的迪亚士《卡斯蒂利亚方言释义的中文词汇》的词条与《文法》“A”（格拉斯哥大学图书馆所藏抄本）的词条对照表。除了些许微小差异，两本著作的词条显然在用例和顺序排列方面高度重合。

《中国文法》的“部首”部分按笔画顺序罗列了330个。白佐良认为，这与金尼阁1626年的《西儒耳目资》中的部首表很相似。《西儒耳目资》中所列部首总共有306个，两者相差24个。原因是《中国文法》中有4个相同的部首重复了两遍；有11个部首，卫匡国依据不同的写法在表中重复了两遍，而金尼阁没有把它们计算在内；另外9个部首，金尼

① ［意］白佐良：《导言》，参见《中国文法》，第67页。

② 同上书，第68—69页。

阁的部首表中则没有提及。[①] 在白佐良标注为《文法》"A"的格拉斯哥大学图书馆所藏的一份抄本中，他发现在第一章的一个加页中，有人提到了《洪武正韵》和《四书正文》两部著作，猜测这有可能是文法修改者（柏应理）所用的参考书。《洪武正韵》正是《西儒耳目资》编写时的主要参考著作，《四书正文》则是儒家经典《四书》的一个版本。[②] 此外，第一章的第二部分"词条首先以拉丁语的发音注音"和"五个声调的发声法"与《西儒耳目资》的提法也比较类似。《西儒耳目资》把汉字分为"清""浊""上""去"和"入"五声；《中国文法》则列为"去声""上声""入声""平声"和"浊平"五声的叫法，只是有个别稍变了下名称而已。

《中国文法》在论述词的用法时，所采用的例子都是来自日常生活，大都十分简略。卫匡国在著述这个部分的时候，是否参考过其他著作，不易考辨。值得注意的是该书的"数词和数量词"一节，相对于其他小节来说，显得尤为详细。该节先列出通常意义的数词，还选出将近40个量词归作一类来分析。在具体论述时，卫匡国先说明一个量词的适用范围，指哪一类事物，再举出最常见的搭配形式。这和西方人初到中国，发现汉语中的量词数量众多、特点突出有关。许多西方人对此感到好奇。《中国文法》的这一小节的写作似乎有所借鉴，但具体参考的著作有哪些，还有待考证。

第四节　对《中国文法》的评价

卫匡国的《中国文法》被称为"第一本在欧洲出版的汉语语法，比万济国的文法（1703年）还要早七年"。[③] 该书保存了一些明末清初的汉语文字和语音材料，并依据欧洲传统的拉丁语法体系进行词类分析。然而，卫匡国在《中国文法》中没有概念阐释、各种词类的用法论述也十分简单，极度缺乏全面性，甚至连引例也不多。《中国文法》最为重大的

---

① ［意］卫匡国：《中国文法》，白佐良意译，白桦中译，华东师范大学出版社2011年版，第163页。

② ［意］白佐良：《导言》，参见《中国文法》第67页。

③ 同上书，第72页。

意义恐怕也就是开创了西方人系统研究汉语语法的新局面。

虽然《中国文法》在词类分析的时候采用的是西方传统的框架体系，但卫匡国还是发现了汉语许多不同于西方语言的用法和规则。这是卫匡国基本掌握汉语的标志，对于17世纪中期的论述汉语语法的外国人来说，也是难能可贵的。卫匡国告诉读者，汉语没有屈折变化，词类的界限不严格：

> 由于位置的变化，同一个词可分别做名词、形容词和副词。①

还有，汉语中的助词特别重要：

> 动词只有现在时，表示过去时要在后边加上助词“了”，将来时的表达是在动词前面加上“将”。②
>
> 在表达被动意义时，动词总在后面，在名词之间插入助词“被”，其意思是“受到”。③

词的位置很重要：

> 介词必须置于动词之前。④

《中国文法》中文、拉丁文的对照本由于经过了白佐良等人的翻译和再次编辑，抄本中原有的许多错误可能已经得到了修正，但还是留有若干。例如，在该书第二章第一节“名词及其变位”中，开始引用的例子是依旧例从右到左读：“我爱你”“我想他”“我的爱”“我的想”⑤，不知何故，接下来又依据现今的习惯改成了从左到右读“好人”“人的好”“房子”“哥子”⑥，这是原来的《抄本》“A”就是如此，还是白佐良在整

---

① ［意］卫匡国：《中国文法》，第109页。

② 同上书，第114页。

③ 同上书，第117页。

④ 同上书，第118页。

⑤ 同上书，第110页。

⑥ 同上书，第111页。

理时犯了差错，抑或是《中国文法》中文版排版过程中出现的问题？这需要仔细核对原文，才能解决。在副词的举例中："真真的"被写成了"贞贞的"，这两个词并不是同义词；"真正的"则被写成了"真真的"，因为其后的注音是"chīn chím tiě"，从读音来看，这两个汉字并非同一个。"或者"则在注音上出错，被标成了"hoè hò"。[①] 在《中国文法》中，存在削足适履，运用西方传统语法的框架来解释汉语语法的现象，最为明显的是该书有一节讨论的是"名词的原级、比较级和最高级"，这对于汉语显然是不适用的。

因此，实事求是地说，我们不应该对《中国文法》有过高的评价，因为其过于简约，导致该书实用性不强，体现出的水平也不高。卫匡国对于中西文化交流的贡献，在著作方面还是主要表现在当时就业已出版的那三部著作之上：《鞑靼战记》《中国新地图集》以及《中国历史初编》。

第五节 《中国文法》的流传和影响

卫匡国的《中国文法》1653 年在巴达维亚完稿，当时他把其中的一份抄本留给了在印度尼西亚的友人。回到欧洲之后，卫匡国找人抄写了他的语法手稿，并把手稿的一些抄本送给一些知名学者和其他上层人士。因而，虽说没有出版，《中国文法》却凭借这种方式在欧洲流传开来。

根据白佐良的描述，1689 年，德国医生克利耶在巴达维亚发现了卫匡国留给朋友的《中国文法》抄本，并把它寄给了自己的朋友门泽尔。现藏于德国柏林国家图书馆和波兰克拉科夫雅杰隆斯卡图书馆的抄本就是来自门泽尔的个人收藏。[②] 后来，德国学者巴耶尔在皇家图书馆（即现在的国家图书馆）发现了这份抄本，边抄写边学习，用手工的方式复制了三份抄本，现藏于格拉斯哥大学图书馆。其中的抄本"A"是白佐良认为相对完整、最接近原始稿本的一份，收进了《卫匡国全集》，也是现在所出版的中文、拉丁文对照本的原本。

---

① ［意］卫匡国：《中国文法》，第 121 页。

② ［意］白佐良：《卫匡国的〈中国文法〉》，参见张西平、［意］马西尼、［意］斯卡尔德志尼主编《把中国介绍给世界：卫匡国研究》，第 245—248 页。

在《文法》“A”的扉页上，白佐良发现了下列文字：

愿上帝保佑

是拉克罗兹（Mathurin Veyssière de la Croze）[①] 这位圣人，

准许我

——巴耶（Gottlieb Siegefried Bayer）

抄写了卫匡国的《中国文法》

1716 年 9 月[②]

门泽尔、巴耶尔等人都是欧洲汉学的开拓性人物，这两个人都没有去过中国，他们的汉语知识、对汉语语法的认知，应从《中国文法》受益不少。在该书的基础上，巴耶尔又进行了许多的后续研究。1730 年，巴耶尔出版了自己的汉语语法著作《汉文博览》（*Museum Sincum*）。

《中国文法》的抄本在欧洲学界流传了 80 多年，影响力也有所扩大。1735 年，法国著名汉学家杜赫德在巴黎出版了一部系统研究中国的著作——《中华帝国志》。在《中华帝国志》中，杜赫德对中国的语言文字也有专门的论述。例如，杜赫德认为：在汉语中，动词没有时态变化，主要通过附加小词来表示。如果动词直接与人称代词组合而没有任何小词时，则表示现在时；小词“了”表示过去时或完成时；小词“将”或“会”表示将来时。祈使句则通过“巴不得”来表示，如“巴不得我爱”“巴不得你爱”。董海樱把《中华帝国志》关于汉语语法的分析与卫匡国《中国文法》的相关内容进行比较后发现，两者无论从分析角度还是具体例证方面都有很多雷同。[③] 这种影响直到 19 世纪还在延续，1801 年，论述汉字起源、语音、部首以及古体汉字等问题的《边画译》（*PIEN HOE YE*）出版。该书的作者哈盖尔（Joseph Hager）是自学的汉语，1799 年，他在柏林生活期间，得到皇家图书馆馆员比斯特的帮助，潜心研究该馆珍藏的一些手稿和资料，包括迪亚士和门泽尔等人有关汉语的部分稿本。上

---

① 拉克罗兹（Mathurin Veyssière de la Croze）是柏林科学院的成员，同时也是皇家图书馆的管理员。正是在他的帮助下，巴耶尔才得以抄写了门泽尔留下的很多中文文本。其中就有卫匡国的《中国文法》，即门泽尔于 1689 年收到的那本来自巴达维亚的手稿。白佐良《导言》原注。

② ［意］白佐良：《导言》，参见卫匡国《中国文法》，第 51—52 页。

③ 董海樱：《16 世纪至 19 世纪初西人汉语研究》，商务印书馆 2011 年版，第 190 页。

文已述，门泽尔关于汉语语法的稿本其实就是卫匡国的《中国文法》。因而，《中国文法》曾对哈盖尔的汉语学习也有所助益。

总而言之，《中国文法》作为开创性的著作，其在西方人研究汉语语法方面所作的有益尝试值得肯定。该书抄本也一直在欧洲流传，在学界中具有一定的影响力。

第六节　南欧汉语语法著作：从卫匡国到江沙维

从1552年沙勿略登临上川岛到1687年法王派遣“国王数学家”来华，这段时间来到东亚或是中国的主要是西方的传教士，且大多来自南欧地区的葡萄牙、西班牙和意大利。当时，这些国家和中国的文化交流，相对来说，更为密切。早期的汉语语法著作的作者，也多为来自这三个国家的传教士。

1682年，西班牙方济各会传教士万济国完成了《华语官话语法》(*Arte de la lengua Mandarina*)。他的学生石振铎（Pedro de la Pinuela）整理了他的手稿，增加了前言和意大利传教士叶尊孝（Basilio de Glemona）编写的《解罪手册》，于1703年在广州出版。2009年，陆商隐等人发现在泰夫奈文集中作为附件的《中国文法》之前，该书一直都被学界认为是世界上第一部正式刊行的汉语语法著作。[①] 2000年，美国学者柯蔚南、列维将《华语官话语法》翻译成英文后出版。2003年，姚小平、马又清又将该书的英文本翻译成中文出版。

《华语官话语法》（2003年中文本）包括了序言、弁言、正文和附录4个部分。序言由姚小平写的《中译序》，柯蔚南、列维所写的《英译序及鸣谢》和《英译出版前言》以及白珊（Sandra Breitenbach）所作《导论》构成。附录则包括了《解罪手册》和后来发现的《美国国会图书馆手稿》中有可能是该书一部分的两个小节内容。第一章介绍了汉语学习的若干诫律，总论学习汉语的五大要领。第二章则论述了汉语的五个基本声调、音节以及若干词汇的发音方法。从第三章到第十三章，按词类进行划分，分别介绍了名词、代词、形容词、连词、动词、介词、副词，数词与量词以及各种小词的用法和规则。最后三章主要涉及汉语中的文化因素，

① 董海樱：《16世纪至19世纪初西人汉语研究》，第191页。

总结了汉语官话中的礼貌用语，如何称呼官员、亲属和其他人以及拜访、邀请时的礼节等内容。

《华语官话语法》以当时中国的官话作为主要的研究对象，主要依据欧洲传统的语法理论和体系对汉语语法进行论述。与《中国文法》相比，该书的论述更为详细、具体，举例也更多。作为一部承上启下的著作，《华语官话语法》在西方汉语语法研究史上占据重要的地位。

一百多年之后，葡萄牙遣使会传教士江沙维在澳门出版了《汉字文法》（*Arte China Constante de Alphabeto e Grammatica Comprehendendo Modelos das Differentes*）。这是第一部用葡萄牙文写就的汉语语法著作，从字、词、句、文章等层面全面介绍了汉语的白话文和文言文，列举了许多短句、俗语和范文等，介绍了大量的汉语知识。该书共有 8 章。第一章列举了一份汉字笔画结构表，对部首附有例字和解释，然后将一些汉字按笔画数分成了 20 组编排。第二章至第四章列举了多条短句，并按照一定的句法进行归类和释义。第五、六两章列举汉语中的对话和俗语，并进行释义。第七章列举并介绍了中国历史上的一些重要人物及相关的历史典故，有对应的葡萄牙文释义。第八章是“作文笔法”，选取了一些古文、古诗、律诗等进行具体解说，并展示了各种文书格式。书的最后是附录，是一份葡萄牙文、官话和广东话的发音对照表。

法国汉学家雷慕沙对江沙维的《汉字文法》曾给予很高的评价：“我们应当承认，仅凭这部著作，已足以使江沙维与万济国、马若瑟、马希曼和马礼逊齐名。”①

主要来自葡萄牙、西班牙和意大利的南欧传教士在欧美汉语语法研究史上有开创之功，存世的这些汉语语法著作各有特色，在汉语语法学史上拥有自己的一席之地。这些传教士几乎都是天主教士，他们把汉语语法视作对汉语、文学的整体研究，在著书立说上与传统拉丁语法的思路乃至体例都是一致的。②

---

① Abel Rémusat：*Arte China...*，in *Journal des Savants*，spetember 1831，p. 545，转引自董海樱《16 世纪至 19 世纪初西人汉语研究》，第 276 页。

② 董方峰：《十九世纪英美传教士的汉语语法研究》，第 18 页。

第二章

“19 世纪前欧洲最完美的（汉语）语法书”[1]：马若瑟《汉语札记》

从 1552 年沙勿略登上珠江口外的上川岛到 1687 年法国传教士在宁波上岸，来到中国的耶稣会传教士主要是葡萄牙人、意大利人和西班牙人。欧洲其他国家和地区的耶稣会士偶尔也来中国，但无法形成规模。由于存在罗马教皇规定的保教权，中国区的传教事务由葡萄牙人掌管，提供人员和资金。前往中国的耶稣会士也大多由葡萄牙出发，经果阿来到中国，并需要宣誓服从教廷传信部和葡萄牙国王。当时，欧洲大陆首屈一指的大国——法国长时间未曾介入东印度地区，这段时期来华的耶稣会士除了方德望（Etienne Faber）是法国人，金尼阁（Nicolas Trigault）勉强可以算法国人之外[2]，再无其他。除了保教权的约束之外，这还由于法国国王为国内的政治斗争所羁绊，无力涉足远东之故。1643 年，路易十四继位，开始了法国波旁王朝的强盛时期。在巩固了自身的统治之后，法国的日益强大极大地刺激了路易十四与旧有殖民既得利益者葡萄牙和西班牙分享世界的野心。

1678 年，南怀仁（Ferdinand Verbiest）给欧洲的耶稣会同僚写信，陈述

---

① ［法］戴密微：《法国汉学研究史概述》，见《汉学研究》第一集，中国和平出版社 1996 年版，第 27 页。

② 金尼阁 1577 年出生于比利时的杜埃（Duai），位于佛兰德斯境内，当时由西班牙人统治，今属法国。金尼阁自称是“比利时人”。参见计翔翔《明末在华传教士金尼阁墓志考》，《世界宗教研究》1997 年第 1 期。费赖之《在华耶稣会士列传》称金尼阁为“法兰西人”，见［法］费赖之编《在华耶稣会士列传及书目》，冯承钧译，中华书局 1995 年版，第 115 页；荣振华称金尼阁为“比利时杜埃人”，见［法］荣振华《1552—1800 年在华耶稣会士列传》，耿昇译，广西师范大学出版社 2010 年版，第 352 页。

中国的传教事业深受人员不足的困扰，请求增派一批学识渊博之士来中国。1682年，路易十四读到此信，便考虑组建一个由法国政府资助的传教团前往中国，一来期待在对华贸易上从葡萄牙手中分得一杯羹，二来提升自己在教会中的声望。1682年，在中国传教多年的柏应理（Philippe Couplet）回到中国。1684年，他受到了路易十四的接见。柏应理的游说加上路易十四的内心向往，法国遂决定“暗度陈仓”，绕过葡萄牙，借法国公使访问暹罗的机会将6位数学家送往中国，其中的洪若翰（Jean de Fontaney）、张诚（Jean-François Gerbillon）、白晋（Joachim Bouvet）等5位于1687年到达中国。很快，法国耶稣会士传教区得到耶稣会的正式承认，获得了独立地位。这是中外交流历史上具有重大意义的历史事件。这标志着法国的势力终于到达远东，法国与中国各方面的交流开始密切起来。

1698年，在法籍耶稣会士的安排下，法国第一艘商船“昂菲特利特”号前往中国进行对华贸易。这艘船同时载着返欧后再次抵华的白晋和才华出众的马若瑟、巴多明等传教士。虽然由于“礼仪之争”，康熙帝宣布禁教，随后的雍正严苛对待传教士，但在乾隆即位之后，宫中却依然有法国传教士在活动。虽然无法如同先辈般拓展传教事业，但他们却仍然积极利用自己的丰富学识开展文化交流活动。尽管范围小，影响力也很有限，但法国对中国文化等各方面的了解却得以加深。可以说，从18世纪开始，法国传教士在中国与欧洲的文化互动和欧洲汉学的萌芽过程中扮演了重要角色，法国也因此逐步地成为欧洲汉学研究的主要中心。

法国重视与中国的文化交流，贸易方面则没有什么特别的建树。① 颇为平顺的中法文化往来，在清中期之前，基本有赖于以在华耶稣会士为代表的天主教传教士的努力。他们在文化、制度、地理、历史等诸多方面对中国的报道和介绍，引起法国社会上下的浓厚兴趣和密切关注。至1698年马若瑟入华时，法国各界对汉字的结构和汉语句子的构成等方面还是知之甚少。作为在欧洲具有广泛影响的汉语法语研究奠基之作的作者、“索隐派”的代表人物，马若瑟在中西文化交流史上是拥有一席之地的。正是其《汉语札记》“真正开拓了中国语法研究”②。

---

① 1756—1763年，英法进行了七年战争，英国夺取了法国很多的海外殖民地。法国的东方贸易因此深受打击。

② 张西平：《清代来华传教士马若瑟研究》，《清史研究》2009年第2期。

第一节　马若瑟生平与汉语学习

一　马若瑟的生平

马若瑟，全名是 Joseph Henri－Marie de Prémare①，简写为 Joseph de Prémare，法国耶稣会神父。有关马若瑟的原始文献以拉丁文、意大利文、法文为主，可以利用的汉文资料很少。所幸的是，丹麦学者龙伯格（Knud Lundbaek）根据其能收集到的材料，著成《清代来华学者马若瑟研究》并被翻译成了中文，让我们在参照《在华耶稣会士列传及书目》和《1552—1800年在华耶稣会士列传》之外，对马若瑟的生平有了更为详细的了解。

马若瑟1666年7月17日出生在诺曼底北部的瑟堡（Cherbourg），1683年加入耶稣会。1694年，他进入弗莱彻学院（Collège de la Flèche）攻读神学。1696年，他完成学业。② 除此之外，马若瑟的青少年时代因为资料的缺乏而变得不易窥探。1698年，返欧后准备重新回到中国的白晋按照康熙的要求，又挑选了马若瑟、巴多明等饱学之士，随其一同来中国。③ 法国的前两批来华传教士都是以"专家"的身份来华，背负着传教和文化交往的双重使命。因此，据说当传教士们在广州准备下船的时候，就选定了自己的专业，去了解对中国尚未知晓的各个方面。当时马若瑟就希望能以"中国诗歌和文字"为专长。④

在广州的时候，马若瑟就被指派前往江西传教。1699年，马若瑟到达饶州（今属上饶），而后常驻建昌（今属抚州）传教。⑤ 1714年，他曾

---

① 费赖之的《在华耶稣会士列传及书目》中作"Joseph－Henrg－Marie de Prémare"，"Henrg"估计为印刷错误，见［法］费赖之编《在华耶稣会士列传及书目》，冯承钧译，第525页。

② 参见［丹］龙伯格《清代来华传教士马若瑟研究》，李真、骆洁译，大象出版社2009年版，第9页。龙伯格书中记述："1696年是他在弗莱彻学院学习神学的第三年，也是最后一年。"李真《马若瑟〈汉语札记〉研究》认为马若瑟在该学院学习的时间是1693—1696年。

③ 关于白晋所带的传教士人数，龙伯格说是有12人，见［丹］龙伯格《清代来华传教士马若瑟研究》，第11页。黄时鉴说有10人，见黄时鉴主编《解说插图中西关系史年表》，第452页。

④ 见［丹］龙伯格《清代来华传教士马若瑟研究》，李真、骆洁译，第12页。

⑤ 关于马若瑟最先到达的江西城市，费赖之和荣振华认为是饶州，见《在华耶稣会士列传及书目》，第526页，书中"一七九九"应为"一六九九"；《1552—1800年在华耶稣会士列传》，第280页。

应召进京，同白晋一起工作过一段时间。[①] 1721 年到 1724 年，马若瑟来到九江。在江西的时候，马若瑟专注于两件事，“质言之，传布教务，精研汉文是也”[②]。1700 年，马若瑟在抚州给郭弼恩（Charles Le Gobien）神父写信，信中谈到了中国以皇帝为代表的上层阶级的富庶和贫民等下层劳动人民的穷困，希望能有更多的传教士来中国扩大传教事业。并且，他看到了中国许多因贫困而被遗弃的小孩，认为在他们死掉之前应该给他们施行洗礼，让他们的灵魂能够升入天堂。他还建议在中国的大城市设立抚育贫儿的济贫院，免使弃儿遭受死亡，在他们长大成人后为基督教家庭服务或是为修道院工作。最后，他倡导富裕的欧洲人对中国的传教事业进行施舍并期盼法国能多派船队到中国来。在信中，他提到了自己的汉语学习成就：“上帝仁慈地让我在短时间内学会了足够的汉语，使我大致能听懂别人说话，也能表达自己的想法。”[③]

龙伯格《清代来华传教士马若瑟研究》犯了一个明显的错误。他认为马若瑟两封信札谈到了传教工作：第一封信写给拉雪兹（Francois de la Chaise），提到被中国人抛弃的新生儿；第二封给郭弼恩的信中描述了去南丰（今属抚州）的旅途见闻和发展教区的情况。其实，马若瑟 1699 年在给拉雪兹的信中描述的是从法国到中国航行的经过以及抵达澳门和广州的情形。第二封给郭弼恩的信才重点谈及在中国被抛弃的可怜新生儿。关于在南丰的见闻，是傅圣泽给法国议员德·拉福尔斯公爵的信中转述马若瑟神父关于建昌和南丰教区的叙述时提到的，是马若瑟写给他的信。龙伯格认为“马若瑟这些年把大部分甚至差不多全部时间都用在汉语学习和中国文学上，教授基督教教义的工作则全扔给了当地的助手”。[④] 这样的说法证据不足。其根据是“他让他的传道师指导中国人——‘他的当地

---

① 关于马若瑟待在北京的时间，龙伯格说是 2 年，见［丹］龙伯格《清代来华传教士马若瑟研究》，李真、骆洁译，第 17 页。荣振华说是 6 年，见［丹］荣振华《1552—1800 年在华耶稣会士列传》，耿昇译，第 352 页。

② ［法］费赖之编：《在华耶稣会士列传及书目》，冯承钧译，第 526 页。

③ 《耶稣会传教士马若瑟神父致本会郭弼恩（Le Gobien）神父的信》，见杜赫德编《耶稣会士中国书简集——中国回忆录》（第 1 卷），郑德弟、吕一民、沈坚译，大象出版社 2005 年版，第 150 页。

④ ［丹］龙伯格：《清代来华传教士马若瑟研究》，第 16 页。

话说得比我好多了’”。[①] 但在中译本的《耶稣会士中国书简集》中，却是这样描述：“在那里我们的传道员正在布道。由于在这个对我们来说语言不通的国度里，传道员比我能讲解得更清晰明了，他对他们的教育比我更有效。”[②] 这里“我们”应该是指耶稣会，该布道士显然并非马若瑟的助手。还有，所谓的“教育更有效”甚至“当地话说得比我好多了”也不能得出龙伯格的结论。按常理，马若瑟是一个传教士，出于对基督教和天主的虔诚，也不会放着传教事业不管，专注学习汉语和阅读汉籍的。事实上，马若瑟在写给傅圣泽的信中，详细讲述了1702年2月至8月在江西建昌和南丰所发生的处理教务的事宜，都是马若瑟的亲身经历。[③] 所以我们不能说“教授基督教教义的工作全扔给了当地的助手”，只能说马若瑟在传教的同时，努力学习汉语和中国文学。对此，李真也认为马若瑟在“前江西时期”，“积极掌握中文，学习中国典籍”，但“主要工作以传教为主”。[④]

1722年，雍正即位，局势突变。虽然此前康熙也因为“礼仪之争”说过基督教在中国“禁止可也”的话，但在实际行动上也只是对其进行限制，并未禁灭。雍正与其父不同，他和耶稣会士没有什么交集，对西方文化没有兴趣，对外国人在中国的活动有着很强的戒心，厌恶他们与自己的政治对手的亲密关系。1724年，雍正正式发布禁令，在全国禁止天主教，也不承认其父发给传教士的“印票”。宫中传教士积极奔走，雍正也暂时做了点妥协，把散居各地的传教士迁往广州。京师只留下了一些清廷需要的人员，服务于宫廷或钦天监。但这些传教士到了广州之后，很快便从“禁教”的恐惧中走出，恢复了常态。过了一段时间，他们就故态复萌，又开始了传教工作，渐成声势。1732年，清廷终于下定决心，命令这些传教士迁居澳门。

因此，迫于形势，马若瑟在1724年之后，便从江西来到广州。八年之后，他又来到澳门。1736年，马若瑟在澳门逝世。来到广州的时候，“他一定随身携带了自己数不清的文稿——手稿、笔记、草稿和杂记”。[⑤]

① ［丹］龙伯格：《清代来华传教士马若瑟研究》，第16页。

② ［法］杜赫德编：《耶稣会士中国书简集——中国回忆录》，（第1卷），第150页。

③ 同上书，第222—226页。

④ 李真：《马若瑟〈汉语札记〉研究》，商务印书馆2014年版，第14页。

⑤ ［丹］龙伯格：《清代来华传教士马若瑟研究》，第20页。

1728年，他完成了《汉语札记》。[①] 除了进行宗教活动之外，马若瑟在广州的重要事务就是想办法将自己的文章和著作发表或者出版。在江西的时候，他就曾给上级写信进行尝试，但他们对其索隐学的研究不感兴趣，对他的其他论著也是意兴阑珊。马若瑟苦等之下，还是迟迟未见回音。1725年，马若瑟偶然发现了一些《特里武论文集》（*Mémoires de Trevoux*），一份法国耶稣会创办的期刊。在这上面，马若瑟读到了法国科学院院士埃蒂安·傅尔蒙（Étienne Fourmont）关于中文语言文字的一些见解。这使以“中国诗歌和文字”为专长并积极付诸实践的马若瑟找到了知音。于是，他与傅尔蒙开始了长达8年的通信，其中主要的内容就是关于中国语言和文字的讨论。随着讨论的深入，马若瑟在1728年10月的信中向傅尔蒙寄去了一个包裹，内有大量书籍、手稿和书信，其中最重要的就是《汉语札记》的手稿，并期待傅尔蒙能够帮助该书出版。傅尔蒙一面对该书多有批评，一面却大量借用该书的成果，戴密微甚至直接说他是剽窃了马若瑟的研究。[②] 1733年，在到达澳门的第二年，马若瑟收到了《傅尔蒙先生著作目录》，得知傅尔蒙对自己著作评价不高并有所“借鉴”的时候，马若瑟除了表达愤怒和嘲讽，质疑靠傅尔蒙一个人在欧洲不可能完成诸如编写字典等工作之外，也是无可奈何。1736年，马若瑟在贫病交加中度过了生命的最后岁月。

二 马若瑟的汉语学习

当前对马若瑟及其《汉语札记》的研究可谓凤毛麟角[③]，关于马若瑟的汉语学习的研究更是稀缺。这主要是由于相关的史料十分有限。本书试

---

① 李真：《马若瑟〈汉语札记〉研究》，第14页。

② ［法］戴密微：《法国汉学研究史概述》，见《汉学研究》第一集，中国和平出版社1996年版，第27页。

③ 学界关于马若瑟及其《汉语札记》的研究，专著主要有丹麦学者龙伯格《清代来华传教士马若瑟研究》，由李真、骆洁翻译，大象出版社2009年所出版的中译本，以及李真在其博士学位论文基础上正式出版的专著《马若瑟〈汉语札记〉研究》，商务印书馆2014年版。本章的研究主要在这两部专著的基础上展开。此外，刘子菁的《马若瑟汉语教学理论及实践之探讨——以〈汉语札记〉为中心》（硕士学位论文，南京大学，2014年）也有一定的参考意义。论文主要有张西平：《清代来华传教士马若瑟研究》，《清史研究》2009年第2期；姚小平：《从语法到修辞——马若瑟〈汉语札记〉评析》，《当代修辞学》2014年第4期；李真：《马若瑟对汉语语法研究的贡献》，载姚小平主编《海外汉语探索四百年管窥》，外语教学与研究出版社2008年版；李真：《马若瑟〈汉语札记〉研究》，载张西平主编《西方人早期汉语学习史调查》，中国大百科全书出版社2003年版。

图从前人研究的只言片语以及马若瑟的书信往来当中，简单梳理马若瑟汉语学习的过程。

在马若瑟 1698 年 3 月 7 日随白晋等其他耶稣会士登上“昂菲特利特”前往东方之前，我们没有发现马若瑟在法国学习汉语的记载。

从利玛窦（Matteo Ricci）、罗明坚（Michele Pompilio Ruggieri）开始，耶稣会士们通过不断的尝试，逐渐摸索出了一套行之有效的汉语学习方法。概括起来，他们主要进行两个方面的努力。一方面，在华耶稣会传教士很早就用以老带新的方式在内部教习汉语，并且这个传统延续了很久。在汉语学习上，利玛窦就曾师从过罗明坚。金尼阁则跟着郭居静（Lazzaro Cattaneo）和王丰肃（Alfonso Vagnone）学习中文。和前辈类似，马若瑟的中文学习很有可能是在前来中国的轮船上，跟着白晋开始的。龙伯格在《清代来华传教士马若瑟研究》中写道：“航行到第 10 天，白晋开始向他的新朋友们讲授汉语和满语课程。”① 由于资料的缺乏，龙伯格对这件事情的具体细节也充满了猜测：“我们无从了解白晋是如何向他们介绍中国的文字和语言的性质的，也许他只是教给他们音节的发音和声调，以及一些常用的词和句子，当他们到达被指派工作的地方时，这些知识都会非常有用。”② 德国学者柯兰霓的说法稍有不同：“从航行的第一天，白晋就给他的修会兄弟们上汉语课。”③ 虽说时间有差异，但他们都认为白晋是给同在“昂菲特利特”上的耶稣会传教士教过汉语的。这艘船于当年 11 月 7 日抵达广州。虽然上述两位学者都没有说白晋在船上教了多久的汉语。但既然这些耶稣会士来中国传教，会说汉语应该是他们必备的技能。所以，我们认为，在船上的 8 个月时间，学习汉语应该是这些人每天的主要任务之一。

另一方面，耶稣会士学习汉语，就是聘请中国人为助手或是汉语教师，与中国文人交游。罗明坚就曾利用原始的“看图识字”的方法跟随一位中国老师学习汉语。许多中国学者，如徐光启、李之藻、杨廷筠等人，因为与利玛窦等耶稣会士交情匪浅，也都在汉语学习上给过他们指

① ［丹］龙伯格：《清代来华传教士马若瑟研究》，第 12 页。

② 同上。

③ ［德］柯兰霓：《耶稣会士白晋的生平与著作》，李岩译，张西平、雷立柏审校，大象出版社 2009 年版，第 28 页。

导。柯兰霓在论述白晋和马若瑟关系之时，提道：“马若瑟还有一位很受当地中国人尊重的助手。为了更好地钻研中国的古籍，他甚至帮助马若瑟建了一所相当了不得的中文资料馆。后来，甚至很多中国的学者也被这所资料馆所吸引。马若瑟得以经常和这些中国学者聚在一起讨论对中国古代书籍的注释问题。”① 这位助手“受当地中国人尊重”表明其社会地位高，能建起“一所相当了不得的中文资料馆”，则此人一定是饱学之士。马若瑟的中文水平相当高且能在著作当中熟练地引经据典，应该与此有关。

此人根据龙伯格的研究，是马若瑟在江西南丰时认识的学者刘凝，他一直以得遇这位师友为自己来到中国的最大幸事。② 方豪《中西交通史》也认为：“马若瑟得力最大者，则为刘二至先生。”③ 李真据此推想：“刘凝向马若瑟传授了很多中国传统语文学的知识，使他有可能把中国本土学者对汉语的朦胧的意识和零散的研究理论化、系统化。”④ “刘凝在字学和经学方面的造诣为马若瑟研究中国典籍提供了最直接的帮助。”⑤

在广州准备下船的时候，这些新来的传教士就选定了自己的专业。虽然“他们中的大部分都未能有机会钻研自己所选的专业，但马若瑟却做到了。据说他当时希望能以‘中国的诗歌和文字’为专长”。⑥ 马若瑟的选择，不外乎两个原因：一是爱好，自己喜欢这个方面，他认为“学习汉语是美好的，也是最能给人以慰藉的学习”⑦；二是擅长，觉得自己有可能在这方面有所建树。事实证明似乎的确如此。1700年11月，马若瑟在江西抚州给法国的本会神父郭弼恩（Le Gobien）写信：“如今我已开始了解这个国家，而且上帝仁慈地让我在短时间内学会了足够的汉语，使我大致能够听懂别人说话，也能表达自己的想法。”⑧ 这里，“短时间”表明了马

---

① ［德］柯兰霓：《耶稣会士白晋的生平与著作》，第61页。

② Knud, Lundbaek. Joseph de Prémare (1666—1736), S. J.: Chinese Philology and Figurism. Aarhus: Aarhus University Press, 1991, p. 36.

③ 方豪：《中西交通史》（下册），中国文化大学出版部，1983年，第87页。

④ 李真：《马若瑟对汉语语法研究的贡献》，载姚小平主编《海外汉语探索四百年管窥》，外语教学与研究出版社2008年版，第219页。

⑤ 李真：《马若瑟〈汉语札记〉研究》，第48页。

⑥ ［丹］龙伯格：《清代来华传教士马若瑟研究》，第12页。

⑦ 同上书，第27页。

⑧ ［法］杜赫德：《耶稣会士中国书简集——中国回忆录》（第1卷），第150页。

若瑟在汉语学习方面的天赋，“足够”以及“听懂别人说话”和“表达自己的想法”揭示了马若瑟学习汉语，到1700年底就小有成就。到了1702年，马若瑟的汉语有时尽管“不足以表达”他的情感，“但却获得了很大的成功”。[①] 非常明显，这时的马若瑟，其汉语水平又进了一大步。1724年，马若瑟给某位神父写信，信中大力批驳了雷诺多所翻译的《两位穆罕默德的印度、中国之行》[②] 中对中国的许多错误认识。其中有多处涉及马若瑟关于中国语言文字的体会和认识。[③]

首先，马若瑟强调汉语的语法虽与欧洲语言不同，但也有一定的规则：

> 尽管中国语法摆脱了我们语法中大部分的麻烦，它仍有它的规则，首先要努力学好它，否则当你以为一切都懂了，实际上你一点也没有懂，如果当你想参与翻译中文，你肯定会写多少词就出多少错。

马若瑟还指出汉字按照难易是不一样的：

> 他们把他们的文字从最简单的到最复杂的，分成各种不同的等级。

其次，马若瑟根据实际运用，对汉语的层次进行了划分，并认为汉语并非像某些人所认为的那样是低级的语言：

> 在中国人中可以区分三种层次的语言：老百姓的语言、体面人的语言和书面的语言。虽然来自百姓的语言不如后两种那样讲究，我却看不出既然它没有雷诺多院长先生强加给它的缺陷，它又如何被置于我们欧洲的各种语言之下。有几个（中文）不太熟练的神父觉得（中文）有好些模棱两可、意义不明朗的东西。他们中文词的送气发

---

① ［法］杜赫德：《耶稣会士中国书简集——中国回忆录》（第1卷），第225页。

② 即《中国印度见闻录》，中华书局1983年出版了该书的中译本，2001年重印了这个中译本，穆根来、汶江、黄倬汉译。

③ 本节下文所引均来自马若瑟1724年写给某神父的信。

音都很好，没有多大的困难，可是他们听中国人说话往往只能听懂一半，他们很难让（中国人）听懂他们说的话。这是他们本身的过错，而不是语言的过错，他们应该更加努力学习语言。

在此基础上，马若瑟介绍了自己所认识的“体面人的语言”和“书面的语言”：

在粗俗的语言之上有一种比较礼貌，比较讲究的语言，用于无数真实的或虚拟的离世记载中，这种语言非常细腻、微妙。无论精神、风俗、礼貌、文雅、鲜艳的色彩、文字、对比反差，什么都能表达，毫无遗漏。这些小小的著作很容易读懂。我读了相当多，我还没有发现有模棱两可的地方，我到处感受到一种不亚于我们写得最好的书的清晰、有礼。

这两种语言表达方式，一种是老百姓使用的，他们说话不加斟酌，另一种是官员们和文人们使用的，是来自于书中，书面语言完全不是白话，运用这种书面语言要经过好几级才能达到所谓经书中的精炼高超的水平。这里所说的语言已经不是口头上说的了，而只是书写用的了。眼前没有文字相助的话，是不太容易懂的，这种文字读起来很有兴味，因为朗朗上口，让人觉得抑扬顿挫，很是和谐、柔顺。

最后，马若瑟讲到了中国语言丰富的原因：

中国语言很丰富，因为中国文字很多，再加上中国字还一字多义，又会生出许多不同词组。最常见的两个、两个字成一个词组，也经常有三个、三个字成一个词组，甚至有时是四个、四个字成一个词组。①

从以上马若瑟对中国语言文字的论述中，我们可以发现，此时的马若瑟对汉语的认识不只正确，而且深刻、全面。很多的方面，其他传教士都没有讲述或认识到。

① ［法］杜赫德编：《耶稣会士中国书简集——中国回忆录》（第3卷），第282—283页。

第二节　马若瑟《汉语札记》考

一　《汉语札记》的编写和出版

1698年11月，马若瑟与其他初到中国的法国传教士确定每人选取一个与中国有关的领域进行专门研究。从此，以“中国诗歌和文字”为方向的马若瑟一直都在尽力实践自己当初的约定。龙伯格甚至说他在江西的时候，“把大部分甚至差不多全部实践都用在学习汉语和中国文学上”[①]。

根据费赖之的说法，马若瑟一生最重要的著作《汉语札记》是1728年在广州写的。[②] 该书成书时间为1728年，基本能够确定。在1728年10月写给傅尔蒙的信中，马若瑟说：

> 我给您寄出一本比较长的著作，内容是关于对中国语言的理解。我用拉丁文写成，为的是让所有的传教士和所有有兴趣的人无论国籍，都能使用它，都能从中受益。……
>
> 此刻，我没有比《汉语札记》更有价值的东西呈给比尼昂教士大人。如果大人允许我出版这部带有献给他的题词的著作，我确信公众一定会接受的。[③]

在信中，马若瑟对《汉语札记》开始编写以及成书的时间都未提及。但是按常理，马若瑟与傅尔蒙的通信开始于1725年，若是该书在1728年之前便已正式完稿，马若瑟在之前与傅尔蒙的通信中，不可能不提及花费了大量心血的《汉语札记》。但要说《汉语札记》是在1728年用了约10个月的时间写成，恐怕也不确切。《汉语札记》架构宏大、旁征博引、内容极为丰富，即使马若瑟在汉语上的天赋再高，写书速度再快，也不可能在短短十个月内完成。本书认为，马若瑟可能很早就开始为编写该书做准

---

① ［丹］龙伯格：《清代来华传教士马若瑟研究》，第16页。

② “若瑟之重要撰述要为《中国语言志略》（即《汉语札记》），是编于一七二八年撰于广州，久未刊行。”见［法］费赖之编《在华耶稣会士列传及书目》，冯承钧译，第530页。

③ 转引自［丹］龙伯格《清代来华传教士马若瑟研究》，第44—45页。

备了，实际编写该书至少也需要2—3年的时间。1724年，马若瑟来到广州，受到清政府禁教政策的影响，传教士的宗教活动受到了很大的影响。马若瑟因此得到了心无旁骛、专注进行研究和创作的有利条件。所以，我们认为，《汉语札记》的编写应该开始于1725年或是1726年，在1728年基本完成。

在这封信中，马若瑟就向傅尔蒙清楚地表明了自己对出版《汉语札记》的期待。马若瑟是白晋的弟子，和白晋同属“索隐派”，其观点不被欧洲宗教界主流所接受。因此他们的论著也受到了严格的控制，很难刊行。因此马若瑟才会把书稿寄给傅尔蒙，请求他的帮助。

据费赖之介绍，马若瑟撰成《汉语札记》之后，先后将三部书稿寄回了法国。第一部寄给了傅尔蒙，1728年12月寄出，1730年2月寄达。第二部寄达之时傅尔蒙已故。第三部则含有《中国礼仪》一书。第一部似已遗失，雷慕沙在王室图书馆发现的《汉语札记》是第二次寄送的书稿。欧洲汉学家克拉普罗特（Klaproth）《藏书目录》所收的《汉语札记》，可能是马若瑟的原写本。①

李真在费赖之研究的基础上，对欧洲各图书馆馆藏的《汉语札记》各版本进行了详细的考证，将其分为手稿、抄本、刊本和译本四类。其中，两份不同的手稿藏于英国和法国的图书馆。英国本有五卷，有“论中国礼仪”的章节，法国本只有三卷，并无此内容。李真假定，马若瑟在广州完成了《汉语札记》的原始手稿。1728年，马若瑟给傅尔蒙寄出了五卷本的抄本。后转手到了克拉普罗特手里，其残稿被发现于大英图书馆。马若瑟担心运输途中遗失，又作了一份三卷本的抄本，寄达时傅尔蒙已经亡故，抄本遂被束之高阁，直到被雷慕沙发现。1831年、1893年的拉丁文本以及1847年的英译本都是源自该抄本。②

《汉语札记》在很长时间都以手稿和抄本的形式流传于世，究其主要原因，马若瑟因为资金缺乏（事实上，马若瑟在广州已经陷入贫困）和在欧洲没有什么影响力，依靠自己的力量无法出版如此鸿篇巨制，只能把希望寄托在素未谋面的傅尔蒙身上。而傅尔蒙却是一个不值得信任的人，马若瑟不断写信给他，收到的回信却是很少。傅尔蒙在信中一直态度模

---

① ［法］费赖之：《在华耶稣会士列传及书目》，第530—531页。

② 李真：《马若瑟〈汉语札记〉研究》，第101—106页。

糊，让马若瑟对出版《汉语札记》抱有期待。事实上，他看重的只是从马若瑟那里收到的有关汉语和中国的“材料”而已，然后把这些“材料”充实进自己的著作。1742 年，傅尔蒙出版了他的《中国官话》（*Linguae Sinarum Mandarinicae hieroglyphicae Grammatica dúplex*），在该书的序言中①，他引用了“1732 年寄给马若瑟的一封信”，谈到了他对《汉语札记》的看法，其评价几乎都是负面的：书中没有系统的组织框架，列举了太多的例子却缺乏规则，内容冗长和杂乱。最后傅尔蒙根据自己对汉语语法的理解，下结论说马若瑟的这本书谈的根本就不是汉语语法！虽然《汉语札记》在一些小地方确实存在傅尔蒙所说的情况，但这样的评价显然是过头了，并不符合事实。傅尔蒙似乎是在为自己不在出版《汉语札记》这件事情上帮忙寻找借口。龙伯格对此进行过研究，发现傅尔蒙的这封信似乎马若瑟并没有收到，因为马若瑟在“写给傅尔蒙的信札中从来没有提到或者暗示过有这么一封信”②。龙伯格认为，对于《汉语札记》的如此评价，马若瑟若有读到，不可能无动于衷。因而，他怀疑这封信是傅尔蒙为了掩饰内心的不安而杜撰出来的。③ 有的学者认为傅尔蒙的《中国官话》是部分剽窃了《汉语札记》而成。关于这个问题，本书将在本章的专题中进行分析、探讨。

傅尔蒙死后，马若瑟寄出的第二部《汉语札记》的书稿抵达巴黎。此后，该著作一直保存在巴黎王家图书馆中。直到 19 世纪初被汉学家雷慕沙发现，该书才逐渐为人所知。1825 年 3 月，英国贵族金斯伯罗勋爵给马礼逊的信中谈到了《汉语札记》，该信的内容是马礼逊夫人转述的：

> 马若瑟神父的手稿《汉语札记》现藏于法国皇家图书馆，现在有人正在抄写手稿；他（金斯伯罗勋爵）希望这本书在抵达目的地前不要发生任何事故，因为他花费了 60 个金币让人把它抄写出来。是雷慕沙先生从跟随他学习中文的学生找出一位胜任此项任务的学生（儒莲）。此手稿共有 250 张，合 500 页。拉丁文写的，分为两个部

---

① Étienne Fourmont. *Linguae Sinarum Mandarinicae hieroglyphicae Grammatica dúplex*. Lutetiae Parisiorum: Chez Hippolyte-Louis Guerin, 1742, praefatio, pp. xvii–xxiv.

② ［丹］龙伯格：《清代来华传教士马若瑟研究》，第 134 页。

③ 同上书，第 135 页。

分。第一部分记录有文言文风格（ancient classic style）的中文写作规则；第二部分是白话文（modern style）写作的规则。[①]

1826年2月，《汉语札记》抄写完成，寄给了马礼逊。《中国书目》有专门的记载，“马若瑟《汉语札记》手抄稿，共10个包裹，包含雷慕沙所编索引，另有给马礼逊博士之文件：《这部语法书现今是马六甲英华书院的财产，1826年2月15日》”。[②]此时，马礼逊正准备回到中国，忙于一些事务性工作。《汉语札记》应是随着他再一次回到了东方。但该书却并未在1826年出版，而是隔了5年之久，于1831年在马六甲由英华书院出版。那时，东印度公司的澳门印刷所在印刷出版了马礼逊字典之后，由于经费和技术等原因其业务陷入停滞。1825年到1828年这四年时间，印刷所没有印出任何新书。[③] 显然，此时的澳门印刷所根本没有能力印刷《汉语札记》这样的“大部头”著作。而马礼逊却因为《中国言法》的出版，与马士曼很早就交恶，不再往来。因此，此事也不可能托付塞兰坡印刷所办理。好在1816年米怜就根据马礼逊的想法在马六甲建立了印刷所。1818年，英华书院在这个基础之上举行奠基礼。从最后的出版情况来看，马礼逊把《汉语札记》的印刷出版任务交给了英华书院的印刷所。何时交付的任务，我们无从得知。但该书直至1831年才出版，主要应该是技术原因。《汉语札记》使用汉字举例一万多条，需要的汉字活字至少五万多个。还有，印刷中西文混排的著作，需要熟练的印刷工。刻写数量庞大的中文活字，需要很长的时间。找到熟练的印刷工，可能也需要很久。

该书出版之后，美国传教士裨治文读到了这本书，对其大加赞赏。他请堂弟裨雅各（J. G. Bridgeman）把《汉语札记》翻译成了英文。1847年，由裨雅各翻译的《汉语札记》英文版在广州出版。虽然龙伯格对此评价：“译本中错误百出，删节过多，因此价值不高。”[④] 即便如此，把《汉语札记》翻译成流通更为广泛的英文，使其影响力持续发酵，本身就

① ［英］艾丽莎·马礼逊编：《马礼逊回忆录》（第2卷），杨慧玲等译，大象出版社2008年版，第160页。

② Henri Cordier (ed.). *Bibliotheca Sinica: Dictionanaire Bibliographique des Ouvrages Relatives a l'Empire Chinois*. 5vols, Vol. 3, p. 1666.

③ 苏精：《马礼逊与中文印刷出版》，学生书局2000年版，第102页。

④ ［丹］龙伯格：《清代来华传教士马若瑟研究》，第244页。

是一件很有意义的事。事实上，《汉语札记》的英译本虽说改动颇大，但在翻译方面却基本忠实于原著。

1893年，《汉语札记》拉丁文本由外方传教会在香港重印，除了将汉字改为从左至右排列，其他内容与1831年版完全相同。①

二 《汉语札记》的主要内容

《汉语札记》全书分成前言、第一编和第二编。该书应该还有第三编，但没有在马六甲刊本中出现。据费赖之考证：

> 克拉普洛特（Klaproth）一九一一年目录（即《藏书目录》）第二编录有《中国语言志略》（即《汉语札记》）二册，四小开本，似为马若瑟原写本。其中，颇有与马六甲刊本殊异之处。其中第三编谓《论中国人在应酬谈话中之礼仪》，然则为富尔蒙（即傅尔蒙）本矣。现藏英国博物院。

造成这样的情况，最有可能的是藏于巴黎王家图书馆的马若瑟所寄之第二部书稿中第三编本就缺失。还有一种可能，就是儒莲因为某种原因，没有把《汉语札记》的第三编抄录给马礼逊。事实上，即使是《汉语札记》的第二编，儒莲抄得也不完整。第二编第五章，马若瑟论述汉语的习惯用语从单字习语讲到了四字习语，但到五字习语的时候便戛然而止，只有标题而没有内容，颇令人费解。因此，本书认为，雷慕沙、儒莲所见的《汉语札记》第二编，也是残缺不全的。故而第一种可能性更大。

前言包括了三个章节，第一章对中国古代典籍进行总体介绍、如何按顺序阅读这些书籍以及各种中文字典的概述。他按九类罗列了许多中国典籍，将自己所知道的中国经典著作介绍给读者；按照其认知，他认为学习汉语要从“四书”开始；还有，他对常用的汉语字典，如《正字通》《康熙字典》和《品字笺》等进行了评述，提出了这些书中谈到的汉字有214个部首的说法。第二章“汉字”从书写、注音、声调和发音四个方面来介绍其特性。第三章则为马若瑟所编的“汉语语音总表”，收录1333个汉字或音节。

---

① Henri Cordier (ed.). *Bibliotheca Sinica: Dictionanaire Bibliographique des Ouvrages Relatives a l'Empire Chinois*. 5vols, Vol. 3, pp. 1664-1669.

第一编论述汉语口语及常用文体，由两章组成：

第一章总论汉语口语的语法和句法规则，在语法（实质是词类论）和句法论两个方面展开论述。在“语法”一节中，马若瑟解释概念，然后列举了很多例子来说明汉语中名词、代词、动词以及副词、介词等词类的规则和用法。其中，第一章总论关于“虚字”“实字”与“活字”“死字”的论述；名词没有格和数的屈折，使用虚词进行区分；汉语动词缺乏屈折等地方值得特别关注。在“句法”节中，马若瑟简单举例介绍了汉语中几个主要词类在句子中的位置，以形容词的用法为重点。第二章记述了汉语口语的特征。该章第一节举例分析了“得”“把”“打”等 16 个口语常用实字的字义、拼音和用法。第二节从依据虚字的作用归纳其类型入手，具体分析了“没”“太”“只”等起不同作用的虚字在句子中的运用。第三节讲修辞。马若瑟先介绍了官话口语中的三种修辞法：重叠法、对比法和表示疑问法。然后，他罗列了 165 句谚语或俗语进行解释。

第二编论及书面语言，由五章组成：

第一章是关于书面语的一些语法（实质是词类论）和句法论要点，包括三节内容。第一节论述如何表示“数量众多”。第二节介绍书面语中人称代词的用法，第一、第二、第三人称都有讲到。第三节记述了汉语书面语中一些既能作名词又能作动词的汉字，列举了“王”“天”等例子来说明。第二章论述了汉语书面语中一些有特点的虚字，由 18 个小节组成。第 1—14 节依次论述了 15 种虚字。其中，有些虚字一词多性，也能作为实字使用。第 15—18 节则介绍了一些表示时间、程度、疑问以及放在句末的小词。第三章探讨中文书面语风格的分类和论述顺序。其中的第一节对汉语典籍进行分类介绍。第二节谈到了中文写作的一些规则，第三节则给出了支持前面所述的范文，讨论了用不同的方式表达同一思想，以及选取 18 类来自不同典籍的例子，进行具体分析。第四章探讨如何对汉语（书面语）的表达进行修饰。[①] 该章共有 7 节，前五节分别举例说明了反义对比、叠义、连文、问答、白描等修饰手法。第六节选取 30 个不同的词和词组，对汉语的不同风格进行介绍，并附有一篇马若瑟自己用文言文

① 该章名为“Figures of Speech”，董海樱翻译为“汉语口语中的各种修辞法”，不正确。该章位于《汉语札记》第二编中，而第二编是论述书面语的。参见董海樱《16 世纪至 19 世纪初西人汉语研究》，第 211 页。

写成的文章——《天主总论》。最后一节讲述比较的方法，包括人和物的比较，以及使用譬喻、假借、寓言等方式所用的比较。在第五章中，马若瑟收集了汉语中的一些习惯用语，将近有400个短语或习语，分别由一字、二字、三字和四字组成，五字习语则只有标题没有内容。

书的最后部分是一个28页的索引，根据《中国书目》所载，这是由雷慕沙编制的。该索引使用起来很方便，其汉字按拉丁字母顺序排列，书中的关键词和汉字都可以通过索引很快在正文中找出，极具实用性。

1847年，美国传教士裨雅各将《汉语札记》翻译成英文后在广州出版。他在该书的英文版前言谈到了自己翻译时对原书的改动：

> 在把这部著作呈现给公众之时，事先说明经过译者改编，该书与原作（1831年拉丁文本）相比产生一些变动，这是适宜的。我们发现，原作其实并没有完结，作者并没有在书中加入结论部分，但却充满了各种印刷错误，使得探查句子的确切含义变得困难，因此在翻译时偶尔或许存在与原作的差异。
>
> 一些看起来毫无实用性的句子，以及导言的大部分内容，包括包含汉字语音表的附录，都被删略。书中汉字的顺序，也有改变，改成从左向右读。在翻译时，我们尽可能展现作者的写作意图。然而，有些例子也会出现和原作意图不一致的情况，这也是为了更完美地展现汉语的特征。
>
> 原书的索引，看上去没有多大的必要和价值，也一并删略，取代它的是一个更加简明却同样有用的索引。译本是按实用性、方便性做出的改动。在导言之后是从卫三畏字典中全本抄录的汉字语音表。这个列表包含了大部分的常用汉字，并给这些字标注了声调。平、上、去、入四声其实分两类：高声和低声。下面是范例：边贬变必，时恃侍十。

在前言的最后，裨雅各还谈到了自己对该书的认识和评价：

> 该书的许多印刷错误还会被发现，这无法避免，因为缺少像其他国家一样的印刷设备。但这些，不足以改变该著作的原貌或是固有价

值，也没必要去特地提到它们。该书对于学习汉语，特别是那些正在学习的学生是非常重要的。我把该书推荐给在这个伟大帝国边疆力行善举的人们（指在中国的外国人）。如果该书能帮助打开（这个国家的）国门以及被隔离人民的心灵，促进中国与外国的交流，把文明和基督的光芒带给长久处于黑暗中的人们，那么译者的祈祷就得到了回应，辛劳也有了奖赏。①

在序言中，裨雅各即清楚地提到了英译本《汉语札记》与拉丁本的三个主要不同之处，这些改动有些是合理的，有些则值得商榷：

第一，在汉字排列上，英文译本改为从左到右排列，这更加符合西方人的阅读习惯。在马若瑟的时代（清代前期），汉字的书写还是竖排，从右向左。同时代及其之后很长一段时间的西方作者，在其汉语语法论著中，都遵循这个习惯。马若瑟《汉语札记》自然也是如此。因此，有些学者的看法是不正确的。②

第二，在导言之后，拉丁文本中的汉字语音表被另一份语音表所取代。如英译本前言所言，这份表格来自卫三畏的字典，并非由裨雅各设计。③

第三，《汉语札记》的拉丁文本后附有一个雷慕沙编制的索引，英译本用了一个“更加简明却同样有用”的索引来代替。

《汉语札记》如此的结构编排，曾被傅尔蒙批评为：“书中没有系统的组织框架，列举了太多的例子却缺乏规则，内容冗长和杂乱。”④ 粗略看过《汉语札记》的人的确会留下和傅尔蒙差不多的印象。《汉语札记》

① Joseph Henri-Marie de Prémare. *The Notitia Linguae Sinicae*. Translated by J. G. Bridgman. Canton: The Office of the Chinese Repository, 1847, Preface.

② 董海樱的相关论述：“拉丁文本以茹莲抄本为蓝本，而茹莲以雷谬萨抄本为母本。雷谬萨在抄写的过程中，将汉字按照从右到左编排。因此，拉丁文本中出现的汉字都以此排列。裨雅各将《汉语札记》从拉丁文本翻译成英文后，按照中国书写汉字的习惯，把书中的汉字调整为从左到右编排。”参见董海樱《16世纪到19世纪初西人汉语研究》，第203页。

③ 董海樱的相关论述：“英文译本删除了拉丁文本中的一份汉字语音表，取而代之的是裨雅各设计的一份汉字词汇表。”参见董海樱《16世纪到19世纪初西人汉语研究》，第203页。

④ Étienne Fourmont. *Linguae Sinarum Mandarinicae hieroglyphicae Grammatica dúplex*. Lutetiae Parisiorum: Chez Hippolyte-Louis Guerin, 1742, praefatio, pp. xvii-xxiv.

全书都没怎么套用拉丁语法体系，与欧洲人印象中的“语法”存在很大的差异，以至于“没有系统”“内容冗长”。但这也正是马若瑟深刻认识并熟练掌握汉语的结果。

现代汉语学家范晓在比较了汉语和印欧语言之后，曾谈到汉语语法的几个主要特点[①]，本书试将这些与《汉语札记》的内容进行对照，印证前述结论：

1. 汉语缺乏严格意义的（狭义的）形态变化。《汉语札记》讲到名词明确提出汉语名词没有格、数的变化。[②] 这和之前甚至之后的西人汉语著作都有很大的不同。在讲到动词时，并未像其他西人所著的汉语语法书，将西方语言的语法规则生搬硬套，并没有其他作者所大篇幅论述的时态、语态甚至语气等内容。[③]

2. 词类和句法成分之间的关系复杂。马若瑟非常清楚汉语中词的一词（字）多性、一词（字）多义的现象，甚至有的汉字能同时兼虚词和实词的功能，例如“与”字。[④]《汉语札记》的例句众多，正是马若瑟了解汉字的一词（字）多性、一词（字）多义的结果。在这样的情况下，汉语中原本的动词、形容词拿来作主语，原本的名词作定语等现象，也就不足为奇了。

3. 语序显得特别重要。《汉语札记》全书也多次提到了这点，例如该书第 80 页谈到的汉语习语的语序问题，第 177 页论述了名词因在句中的位置不同，词性就不一样了。[⑤]

4. 虚词较多，是一种重要的语法手段。在《汉语札记》中，无论口语还是书面语，对汉语虚词（字）的介绍和举例都是连篇累牍，占据了很大的比例。显然，马若瑟也是了解这点，才会有这样的安排。

本书在进行与《汉语札记》的相关论述时，同时参考拉丁文本和英译本，引用则多来自使用范围更广的英译本。

---

① 范晓：《三个平面的语法观》，北京语言文化大学出版社 1996 年版，第 67 页。

② Joseph Henri - Marie de Prémare. *The Notitia Linguae Sinicae*. Translated by J. G. Bridgman, p. 28.

③ Ibid., p. 34.

④ Ibid., p. 197.

⑤ Ibid., p. 80, 177.

三 “虚字”和“实字”“活字”与“死字”

在《汉语札记》第一编第一章“口语的语法和句法”前言部分，马若瑟提到了汉语中的“虚字”和“实字”“活字”与“死字”[①]：

> 中国语法学家把组成语言的汉字分成两类，称为“虚字”（litteras vacuas, vacant characters）和“实字”（plenas aeu solidas, solid characters）。不能充当文句基本成分的就是虚字。尽管由于其表达含义的必要性，没有汉字可以严格这样说。因此，当汉字作为纯粹小词出现时，我们才叫它虚字。我们通过假借或者比喻的方式进行理解，也就是，它们从原来的含义变为相异的意义。实字用来充当语言的基本成分，可以往下划分为活字和死字，也就是动词和名词。[②]

正如马若瑟所言，是“中国的语法学家”先把汉字分成了“虚字”和“实字”以及“活字”与“死字”。在中国，这种“虚”与“实”“活”和“死”之分具有坚实的哲学基础。《周易》就认为阴、阳是世间两种最基本的要素，万物的产生都源于阴、阳二气的交相感应。这一“正”一“反”，体现的是朴素的辩证法思想。于是乎，古代学者根据这种思想，从不同的角度出发，将汉字划分为“虚字”和“实字”“活字”与“死字”。

中国现代语法体系的开山之作《马氏文通》对“实字”和“虚字”则这样定义：“凡字有事理可解者，曰实字；无解而惟以助实字之情态者，曰虚字。”[③] 当代，对“虚字”的解释是“古人称没有很实在意义的字，其中一部分相当于现代的虚词（与‘实字’相对）”。[④]“实字”则为“古人称有实在意义的字，其中一部分相当于现代的实词（与‘虚字’

---

① 英译本不知何故，将拉丁文本中的前三个“字”改为了“子”，但“死字”却未变。参见 Joseph Henri-Marie de Prémare. *The Notitia Linguae Sinicae*. Translated by J. G. Bridgman, p. 27。

② Joseph Henri - Marie de Prémare. *The Notitia Linguae Sinicae*. Translated by J. G. Bridgman, p. 27.

③ 马建忠：《马氏文通》，商务印书馆 1983 年版，第 19—20 页。

④ 《现代汉语词典》（第 6 版），商务印书馆 2012 年版，第 1470 页。

相对）”。①

这种“虚”和“实”之分，最早可以追溯到宋代。宋代周烨在《清波杂志》卷七中说：“东坡教诸子作文，或词多而意寡，或虚字多而实字少，皆批谕之。”② 看来，早在苏轼的时代，人们就已经区分了汉字的“虚字”和“实字”，并注意到了它们的具体运用。

中国古代学者关于“虚字”和“实字”的认识分成两派。一派学者认为“实字”所表达的对象是具体可见的，“虚字”则表达抽象、无形体可见的对象。明代无名氏在《对类》中指出：“盖字之有形体者为实，字之无形体者为虚。”③ 但获得广泛认同的却是另一派学者的观点，他们认为所谓“实字”有实义，所谓“虚字”则没有实际意义。清初刘淇在《助字辨略》中说：“构文之道，不过虚字、实字两端，实字其体骨，而虚字其性情也。”④ 其后的学者袁仁林在《虚字说》中给虚字下的定义是：“虚字者，语言衬贴，所谓语辞也。在六书分虚实，又分虚实之半，皆从事物有无动静处辨之。若其仅属口吻，了无意义可说，此乃虚之虚也，故俗以虚字目之。盖说是为口吻，成文为语辞，论字为虚字，一也。”⑤ 从引文中，我们可以看出，马若瑟关于“虚字”和“实字”的分法，是和中国古代学界主流的观点相一致的。

有宋一代，文风颇盛，宋人在写诗作文的过程中，非常注意对文字的拣择和锤炼。于是有些人便谈到了“活字”与“死字”在这个过程中的具体运用。宋代范晞文在《对床夜话》中说：“虚活字极难下，虚死字尤不易。盖虽是死字，欲使之活，此所以为难。”⑥ 对“活字”“死字”进行比较明晰阐释的，也是明代的《对类》：

实者皆是死字，惟虚字则有死有活。死谓其自然而然者，如

① 《现代汉语词典》（第6版），商务印书馆2012年版，第1180页。

② 周烨：《清波杂志》，转引自郑奠、麦梅翘编《古汉语语法学资料》，中华书局1964年版，第104页。

③ 佚名：《对类》，转引自郑奠、麦梅翘编《古汉语语法学资料》，第104页。

④ 刘淇：《助字辨略》，中华书局1954年版，自序，第1页。

⑤ 袁仁林：《解惠全注·虚字说》，中华书局1989年版，序，第1页。

⑥ 范晞文：《对床夜话》，见常振国等编《历代诗话论作家》，湖南人民出版社1984年版，第298页。

“高”“下”“洪”“纤”之类是也。活谓其使然而然者，如“飞”“潜”“变”“化”之类是也。虚字对虚，实字对实，半虚半实者亦然。最是死字不可以对活字，活字不可以对死字。此而不审，则文理谬矣。①

到了清代，“活字”“死字”的应用范围有了进一步扩展，内涵也有了很大变化，指向某类或是几类词。“活字”表示使对象发生改变的行为，“死字”表示客观实体或抽象事物的名称和状态。对比得知，马若瑟说“活字”和“死字”对应着动词和名词，具有一定的合理性，但也并非完全正确。动词“是”通常用来表示人或物的状态，而不是具体行为。表示人或物状态的，也并非名词一种，至少还有形容词，如《对类》举例中的“高”“下”虽说也可以拿来作名词，但主要还是用作形容词。

在现存早期的西方汉语语法和相关著作中，对汉字划分为“虚字”与“实字”，进而划分了“活字”和“死字”，正是由马若瑟的《汉语札记》开始的。有证据表明，袁仁林的《虚字说》和刘淇的《助字辨略》给了马若瑟很大的影响。② 卫匡国和万济国在编写各自的语法书时，都没有提到过这一点。《汉语札记》之后，许多著作中有了类似的表达，不少的“借鉴”正来自《汉语札记》。马礼逊在《英吉利文话之凡例》的引例中提到的“生字”和“死字”，和马若瑟的看法非常接近：“Is this word a verb，or a noun? 这个字是个生字还是个死字? It is a noun. 是个死字。”③ 雷慕沙（Abel Rémusat）在其《汉文启蒙》“汉语语法”部分的开始就介绍了汉语的“实字”和“虚字”理论。④ 艾约瑟（Joseph Edkins）在谈到分类问题时，也将汉字分为了实字（significant words）和虚字（particles）两大类。实字有意义，能够独立使用；虚字因语法目的被运用，表达词之间的关系，连接句子和从句。他认为汉字可以表达行为（actions）和事物（things）。这两类就叫活字（living characters）和死字（dead characters）。

---

① 佚名：《对类》，转引自郑奠、麦梅翘编《古汉语语法学资料》，第104页。

② 李真：《马若瑟〈汉语札记〉研究》，第50页。

③ ［英］马礼逊：《通用汉言之法 英吉利文话之凡例》，杨慧玲等译，大象出版社2008年影印版，第316页。

④ Abel Rémusat. *Élémens de la Grammaire Chinoise*, *ou Principes Généraux du Kou-wen ou Style antique*. Paris: Imprimerie Royale, 1822, p. 35.

艾约瑟同样认为"死字"对应着名词，"活字"对应着动词。[①] 据记载，这三个人，均看过马若瑟的《汉语札记》。

四 《汉语札记》所涉的参考文献

马若瑟《汉语札记》之前，西方人所著现存于世的汉语语法著作有两部：《中国文法》和《华语官话语法》。

从时间和影响力推测，马若瑟不可能看过卫匡国的《中国文法》。根据陆商隐的研究，《中国文法》是1651—1652年间在印度尼西亚的巴达维亚完成的。完成之后，他把其中的一部手稿抄本送给了一个荷兰人。回到欧洲之后，卫匡国也把一些抄本送给了当时欧洲的知名学者和知识分子。因此，该书只是在很小的范围内流传，长久以来不为人所知，即使出版也被随附在了他人的文集之中。[②] 马若瑟生于1666年，1683年加入耶稣会，1694年开始攻读神学。他青少年时代的资料极度缺乏，没有什么显赫的出身。其开始系统学习的时间与《中国文法》的成书又时隔了30年。因此，他几乎没有什么机会接触到只在欧洲知名学者和上层人士之间流传的《中国文法》。

与前面不同，马若瑟却很有可能看过万济国的《华语官话语法》。该书1682年以西班牙文成书，两年后是拉丁文版。1703年，该书根据西班牙文版的稿本在广州首次出版。在这期间，"瓦罗（万济国）《语法》（《华语官话语法》）的手稿本似乎已经流传开来。而皮诺艾拉助手稿付梓，编成1703年的本子，使其传布更广"。[③] 马若瑟则是1698年从广州进入中国，之后长期在江西传教。立志以"中国的诗歌和文字"为专长的他对汉语抱有浓厚的兴趣，苦学不辍。既然《华语官话语法》在来华传教士之间流传甚广，那么马若瑟便很有可能听到过这部帮助传教士学习汉语的著作。他本人对汉语的兴趣又非同一般，因而千方百计地弄到其中的抄本或是正式出版的册子，应该是顺理成章的事情。

---

① Joseph Edkins. *A Grammar of the Chinese Colloquial Language, Commonly Called Mandarin Dialect*. Second Edition. Shanghai: Presbyterian Mission Press, 1864, p. 105.

② ［意］陆商隐：序四，见［意］卫匡国《中国文法》，白佐良意译，白桦中译，第25—27页。

③ ［西］弗朗西斯科·瓦罗：《华语官话语法》，姚小平、马又清译，外语教学与研究出版社2003年版，英译出版前言，第10页。

虽然马若瑟熟练掌握汉语，对汉语的特征有深刻的认识，他的《汉语札记》力图避开拉丁语法的框架，但我们通过对比《华语官话语法》和《汉语札记》，也能发现一些相似的蛛丝马迹。首先，在讲到名词用法的时候，两部著作说到“的”都举了例“天主的恩”。它们都在表示物的质料之后，加“的”。更有意思的是，两部书中都把名词前面加上数词作为属格‘的’的用法。[①]其次，在论述形容词的时候，《华语官话语法》说道：“形容词通常由后置的小词‘的’构成，例如：长的、短的、白的、黑的……当形容词由两个同义的词项组成时，一般要放在名词的前面，这时候不用‘的’显得更高雅，例如：富贵人。”[②]《汉语札记》则这样表述，“形容词后面通常跟着‘的’：好的、歹的、白的、黑的……当使用相近或同义词的时候，‘的’通常就可以省略，富贵人或富贵的人均可用”。[③]还有，两部著作描述形容词最高级的时候，其举例也比较相似。《华语官话语法》的最高级：“好得紧”“上好”“极好”。[④]《汉语札记》讲到最高级，举例也有“好得紧”“上好”“极好”。[⑤]

这样的细小相同之处还有不少，但我们没有发现大面积的相似。因而，我们可以这样说：马若瑟很有可能看过《华语官话语法》，但他的《汉语札记》借鉴前书的地方不多。

中国古代的字书（字典）虽然算不上语法著作，但其中也包含了所收录汉字的许多用法和规则。《汉语札记》共提到了四部字书，对它们的评价也各不相同：

> 《正字通》不总是可信，特别是在对汉字的分析上。
>
> 《康熙字典》是在《正字通》的基础上，由皇帝下令修订和改进的，尽管其包容广博，但也有很多不确定性，用处不大。

① ［西］弗朗西斯科·瓦罗：《华语官话语法》，第34—36页。Joseph Henri-Marie de Prémare. *The Notitia Linguae Sinicae*. Translated by J. G. Bridgman, pp. 28-31.

② ［西］弗朗西斯科·瓦罗：《华语官话语法》，第44—45页。

③ Joseph Henri-Marie de Prémare. *The Notitia Linguae Sinicae*. Translated by J. G. Bridgman, p. 31.

④ ［西］弗朗西斯科·瓦罗：《华语官话语法》，第48—52页。

⑤ Joseph Henri-Marie de Prémare. *The Notitia Linguae Sinicae*. Translated by J. G. Bridgman, p. 39.

《品字笺》中汉字根据读音的新方式排列。该书中汉字可以使用多种方式释读，质量不错。如果作者能花功夫用例子来强化其解释就更好了。

《说文》[①] 应该被那些渴望熟悉汉字确切解释的人长时间、仔细地研习；但却不为人所知。[②]

就《汉语札记》的编排来说，与其说是一部语法著作，倒不如说更像一本字书。马若瑟总是在相关词类之下列举其常用字，然后进行简单解释，接下来就是丰富的举例，尽可能罗列该汉字所有的用法和规则。因此，本书认为，《汉语札记》几乎没有参考欧洲语言的语法著作，对先代欧美人士汉语语法著作的借鉴也不多。马若瑟写作的主要参考是中国的字书，主要也就是他所提到的这四部著作，特别是《说文解字》及后人对该书所做的注。

在1728年10月16日写给傅尔蒙的信中，马若瑟整理了一个中国书籍的分类目录，对《说文解字》倍加推崇，并告诉傅尔蒙：

明代的赵凡夫是为《说文解字》作注的作者中最重要的一位。他的集注被称作《长笺》，有100卷之多。……我有他的这本书，不过已由一位研究《说文解字》长达60年的中国人亲笔修订过。这是我的私人财富，在中国别的人没有！[③]

根据龙伯格的研究，马若瑟所说这位“研究《说文解字》长达60年的中国人”应该是江西南丰的文人刘凝。在稍早给傅尔蒙的信中，马若瑟这样写道：

一位逝世于96岁的中国人遗留给我他的部分手稿。同他的先父一样，他曾任学官一职。而且他花了超过60年的时间来专门研究汉

① 指《说文解字》，许慎著。

② Joseph Henri-Marie de Prémare. *The Notitia Linguae Sinicae*. Translated by J. G. Bridgman, Prefatory Notices, p. vii.

③ 转引自［丹］龙伯格《清代来华传教士马若瑟研究》，第134页。

字。他关于《说文解字》的注解有一千卷之多。①

1731 年，还是在给傅尔蒙的信中，马若瑟谈到了自己在《说文解字》上所下的苦功：

> 我有《说文长笺》一书，该书是注解《说文解字》的最著名的著作之一，我在其中补充了大量我从这位博学的学者那里得到的注解。②

因而我们可以说，马若瑟对中国的字书是熟悉的，受到刘凝的影响，他甚至比较精通《说文解字》及后人所作的注。中文字书对《汉语札记》的影响，比起西方语言的语法著作以及西人所著的汉语语法著作来，要大得多。

马若瑟在《汉语札记》的结尾部分提到了一本中国古籍——《古学钩玄》，并坦承自己书中最后一部分关于句法和典故的不少例子是从中摘选的。《古学钩玄》为南宋陈揆所撰，梳理写文章的方法和原则。此外，陈揆还撰有修辞学著作《文则》。李真经过详细地文本对比和研究，发现《汉语札记》第二编涉及古汉语修辞、文体、风格的内容与《古学钩玄》和《文则》之间存在着千丝万缕的联系。《汉语札记》不但在写作目的、框架安排上借鉴《古学钩玄》和《文则》，更在内容细节上与两书存在着许多相似之处。《汉语札记》第二编的例句应该说与《古学钩玄》有不少相同之处，选用了《文则》里的大部分例句，并进行了一定的微调。马若瑟介绍的中国古代修辞也是以《文则》中有关修辞的分析为蓝本，凸显出中国特色。③

五 《汉语札记》的引例

虽然万济国在《华语官话语法》中提到过汉语存在着“高雅、优美

① 转引自［丹］龙伯格《清代来华传教士马若瑟研究》，第 191 页。

② 同上书，第 192 页。

③ 李真：《马若瑟〈汉语札记〉研究》，第 275—304 页。

的语体”“粗俗的语体”以及“处于高雅与粗俗之间”的语体[①]三种表达风格，该书论述对象主要还是南京官话口语。在西方汉语语法著作中首次将汉语口语和书面语分开论述的，是马若瑟的《汉语札记》。

《汉语札记》的第一编为“口语和常用文体”，第二编是“书面语”。“口语”部分的例词和例句来自马若瑟的日常生活。马若瑟应该很早就打算写作一部供来华西方人学习汉语的著作，并有一定的书面积累。如此丰富的口语例句，写作时光凭记忆，是很难做到的。特别是在口语部分的结尾，作者竟然收集了多达 165 条汉文谚语。即便是一个中国人写书，若只靠搜肠刮肚，是绝不可能完成的。马若瑟曾有过明确的说明，“口语”部分的例句大都取自元杂剧以及《水浒传》《画图缘》《醒风流》《好逑传》以及《玉娇梨》等小说。[②]

在《汉语札记》的第二编“书面语”中，马若瑟在举例时引用了许多中国古代典籍中的词组和句子。其中，马若瑟个人最推崇的是“经”：

> 中国人至今还保留着这些书籍，称为“经”。因为这些书籍十分古老，包含了神秘的学说，并且文体风格简洁。它们如此优美以至于后世作家的著作都无法到达这些古代经典的高度。[③]

事实上，马若瑟在《汉语札记》的导言列举中国经典著作的时候，就把“经”放在了第一位：

> 1. 在这一类中，那些中国古老的著作通常被中国人称为“经”，占据了中国文学的第一等级，包含了三部著作《易经》《诗经》和《书经》（即《尚书》）。

接着，他又说到了另外的几类著作：

---

① ［西］弗朗西斯科・瓦罗：《华语官话语法》，第 11 页。

② Joseph Henri - Marie de Prémare. *The Notitia Linguae Sinicae*. Translated by J. G. Bridgman, p. 26.

③ Ibid. , p. 223.

2. 第二类著作通常被称为“四书”，它们因为风格类似、受到中国学者的关注而得名，有下列几部：《中庸》《大学》《论语》和《孟子》。这些之外，或许还可以加上《春秋》和《礼记》。

3. 这一类有《道德经》《南华经》（即《庄子》）、《仪礼》《周礼》和《山海经》。

4. 《楚辞》《关尹子》《列子》《荀子》《杨子》（即《扬子》）和《孟子》归入该类。这些作者被当代中国人所赞美，认为他们与孔子处于同一层级。

除了上述四类著作，马若瑟对于唐宋文人的著作也颇为熟悉：

5. 韩愈、三苏：父亲和两个儿子，王安石、曾南丰（即曾巩）、欧阳修以及其他的高雅文体作家和评论家归于此类。①

仔细研读《汉语札记》，我们发现，该书第二编“书面语”中所引用的例子绝大部分来自上面的五类古代著作。其中，马若瑟对所谓“三经”（《易经》《诗经》和《书经》）的引用最为频繁，其次就是“四书”（《中庸》《大学》《论语》和《孟子》），诸子百家的著作也时有所引。在唐宋八大家中，马若瑟似乎特别钟爱欧阳修，引用自他的著作的句子是他们之中最多的。

本书以《汉语札记》第二编的第一章“书面语的语法和句法”为例，来具体印证我们的观点。该章第一节列举了放在名词前后表示数量的词，所引用的例子有：

四海之内皆兄弟也。（引自《论语》）
三尺童子皆知可恶。（引自《欧阳修文集》）
人皆曰予知。（引自《中庸》）
人之生也，与忧俱生。（引自《庄子》）
予及汝皆亡。（引自《尚书》）

① Joseph Henri-Marie de Prémare. *The Notitia Linguae Sinicae*. Translated by J. G. Bridgman, Prefatory Notices, p. i.

万国咸宁。(引自《易经》)
众技众矣。(引自《庄子》)
济济有众,咸听朕命。(引自《尚书》)
嗟!尔万方有众,明听予一人诰。(引自《尚书》)
呜呼!西土有众,咸听朕言。(引自《尚书》)
以有九有之师。(引自《诗经》)
自天子至于庶人。(引自《大学》)
无所不能,无所不知,无所不在。(引自《圣经》)①

这一节除了最后一个例句来自《圣经》,其他的都来自中国的古代经典,其中4处引自《尚书》,引自《易经》和《诗经》各1处;引自《中庸》《大学》《论语》的各有1处;引自《庄子》的有2处;引自《欧阳修文集》的有1处。

进而,本书对该章所有引例进行了统计,发现来自《论语》的引例最多,有10条,来自《尚书》和《庄子》的引例各有7条,来自《中庸》和《欧阳修文集》的各3条,来自《大学》的2条,来自《易经》《诗经》《道德经》《孟子》《荀子》和《扬子·法言》各1条。

龙伯格对此有做过类似的研究,他的统计对象是第二编第三章的第三节:"叫做'从各类文体中摘录出来的大量例句'。这些例文总共有28段,各有长短不一的注解和说明。它们中仅有三段附有直接的译文。有一个例句选自《易经》,11个例句选自《尚书》,另外从《诗经》、'四书'、《庄子》《扬子·太玄经》《孙子兵法》和欧阳修、苏东坡的著作中各选了一至两个例句。"②

从《汉语札记》的引例中,我们可以看出,马若瑟偏爱那些思想深邃、文字简洁的著作,例如《尚书》和《道德经》(《老子》)。也正因为如此,马若瑟眼中只有"三经"(《易经》《书经》和《诗经》),把《春秋》和《礼记》"降格"为与"四书"同一等级。对于文风的喜好让他甚至不顾中国的儒家传统,故意贬斥《孟子》,抬高《南华经》,并把

① Joseph Henri - Marie de Prémare. *The Notitia Linguae Sinicae*. Translated by J. G. Bridgman, pp. 169-171.

② [丹]龙伯格:《清代来华传教士马若瑟研究》,第114页。

扬雄与诸子百家并列。这些书在马若瑟已不是一般意义的只在遇到疑难时才翻检核实的参考文献，而是他精心研读的对象。①

李真指出，《汉语札记》全书共举出不少于12000个例句，共计约有50000个汉字。马若瑟在例句的选择上有两个鲜明特征：一是选取不同语体的著作。白话部分的例句来自质朴通俗、具有白话语体色彩的文学著作。二是不拘泥于中国传统文化的儒家正统，尽可能多选取不同时期不同派别的著作。这一点在第二编讲文言和典雅语体时尤为突出。② 这和本书的结果是一致的。

六 《汉语札记》对“上下文”的注重和“字不对音”现象

马若瑟熟读中国古代典籍，对汉语的掌握不可谓不精通。他曾根据古罗马演说家西塞罗（Marcus Tullius Cicero）所记的《斯其皮欧之梦》（*Scipio's dream*），用汉语古文写成《梦美土记》。该文用词简约，意境优美，深得汉语文言之妙。③ 根据李奭学考证，这篇不足3000字的文言小说不仅是天主教首部白话小说，也首开基督教在华布道小说的先河，被认为是中国小说史上第一部中西合璧之作。④

马若瑟深刻了解汉语中的词序非常重要，句子的确切含义依靠具体的语境才能准确把握。所以，他非常注重“前后文”，在《汉语札记》中多次提到。在论述动词的时候，马若瑟就提道：“将来的表达要从前后文中来理解”⑤，“我要去”表达将来的动作，“要我去”则表示现在的愿望。再有，“来”通常意为“come”，“去”意为“go”。但短语“去来”的确切含义却要通过前后文来体现。如“你那（哪）里去来?”⑥ 可以理解为“你去过哪里?”或者“你从哪里来?”在第二编“书面语”的开头，马若瑟介绍了改编各章的主要内容，其中第三章：“考察的是在使用特定次序

---

① 姚小平：《从语法到修辞——马若瑟〈汉语札记〉评析》，《当代修辞学》2014年第4期。

② 李真：《马若瑟〈汉语札记〉研究》，第138—139页。

③ Joseph Henri - Marie de Prémare. *The Notitia Linguae Sinicae*. Translated by J. G. Bridgman, pp. 252-253.

④ 转引自李真《马若瑟〈汉语札记〉研究》，第240页。

⑤ Joseph Henri - Marie de Prémare. *The Notitia Linguae Sinicae*. Translated by J. G. Bridgman, p. 35.

⑥ Ibid., p. 54.

写成的前后文中文体的种类。”①

然而，细读《汉语札记》，我们也发现了一些不足和错误的地方。其中最主要的问题是：《汉语札记》中，出现了很多读音与汉字不相对应的情况。由于条件所限，马若瑟《汉语札记》的原写本，我们无法得见，所以只能猜测。造成这种情况，有可能是马若瑟对汉语懂得很多，但对于一些汉字也只是会说而已，而忽视了去掌握对应的字形。或者，这些仅仅是马若瑟写书过程中的笔误而已。当然，也有可能是儒莲在抄录该书以及该书付印的时候发生的错误。

《汉语札记》的第一处“字不对音”出现在导言部分，马若瑟在介绍中国古代的经典著作时，把“《庄子》”以“《南华经》”之名列入。但1831年《汉语札记》的拉丁文版却把“《南华经》”写成“《南花经》”。② 1847年，裨雅各把该书翻译成英文的时候，才改正过来。然而，英文版中还是保留了拉丁文版中多处的“字不对音”的情况。在第一编“口语和常用文体”中，马若瑟本想用“被”来举例说明汉语中的动词被动，结果却是写成了“彼”。③ 汉语中用来表达愿望的“恨不得”被写成了“狠不得”。④ 而且马若瑟“那”“哪”不分，一律把表示疑问的句子写成“往那里去？”以及“你是那里人？”⑤还有，“把”字句中的举例“且把酒来挡寒”写作了“且把酒用来荡寒”⑥。《汉语札记》中“最高手段”也写作了“最高手叚”。⑦ 有时候，这种情况可以用古汉语中的所谓“通假”现象来解释，并非完全就是错的。但《汉语札记》中这种“字不对音”的情况实在太多，其中很多都不能用“通假”等现象来解释。再举几例，“非拾（舍）不得这一顶乌纱帽耳”⑧“也未见得与他（也）未可知同义”⑨“初春之气

① Joseph Henri - Marie de Prémare. *The Notitia Linguae Sinicae*. Translated by J. G. Bridgman, p. 168.

② Ibid., p. 4.

③ Ibid., p. 35.

④ Ibid., p. 36.

⑤ Ibid., p. 37.

⑥ Ibid., p. 45.

⑦ Ibid., p. 82.

⑧ Ibid., p. 94.

⑨ Ibid., p. 96.

做（乍）寒做（乍）暖”[1]“清（情）投意合”[2] 等，都是这样的情况。

“字不对音”的情况在第一编“口语和相关文体”中有很多，但在讲究文字精确性的第二编“书面语”中，这种情况也没有完全避免。马若瑟所说的“众枝众矣”[3] 应该是引自《庄子·在宥》：“因众以宁，所闻不如众技众矣。”而“悦不以爱，故不待尝而劝”[4]，马若瑟说明，该例引自欧阳修。经查证，该句出自《欧阳文忠公集》的《论辩九首》：“悦不以爱，故不待赏而劝；畏不以威，故不待罚而责；政不罔民，故不待约而信；事不申令，故不待诰而从。”马若瑟把“赏”写成了“尝”，显然又错了。还有，在“对义字表”中，马若瑟错把“昼”写成了“画”。[5] 在“两字习语”中，马若瑟又把“儿孙”写成了“耳孙”。[6]

这些“字不对音”的情况，最大的可能还是马若瑟虽然已经熟练掌握了汉语，但他对汉字的认识，明显“音”要强过“形”，有些汉字虽然他会说，也知道意思，但却未必能够全部写对。其主要的原因是汉语中存在大量“同音异形”字、词，且这些字、词通常在字形上也有相似的地方。即使如马若瑟这般，也未能完全避免像这样错误的出现。

第三节 对《汉语札记》的评价

《汉语札记》成书之后，很长时间都没有出版，但在欧美小范围的学者和上层人士中间却受到好评。1831 年，该书出版之后，很多人更是对它赞誉有加，戴密微甚至称它是“19 世纪前欧洲最完美的（汉语）语法书”[7]。我们认为，这样的评价是恰如其分的。

《汉语札记》对汉字字义的解释以及对其用法的阐述，乃至对汉语修辞的介绍等诸多方面，在 17—18 世纪同类著作中是独占鳌头的。甚至 19

---

① Joseph Henri - Marie de Prémare. *The Notitia Linguae Sinicae*. Translated by J. G. Bridgman, p. 137.

② Ibid., p. 139.

③ Ibid., p. 170.

④ Ibid., p. 241.

⑤ Ibid., p. 247.

⑥ Ibid., p. 309.

⑦ ［法］戴密微：《法国汉学研究史概述》，见《汉学研究》第一集，第 27 页。

世纪的许多汉语语法著作，其学术水平和意义都远远不及该书。李真评价：该书涵盖了汉语的诸多特质，介绍的要点既包括文字、音韵，也有词汇、语法、修辞，还包括中国的典籍和礼仪文化等，研究涉及范围之广。对汉语特点把握之精准，都远远超出了 17、18 世纪西方人所撰写的关于中国语言的其他著作。该书借鉴前人研究，参照欧语体系，尊重汉语事实，尝试摆脱拉丁模式，初步揭示了汉语特点。①

这和马若瑟的个人经历有关。许多传教士来到中国，都忙于传教相关事务。以利玛窦等人为代表的耶稣会士为了传教，结交士人儒生、介绍西方科技发明、购置土地、建造教堂，忙得不亦乐乎。他们只是把汉语当成传教的工具，虽说其中很多人也熟练掌握汉语，但终归停留在口语和应用层面。他们或是没有想法，或是没有时间，因而极少有人把自己在汉语学习上的所得写成著作以供后来者学习参考。马若瑟却与他们不同，他从 1698 年来到中国，就希望自己未来能专长“中国的诗歌和文字”②。在 1728 年《汉语札记》成书之时，马若瑟一直都是孜孜以求，在这上面钻研浸淫了 30 年。一开始来到中国，就决心以汉语为研究对象和主要方向的外国人，除了马若瑟之外，在 20 世纪之前，后世恐怕也只有马礼逊一人了。但能穷尽心力 30 年研究汉语，仔细研读大量中国古代典籍的，也只有马若瑟这样很早就胸怀大志并持之以恒的人能做到了。

《汉语札记》在论述汉语语法时，首次把汉语分成了口语和书面语两个部分。马若瑟在该书导言伊始，就依据自己的经验告诉后来者应该如何学习汉语，并明确说明《汉语札记》的写作兼顾口语和书面语：

> 虽然中国人，在日常谈话和精心写作中使用相同的汉字。但口语和古代典籍中保留下来的话语仍然差别很大。因此，为了获得有关汉语的全面知识，我们应当采取的方法是：首先掌握一般日常用语；其次，对书面语有精确的把握。为了完成这两大目标，我们设计编写了本书的两大部分。③

---

① 李真：《马若瑟〈汉语札记〉研究》，第 305—306 页。

② ［丹］龙伯格：《清代来华传教士马若瑟研究》，第 12 页。

③ Joseph Henri - Marie de Prémare. *The Notitia Linguae Sinicae*. Translated by J. G. Bridgman, p. 25.

该书之前的汉语语法著作是《中国文法》和《华语官话语法》。《中国文法》没有提及汉语有口语和书面语的区别。《华语官话语法》提到了汉语有三种不同的说话语体：

> 第一种是高雅、优美的语体，很少使用复合词，怎么写就怎么说。这种语体只是在受过教育的人们中间使用，也只有他们才能懂。……
>
> 第二种语体处于高雅与粗俗之间的中间位置。它能够被大多数人所理解，也使用一些复合词；但在凭上下文能够确定意思的时候，就不用复合词。……
>
> 第三种是粗俗的语体，可以用来向妇人和农夫布道。这种语体虽说是最初级的，但是学起来最容易，所以也是我们开始学习的起点。①

这其实说的是官话口语的三种文体，第一种是"用文言的口语"，第二种是"半文半白的混合体"，第三种是"一般的口语"。虽然大致也提到了书面语和口语的一定区别，但万济国是以口语为视角来讨论的。《华语官话语法》全书讨论的都是如何正确使用官话口语。即使在"如何在口语和书面语中称呼自己"② 中，其"口语"和"书面语"，指"一般场合"和"正式场合"似乎更为贴切。

《汉语札记》中口语和书面语的篇幅几乎各占一半。可见，马若瑟认为汉语中口语和书面语是一样重要的。这应该是和马若瑟长时间研习汉语，对汉语的了解全面、到位有关。他开始真正把汉语当作对象来研究，其写作《汉语札记》也不仅仅出于实用的目的。在《汉语札记》之后的汉语语法著作，其主要研究对象大都是汉语口语，如巴耶尔的《汉文博览》(*Museum Sincum*)、马礼逊的《通用汉言之法》(*A Grammar of the Chinese Language*) 等，莫不如此。部分著作，则主要讨论书面语，基本没有或者很少涉及口语，如马士曼（Joshua Marshman）的《中国言法》(*Clavis Sinica Elements of Chinese Grammar*)，甲柏连孜的《汉文经纬》(*Chinesische Grammatik: Mit Ausschluss des niederen Stiles und der Heutigen*

---

① ［西］弗朗西斯科·瓦罗：《华语官话语法》，第11页。

② 同上书，第154页。

Umgangssprache)。在汉语语法著作中，能够兼顾口语和书面语，做到两者并重的并不多，除《汉语札记》之外，也就是深受马若瑟影响的法国汉学家雷慕沙所作的《汉文启蒙》(*Élémens de la Grammaire Chinoise*) 了。

《汉语札记》最大的特点在于它几乎没有套用西方传统的语法模式，这也是该书最值得称道的地方。无论在《汉语札记》之前，还是之后，大多数的西方汉语语法著作都落入了拉丁传统语法或是本国语语法的窠臼，卫匡国《中国文法》、万济国《华语官话语法》以及马礼逊《通用汉言之法》莫不是如此。甚至到了 19 世纪末，许多外国学者对于汉语的认识进一步加深，但在编写汉语语法著作时，他们还是自觉不自觉地把西方传统的语法结构体系套用在汉语语法之上。这种削足适履的方式极大地妨害了西方人对汉语的学习和认识。和其他作者类似，马若瑟写作《汉语札记》的目的也是向以传教士为代表的西方人提供适用的汉语学习教材。不同的是，《汉语札记》的编写主要参考的却是中国古代的字书和典籍，借用了许多中国传统的方式来分析汉语语法，西方传统语法模式的痕迹在该书中留存很少。李真指出，马若瑟在多年语言学习的实践经验中总结出一套行之有效的汉语学习方法，其特点是提倡通过学习大量实例来掌握语言技巧，达到触类旁通的效果，具有很高的使用价值和很强的可操作性，远比单纯通过学习语法理论来习得外语更为有效和便捷。① 但这种做法，使许多的西方人不是很适应，傅尔蒙在读过该书之后，就说该书根本就不是一部语法著作。但其实该书才是真正从汉语本身的特点出发来编写的，在学术价值上明显高出同时期的同类著作一筹。

《汉语札记》在其他方面值得一评的还有两点。一方面，该书广征博引、例证充足。马若瑟在书中这样说道：

> 在此我要强调几点，牢记于心对于学生在通读全书时有益。我觉得，似乎没有比通过例句来学习汉语更好的方法了。这样就没有人会对本书罗列了如此众多的例句感到奇怪了。引用例句，学习的途径变得便捷。相比之下，单纯学习规则会冗长和乏味。再者，例句也正显

① 李真：《马若瑟〈汉语札记〉研究》，第 136 页。

示了某种语法规则。非要用语法规则来解释就使理解变得困难和费劲。①

根据统计，《汉语札记》的例句共有12000余条，计有汉字50000多个，这在中外所有论述古代汉语语法的著作中是最多的。在“口语和相关文体”编的“谚语”引用了165条例句，在“书面语”编中“习惯用语”部分，马若瑟又从《古学钩玄》上摘录了大量的习语实例。相比之下，《马氏文通》收集的例句在中国人所写的古代汉语语法著作中是最多的，也只有7000多条。

另一方面，马若瑟非常注重结合修辞来讲语法，并给予了相当大的篇幅。这在其他的同类汉语语法著作中是不多见的。《汉语札记》第四章谈到了修辞的作用：

> 修辞之于话语，如同繁星之于夜空，鲜花之于旷野。繁星点亮天际，花朵扮美草场，修辞则激活语言。……作者应该尽力用修辞使自身的风格变得多样。②

《汉语札记》第二编的三、四两章具体地谈到了汉语中的修辞。第三章强调了音韵调配的和谐美，认为行文应当注意合理安排文句，短句、长句交替使用，文章便会具有韵律之美。第四章中，马若瑟则分析了汉语的七种修辞手法：对比、反复、连文、驳斥、叙述、排比和比较。马若瑟特地强调，他论述的是汉语中独特的修辞方法，并没有西方修辞学中常见的一些修辞法。③ 实践证明，把语法和修辞打通更有利于语言教学。《汉文经纬》的作者甲柏连孜读过《汉语札记》之后，对马若瑟的这种做法赞许有加：“这本书有五分之一是在讲文体风格，我们从中可以感受到马若瑟对中文韵律的敏锐意识。还没有哪一本关于汉语的书，像《汉语札记》一样把这些难点讲解得如此透彻……”④ 《汉语札记》拉丁文书名为

---

① Joseph Henri - Marie de Prémare. *The Notitia Linguae Sinicae*. Translated by J. G. Bridgman, p. 83.

② Ibid. , p. 244.

③ Ibid. , pp. 244-245.

④ 转引自［丹］龙伯格《清代来华传教士马若瑟研究》，第251页。

Notitia Linguae Sinicae，直译过来就是《汉语语言知识》。从这点来说，与其说这是一本严格意义上的语法书，不如说更像是一本综合性的中国语言与文学的教材。[①]

至于该书的缺憾，本书认为至少需要指出的主要有两点。其一是对句法的论述严重不足，在“口语”编中有“句法”部分，但其实质却是讲形容词的级的用法。“书面语”编甚至没有“句法”。《汉语札记》将不少句法现象和句式结构穿插在词法里去讲，真正系统论述汉语句子结构并对其进行语法分析的内容的确不多。[②] 其“句法”规则大都是通过例句来进行说明的，零散、琐碎，读者根本无法做到系统掌握。其二是马若瑟对于例句过于自信，虽说“引用例句，学习的途径变得便捷。单纯学习规则会冗长和乏味”[③]，但《汉语札记》的规则和例句的比例却是严重失调的。例句繁多，对规则的叙述却太简略。马若瑟有时甚至都不怎么说规则，试图让读者通过例句自己体会出来。他可能受到了中国古代“读书百遍，其义自现”思想的影响，但这对于初学汉语的外国人来说，实在是有点强人所难。造成这些问题的主要原因是马若瑟本人并非专业的语言学家，由于时代的局限，他对于汉语的考察、分析和认识更多的是出于一种直觉，离深刻的哲学思考尚有一定的距离，还不可能对汉语语法作出准确、全面、科学的系统梳理。[④]

对于《汉语札记》的缺憾，李真曾做过细致的分析。除去前文提到的两点以外，李真还指出该书未能完全摆脱印欧语法的窠臼。马若瑟编写该书时，经常在拉丁语和汉语两种语法体系之间彷徨和摇摆，一方面不能完全摆脱拉丁语法的影响，另一方面又渴望以汉语自身的特点来构建汉语语法体系。马若瑟尽管极力想要回避以拉丁语法框架来描写汉语套路，做出了很大努力去发掘汉语特性，并寻找表述这种特性的合理方式，但是他依然无法完全摆脱个人知识背景的影响，他的术语体系依然来自拉丁语

---

① 李真：《马若瑟〈汉语札记〉研究》，第320页。

② 同上书，第257页。

③ Joseph Henri - Marie de Prémare. *The Notitia Linguae Sinicae*. Translated by J. G. Bridgman, p. 83.

④ 李真：《雷慕沙与马若瑟汉语语法著作比较研究》，《国际汉学》第1辑。

法。[①] 此外，该书此类划分尚有不恰当的地方。全书也缺乏整体系统性。[②]

简而言之，美玉微瑕，我们不应对该书过分求全责备。《汉语札记》有许多值得推崇的地方，完全当得起“19世纪前欧洲最完美的（汉语）语法书”的评价。但在同时，该书也存在若干不足和遗憾。

第四节 《汉语札记》的流传和影响

马若瑟的《汉语札记》1728年完稿，在很长时间内只以抄本流行于世。该书的出版可谓历经波折，直到1831年才在英国贵族的金钱支持下由马礼逊在马六甲刊刻拉丁文版。1847年，美国新教传教士裨雅各将拉丁文翻译成英文后在广州出版。1893年，《汉语札记》的拉丁文本在香港重印。

马若瑟的《汉语札记》来到巴黎，被放在了巴黎王家图书馆，束之高阁近一个世纪。这段时间，读过《汉语札记》的人屈指可数。没有任何的资料能够证实马若瑟在《汉语札记》完稿之后，在广州将其送给他人看过。《汉语札记》到了法国，除了傅尔蒙以外，也只有王家学术总监比尼昂（Jean-Paul Bignon）等少数几个人有机会接触到。《汉语札记》在此期间只有少数几人知晓，谈不上流传，加上傅尔蒙的刻意诋毁，也几乎没有什么影响力。

直到19世纪初年，《汉语札记》才逐渐为世人所知。法国汉学家雷慕沙在巴黎王家图书馆查阅资料时意外发现了该书的手稿，于是抄录了全书，从中了解到《汉语札记》的巨大价值。于是，他将该书介绍给了外界，对其多有褒扬：

> （《汉语札记》）是为若瑟著述中之最重要而堪注意之著述，亦为欧洲人所据此类著述中之最佳者。……是编不仅为一寻常文法书，如著者自谦之语，亦不仅为一种修辞学，几可谓之为一全部文学讲义。若瑟不仅搜辑华语之一切文法规则与夫语助词，而且对于文体，古今成语、俗谚、常用之譬喻广事引证，并加以必要的说明。……世

---

① 董方峰：《十九世纪英美传教士的汉语语法研究》，第28页。

② 李真：《马若瑟〈汉语札记〉研究》，第327—334页。

人得谓其编撰体例适于一种商人初习语言之课本，但若识其概略以后，亦得在此书中求文学之深造，此非穷年累月翻检中国名家文字不可得也。①

1822 年，雷慕沙出版了自己的汉语语法著作《汉文启蒙》，该书受《汉语札记》的影响较深。《汉文启蒙》在引例、具体论述甚至体系结构等诸多方面都有《汉语札记》的影子。《汉语札记》口语与书面语并重的写法就很好地被雷慕沙承袭了下来。他的学生诺伊曼（Carl Friderich Neumann）将雷慕沙的《汉文启蒙》与《汉语札记》进行了比较，说道：

即使雷慕沙仍然在世——这位著名的法国汉学家，东方文学家的研究大部分都要归功于他——我常常声明，他的《汉文启蒙》只不过是耶稣会士马若瑟那本伟大的、完整且博学的著作的摘抄本。雷慕沙曾在序言部分暗示过这一事实，但在另一个地方他又退缩了。②

在这之后，雷慕沙的学生儒莲为生计所迫，将《汉语札记》又抄录给了马礼逊。在此过程中，儒莲对汉语以及汉字的意义、语法规则等都有了较好的了解。1842 年、1869 年，儒莲分别出版了两部汉语语法著作《汉文词汇句法分析实践》（*Exercices Pratiques d'Analyse, de Syntaxe et de Lexigraphie Chinoise*）和《汉文指南》（*Syntaxe Nouvelle de la langue Chinoise*）。与其老师的著作一样，这两部书对《汉语札记》也有较大借鉴。综上所述，在《汉语札记》正式出版之前，其抄本经过雷慕沙和儒莲的介绍、传播，已经在欧洲学者和上层人士中开始流传，具有了一定的影响力。

1831 年，《汉语札记》的拉丁文本出版。该书遂得以在更大的范围内流传，影响力越来越大。龙伯格经过考证，发现 19 世纪 40 年代英国驻宁波的领事罗伯聃（Robert Thom）所著的《意拾喻言》"关于汉语虚词的五页内容——'略为引用了马若瑟的拉丁文本'——对八个虚词的解释和说

① 转引自［法］费赖之编《在华耶稣会士列传及书目》，第 531 页。

② 转引自［丹］龙伯格《清代来华传教士马若瑟研究》，第 246—247 页。

明”。[①] 从 1832 年起，《中国丛报》（*The Chinese Repository*）发表了一系列文章，对《汉语札记》进行评介。裨治文在其第一卷上就曾撰文，简单介绍了《汉语札记》的基本结构和各个章节的主要内容。[②] 此后，《中国丛报》一直对该书赞誉有加，认为其对西方人学习汉语有很大的帮助。1847 年，裨雅各翻译的《汉语札记》英文版出版，更多的英美国家人士开始知道并了解《汉语札记》。越来越多的人读了该书。许多欧美国家的传教士和学者对《汉语札记》都有很高的评价，并不遗余力地推介。《汉语札记》甚至对汉语语法的经典之作《汉文经纬》也有过较大的影响。其作者甲柏连孜狂热崇拜马若瑟，他谈到《汉语札记》时可谓热情洋溢：

> 通过长期对最优秀的中国学者及其著作的深入研究，马若瑟已经成为精通汉语的语言大师，并拥有了自己优美的文风——事实上，他已经成了一个中国学者。阅读他的关于文风的评论，你很难感觉是在阅读一位欧洲人所写的文章。……也许今后会有人用比马若瑟更好的方法来教授汉语，但是很难再有一个欧洲人能像他那样全面地理解汉语的精髓和鉴赏中国文学的内涵……在我看来，这一点就是《汉语札记》永恒的价值所在。[③]

可以说，甲柏连孜几乎把马若瑟看成是自己的“偶像”，对《汉语札记》也不吝溢美之词。《汉语札记》为甲柏连孜写作《汉文经纬》做了很好的学术准备。可贵的是，甲柏连孜并不是简单重复前人的研究，而是在此基础上有了确实的提高。

《汉语札记》不但对西方的汉语语法著作产生过重要影响，而且和中国第一部真正意义上的语法著作《马氏文通》存在着紧密的联系。法国学者贝罗贝曾经对此有过专门论述：

> 贝沃海力（Peverelli，1986）也许说得对，他认定培马尔（Prém-

---

① 转引自［丹］龙伯格《清代来华传教士马若瑟研究》，第 250 页。

② E. C. Bridgman. *Prémare's Notitia Linguae Sinicae.* 参见张西平主编《中国丛报》（*Chinese Repository*）（第 1 卷），顾钧、杨慧玲整理，第 152—155 页。

③ 转引自［丹］龙伯格《清代来华传教士马若瑟研究》，第 251—252 页。

> are)[①] 的著作（《汉语札记》）确实对《文通》起了影响。这部著作实际上也许可以说是马建忠在上海森伊捏斯（Saint Ignace）教会学校[②]期间最早接触的语法著作之一。这一时期，远在他于 1875 年（或 1876 年）至 1880 年被送到法国留学之前。实际上我们知道当时该教会学校的耶稣教会神父就是用这部著作作为语法参考书的。因此，不难看出这两部著作有着共同点，特别在组织结构方面。[③]

综上所述，本书把《华语官话语法》和《汉语札记》看作是西方汉语语法著作的两部奠基之作。与万济国相比，马若瑟的汉语水平更高，认识也更加透彻、全面，因此《汉语札记》的学术价值也更大。该书的流布甚广，无论对法国的雷慕沙、儒莲等人，还是对英国的艾约瑟、美国的裨治文等人，甚至对德国的甲柏连孜、中国的马建忠，都有着较大的影响。

对于《汉语札记》的传布，刘子菁的看法具有代表性：由于《汉语札记》一百余年的沉寂，因此马若瑟汉语理论实际上是通过后世学者来实践的，后世学者或者阅读《汉语札记》提出反对、支持的意见，或者使用《汉语札记》作为汉语学习和教学教材，或者研究《汉语札记》进而创作新的汉语教材以及汉语语法书。[④]

毫无疑问，在西方人汉语研究的草创时期，《汉语札记》应当算是一部具有奠基性意义的著作，成为当时西方人进一步认识和理解中国文化其他领域的基础和前提，也是构建欧洲汉学学科的重要基石。[⑤]《汉语札记》不仅是一部语法书，也是一部汉语教材，作为第一部由西方人编写的汉语综合类教材，在西方汉语教材的编撰史上起到了承上启下的作用。[⑥]

---

① 即马若瑟。

② 一般称其为依那爵教会学校。

③ [法] 贝罗贝：《二十世纪以前欧洲汉语语法学研究状况》。参见北京大学中国传统文化研究中心编《文化的馈赠——汉学研究国际论文集·语言学卷》，北京大学出版社 2000 年版，第 471 页。

④ 刘子菁：《马若瑟汉语教学理论及实践之探讨——以〈汉语札记〉为中心》，硕士学位论文，南京大学，2014 年。

⑤ 李真：《马若瑟〈汉语札记〉研究》，第 336 页。

⑥ 同上书，第 340 页。

第五节 傅尔蒙《中国官话》的“借鉴”：《华语官话语法》和《汉语札记》

1728年，马若瑟的《汉语札记》成书。从1725年起，他就全心结交傅尔蒙。《汉语札记》完成之后，他满怀期待该书能在傅尔蒙的帮助下出版。殊不知，傅尔蒙当时也在编写同属汉语语法著作的《中国官话》。他对《汉语札记》刻意诋毁，完全无视该书的巨大价值。在1742年傅尔蒙的著作出版之后，很多学者通过比较发现，《中国官话》与《华语官话语法》《汉语札记》之间存在着千丝万缕的联系。

本书总结了学界多位学者的观点，发现可以归纳为以下几种情况：许多学者判定傅尔蒙的《中国官话》是抄袭之作。有的认为抄的是万济国的《华语官话语法》，有的认为抄的是马若瑟的《汉语札记》，还有的则认为该书对上述两部著作都有抄袭。还有一些学者并不同意，论证《中国官话》只是对两部著作有所借鉴而已，算不上抄袭。要搞清楚这个问题，还必须从傅尔蒙及其《中国官话》说起。

1683年，傅尔蒙出生在巴黎近郊的一个中产阶级家庭。11岁左右，他开始就学于著名的马扎然学校（Collège Mazarin）。他天资聪颖、勤奋好学，打下了坚实的希腊文和拉丁文的基础。1714年，傅尔蒙被王家碑文与美文学院吸收为学生。仅过了一年，他就成为该院的助理院士，此后凭借其众多的著作声名鹊起。从很早开始，傅尔蒙就对希伯来文、阿拉伯文等东方语言抱有极大的兴趣，一直在努力钻研。但他对汉语的了解和关注，却是在认识了黄嘉略（Arcade Huang）之后。1711年，傅尔蒙受比尼昂的委派，协助黄嘉略进行汉语语法著作和汉语字典的编撰工作。在这一过程中，两人互教互学、各取所需，傅尔蒙传授给黄嘉略欧洲传统的语法体系和概念，黄嘉略则指导傅尔蒙进行汉语学习。①

据许明龙的考证，《汉语语法》是黄嘉略在弗雷莱和傅尔蒙的协助下完成的共同成果，该书大致在1711年开始编写，在1716年最终完成。此时，黄嘉略在临终前想把凝结着他数年心血的《汉语语法》通过蓬夏特兰伯爵呈交给法国摄政王奥尔良公爵。傅尔蒙力陈书稿已经上交，但却下

① 许明龙：《黄嘉略与早期法国汉学》，中华书局2004年版，第100—110页。

落不明。黄嘉略写给奥尔良公爵的信也流落到了法国民间，成为高迪爱的收藏品。许明龙分析，书稿不太可能被比尼昂和蓬夏特兰所扣，截留书稿的人，最有可能的是傅尔蒙。①

黄嘉略去世之后，傅尔蒙接管了他的全部遗稿和资料。但傅尔蒙在这之后却多次声称，这些遗稿数量少、质量差，几乎没有什么利用价值。对于黄嘉略已经完成的《汉语语法》，傅尔蒙也只字不提。我们认为，这完全是傅尔蒙"此地无银三百两"的做法：先截留他人书稿，使其余的人不能得见，然后就给予极低的评价或者根本不提，实际上是留在手中，等待有朝一日为己所用。约过了10年（1728年），从未去过中国，其汉语仅主要是跟着黄嘉略学习而来的傅尔蒙最终基本完成了自己的汉语语法"大作"。该书稿汇集了各种汉语学习的资料，不仅论述汉语的特性，而且对汉语的词法和句法进行了分析，并附有大量的例句和范文。② 该书稿被分成三个部分，第一、二部分合编成《汉语沉思录》，于1738年出版。第三部分则于1742年出版，起名《中国官话》。《汉语沉思录》主要介绍了如何通过各种检索方式来学习和掌握汉字，出版后反响平平，引起学者批评和争议的是主要论述汉语语法的《中国官话》。

虽然不能得见黄嘉略的遗稿，但种种迹象还是表明，傅尔蒙的这两部书和黄嘉略主稿的《汉语语法》有莫大的关联。我们认为，其《中国官话》很有可能就是在《汉语语法》的基础上修改、充实而成。《中国官话》出版不久，刚从中国回来的耶稣会士吴多禄（Pierre Foureau）看过该书后，这样评论：

> 不必为此感到惊奇，傅尔蒙先生说了，他的某些发现中有着神授的成分……其实根本用不着惊奇，他为我们复活了因黄先生故去而湮没的知识，如此而已。③

1728年8月，正当傅尔蒙汉语语法著作完稿之际，远在中国的马若瑟也将很快完成著名的《汉语札记》，并在1728年10月写给傅尔蒙的信

① 许明龙：《黄嘉略与早期法国汉学》，第135—137页。

② 同上书，第245页。

③ 同上书，第253页。

中告知了他，并随信寄上了包含《汉语札记》手稿的包裹：

> 我给您寄出一本比较长的著作，内容是关于中国语言的理解。我用拉丁文写成，为的是让所有的传教士和所有有兴趣的人无论国籍，都能使用它，都能从中受益。……此刻，我没有比《汉语札记》更有价值的东西来呈给比尼昂教士大人。如果大人允许我出版这部带有献给他的题词的著作，我确信公众一定会接受的。……如果您收到这个包裹时，我已经离开人世，我愿将这本书呈给您所在的著名的皇家科学院（王家碑文与美文学院）。①

按照马若瑟信中的语气，这应该是他第一次向傅尔蒙谈到《汉语札记》。很明显，马若瑟告诉傅尔蒙其完成《汉语札记》和附有包含该书的包裹应该是在同一封信中。傅尔蒙知道马若瑟的《汉语札记》的同时就应该看到了该书的手稿。

然而，傅尔蒙却说他1729年9月2日收到马若瑟的来信，得知《汉语札记》很快将送到其手中。按日程推算，这封信很有可能就是1728年10月马若瑟从广州发出的那封。傅尔蒙为了避免日后被人指责有抄袭的嫌疑，在9月14日将书稿交给比尼昂代管。按常理，傅尔蒙不应该也不必这么做。即使两部著作的研究对象一致，可能存在相同之处，傅尔蒙也大可不必如此紧张。如果《中国官话》的确为自己独立完成，傅尔蒙内心坦然就是了。本书认为，造成这样的原因极有可能是傅尔蒙通过与马若瑟的通信，了解到了许多汉语语法的相关知识并把它写到了《中国官话》之中，而马若瑟同样在书中有所阐述。在9月2日到14日的十多天时间里，傅尔蒙估计是大致看完了《汉语札记》，发现的确存在这样的问题。所以，傅尔蒙才会有这样的欲盖弥彰之举。

1730年，傅尔蒙把《汉语札记》的书稿交给比尼昂，希望指定专人对两部汉语语法著作进行对比和鉴定。而与傅尔蒙私交甚笃的比尼昂却叫傅尔蒙自己来做这项工作。明眼人很容易看出，这其中很有可能存在着“猫腻”。果然，傅尔蒙很快完成了审稿报告，力陈自己的著作与《汉语札记》存在诸多的不同，并罔顾事实，对《汉语札记》多有贬损。在傅

---

① 转引自［丹］龙伯格《清代来华传教士马若瑟研究》，第44—45页。

尔蒙完成评审，比尼昂写给傅尔蒙的回信中说："两部书中的其余部分，如名词、代名词……等等，都完全一样，当初如果没有事先采取提防措施，你就可能受到剽窃的指控。"①

事实上，按照傅尔蒙的水平和能力，是不可能发现不了《汉语札记》的巨大价值的。之后，马若瑟的书稿就一直下落不明。《汉语札记》第一次寄达的书稿，最后经手的就是傅尔蒙。这一次，他又是最大的嫌疑人。对比这两次事件，我们发现，傅尔蒙的手法几乎如出一辙，对待同类著作，利用自己的影响力打击诋毁或故意忽视，暗地里却截留书稿、为己所用。《汉语札记》要不是没有第二部寄达法国的书稿，恐怕他人也就无从得知世上存在过这么一部优秀的汉语语法著作了。《中国官话》直到1742年才出版，傅尔蒙完全有可能利用手中的《汉语札记》来充实、提高自己的著作。

把傅尔蒙的《中国官话》与马若瑟的《汉语札记》做比较，我们发现两部著作在结构体例和内容阐述上都有很大的区别。傅尔蒙从马若瑟那里更多地了解的是中国与汉语的相关知识。《中国官话》的一些举例和《汉语札记》也有类似的地方，但却不是很多。《汉语札记》的举例多是词组和短语，《中国官话》却以词为主。因此，并没有明显的证据能够证明傅尔蒙对《汉语札记》的抄袭。

从这两件事中，傅尔蒙的人品可见一斑。他虽然为法国汉学的建立和发展做出了独特的贡献，但其所作所为的确让人不敢恭维，甚至不齿。高迪爱对他的贬损虽然尖刻，但也符合事实：

> 他成长在教会学校中，胸襟怎么可能开阔？他是一心追求名利的学究典型，钻营于一个大而无当的圈子里，把一个庸人的毛病暴露无遗。他是头号马屁精昂丹公爵的马屁精，生性喜好嫉妒，为了实现野心而无所不用其极。②

傅尔蒙的《汉语沉思录》和《中国官话》出版之后，并没有收到他所期待的好评，相反却引发了极大的争议。许多学者对这两部书，尤其是

① 转引自李真《马若瑟〈汉语札记〉研究》，第57页。

② 转引自许明龙《黄嘉略与早期法国汉学》，第238页。

《中国官话》，多言出讥讽和批评。《中国官话》过多依赖拉丁语法体系，且由于作者本人从未到过中国，也缺乏足够的汉语口语训练，所以其语法著作中出现了很多生搬硬套、随意推测的错讹。[①] 除去自身存在许多错误或“硬伤”，主要的矛头指向该书的剽窃。

在《现代汉语词典》中，“剽窃”意为“抄袭窃取（别人的著作或其他成果）”[②]。“抄袭”是“把别人的著作或语句抄来当作自己的”[③]。所谓“借鉴”，则是“跟别的人或事相对照，以便取长补短或吸取教训”[④]。

后世的法国汉学家雷慕沙在读过《中国官话》之后，撰文指控其大量剽窃了西班牙人万济国的《华语官话语法》：

> 相似之处不只是章节的标题，还包括例句以及条目的安排。在这两部书中看到的，是以同样的字和同样的顺序写成的句子。因而简直可以说，傅尔蒙的语法无非就是万济国语法的拉丁文译本而已……傅尔蒙最应受到谴责的行径，是他竭力贬低那位西班牙语法学家的成就，为了防备被指责为剽窃，他信誓旦旦地说，他的语法完成后方才读到万济国的书。[⑤]

雷慕沙对于傅尔蒙“行径”的谴责，可谓一针见血。因为这正是傅尔蒙的一贯做法：“他竭力贬低那位西班牙语法学家的成就，为了防备被指责为剽窃，他信誓旦旦地说，他的语法完成后方才读到万济国的书。”傅尔蒙也是这样应对黄嘉略和马若瑟及其著作的。傅尔蒙声称自己的书完成之后才看到《华语官话语法》的说法也是不可信的。

在《中国官话》的序言中，傅尔蒙用了相当多的篇幅谈论万济国的《华语官话语法》。他介绍说自己手头有万济国著作的一个节本，经过了

---

① 董方峰：《十九世纪英美传教士的汉语语法研究》，第32页。

② 《现代汉语词典》（第6版），第993页。

③ 同上书，第151页。

④ 同上书，第669页。

⑤ Abel Rémusat. *Élémens de la Grammaire Chinoise, ou Principes Généraux du Kou-wen ou Style antique*. PRÉFACE, p. XIV.

增补，并附有一份《解罪手册》。[①] 许明龙据此推断，傅尔蒙手里的应该是全本，因为该书本身就是一个小册子，所以傅尔蒙才会误以为是节本。[②] 因此，傅尔蒙在编写《中国官话》的时候是具备条件参考《华语官话语法》的。

至于"相似之处不只是章节的标题，还包括例句以及条目的安排"。不能作为《中国官话》剽窃的证据。早期，西方人在编写汉语语法著作的时候，其结构体系和例句、条目安排往往来自欧洲传统的拉丁语法模式。这种模式十分规范，其布局安排，甚至标题，往往具有极大的相似度。因此，许明龙说："《中国官话》和《官话语法》（《华语官话语法》）在体例上的雷同，不但无法避免，而且是必然的。"[③]

还有，读者在这两部书中可以看到"同样的字和同样的顺序写成的句子"。在仔细查阅了两部著作之后，我们发现的确如此，试举几例。

在讲到名词的时候，两书的举例都是：

桌子、面头、女儿[④]

这里，《中国官话》只是把"女儿"改放在了"面头"之前。并且"面头"在中国的使用显然是具有地域性的。如果确如傅尔蒙所说，是在《中国官话》完成之后看到《华语官话语法》的，这样的举例也实在太过凑巧了。

在讲到形容词的时候，两书也举了相同的例子：

长的、短的、黑的、白的……恶的、富贵人[⑤]

---

① Étienne Fourmont. *Linguae Sinarum Mandarinicae hieroglyphicae Grammatica dúplex*. Praefatio, pp. xxvj-xxx.

② 许明龙：《黄嘉略与早期法国汉学》，第256页。

③ 同上书，第258页。

④ ［西］弗朗西斯科·瓦罗：《华语官话语法》，第43页；Étienne Fourmont. *Linguae Sinarum Mandarinicae hieroglyphicae Grammatica dúplex*. Praefatio, p. 12.

⑤ ［西］弗朗西斯科·瓦罗：《华语官话语法》，第44页；Étienne Fourmont. *Linguae Sinarum Mandarinicae hieroglyphicae Grammatica dúplex*. Praefatio, p. 14.

与《华语官话语法》不同的是，《中国官话》增加了一些例子：

> 仁之、仁的、仁者……可爱、可恶、可恨的（万济国认为小词“可”构成的是动名词）

在说明汉语中的小词的时候，两书都列举了“些”“少”“小”“微”“略”这5个字。[①]

在谈到行业名称的时候，《华语官话语法》以后加“的、匠、夫、人”进行举例。《中国官话》除了上述以外，还加上了“家、手”“农夫、鞋匠、航（海）家、船手”等词都不曾在《华语官话语法》中出现。

经过比较，这样的相同或近似的举例还有很多，并非某些学者浮光掠影地看过之后，所认为的“这样的雷同还是比较少的”。[②] 但很多的举例，《中国官话》都对《华语官话语法》有所增补。此外，两书的编排和内容也不是完全一致的。因此雷慕沙“傅尔蒙的语法无非就是万济国语法的拉丁文译本而已”的说法有失公允。[③]《中国官话》并没有全盘剽窃《华语官话语法》，而是对《华语官话语法》进行了多处明目张胆地抄袭。

由此，我们得出结论：傅尔蒙的《中国官话》是以黄嘉略主笔的《汉语语法》为基础，多处抄袭了万济国的《华语官话语法》，参考借鉴了马若瑟的《汉语札记》，并依据能收集到的其他资料综合、整理而成。

第六节　法国汉语语法著作：从黄嘉略到儒莲

1687年，路易十四派遣张诚、白晋等“国王数学家”来到中国，清代法国人在华较大规模的传教以及法中两国文化方面的密切交流由此开始。许多法国传教士和来华人员都热衷于向国内介绍中国的情况。在他们以及法国国内学者的共同推动下，法国成为欧洲汉学起源与初步发展的温

---

① ［西］弗朗西斯科·瓦罗：《华语官话语法》，第54页；Étienne Fourmont. *Linguae Sinarum Mandarinicae hieroglyphicae Grammatica dúplex*. Praefatio，p. 16.

② 董海樱：《16世纪到19世纪初西人汉语研究》，第232页。

③ 学者白珊持相同观点：“福尔蒙把瓦罗语法抄下来，译成拉丁文，并加注上汉字，然后用他自己的名字于1742年出版。”参见［西］弗朗西斯科·瓦罗《华语官话语法》，导论，第F50页。

床，日后更是成了欧洲汉学研究的中心。从马若瑟的《汉语札记》开始一直到 19 世纪末，法国传教士和学者所著的汉语语法著作时有面世，其中也不乏一些拥有巨大影响的上乘之作。

在《汉语札记》之前，被带到巴黎的中国人黄嘉略在傅尔蒙、弗雷莱的协助下在 1716 年完成了一部名叫《汉语语法》的著作。但《汉语语法》的书稿却在呈交过程中下落不明，不知所踪。[①] 根据现存的目录和部分草稿分析。全书分成两个部分，第一部分讲汉语语法、词汇以及各种用语和称谓；第二部分介绍中国各省的概况以及科举制度、各级官员和儒家思想等相关信息。[②] 此书虽然没有出版，却被傅尔蒙多有"借鉴"，仍然在法国汉语语法学史上具有一定的地位。

1728 年，马若瑟的《汉语札记》完稿。这部水平很高的优秀著作使法国人的汉语语法研究有了很好的开始，并为之后的发展奠定了坚实的基础。遗憾的是，该书因为种种原因，未能及时出版，被存放在巴黎王家图书馆将近一个世纪而无人知晓。

十年之后，傅尔蒙的《汉语沉思录》在巴黎出版。这部著作由于其论述对象的关系，学界一般不把它归入汉语语法著作。不久之后，傅尔蒙的《中国官话》出版，但这部汉语语法书在出版之后却是争议颇多（相关论述见前文)。该书除了论述汉语语法的主体之外，前后还包括了推荐文、前言、王家图书馆馆藏中文书目，傅尔蒙与马若瑟的通信摘录。正文部分主要由 5 章组成，分别论述了汉语语音知识、名词和代词、动词、各种小词的用法以及汉语的句法规则。

19 世纪初，法国的著名汉学家雷慕沙在王家图书馆查资料时，机缘巧合之下发现了《汉语札记》的手稿。在《汉语札记》的影响之下，雷慕沙编写了自己的汉语语法著作《汉文启蒙》，并于 1822 年出版。该书深得学界好评，很多学者都认为其代表了 19 世纪早期西方汉语语法研究的最高水准。该书包括了前言、绪论、主体、附录、列表、目录和勘误表 7 个部分。"前言"对雷慕沙所知的西方汉语语法著作：万济国的《华语官话语法》、马若瑟的《汉语札记》、巴耶尔的《汉文博览》、傅尔蒙的《中国官话》、马士曼的《中国言法》以及马礼逊的《通用汉言之法》依

① 许明龙：《黄嘉略与早期法国汉学》，第 135 页。

② 同上书，第 138—140 页。

次进行介绍和评价。在“绪论”部分，雷慕沙举例详细分析了汉字象形、会意、指事和形声等六种造字法以及篆书、隶书等五种字体。关于语音，他介绍了四种声调。主体部分论述的是“汉语语法”，基本采用马若瑟分析汉语的模式，先介绍马若瑟关于“实字”和“虚字”的理论，接着也将汉语划分为书面语和官话口语两大类，取名“古典文体”和“现代文体”。雷慕沙从词类的角度，分别论述了名词、形容词、动词、代词以及助词和俗语。在两个部分的最后，都提到了汉语的一些句法规则并都举例进行了分析。之后的附录包含了断句法、篇章结构、诗韵和巴黎王家图书馆馆藏中文基本目录。在该书的最后，雷慕沙编制了四份列表：《中庸》汉字表、汉字笔画表、汉字音节表和缩写表。《汉文启蒙》一改其他西方汉语语法著作注重汉语词类用法而轻视句法规则的做法，总结了汉语的一些句法规律并占据了较大的篇幅。这样，该书在内容论述上就显得更加平衡。雷慕沙在该书中首次明确提出：汉语语法在许多方面并不能用西方语法理论和体系去套用，而是具有自身的特点。这一点认识，是具有开拓性意义的。

雷慕沙之后，在法国承袭其衣钵的是弟子儒莲。早在1825年前后，儒莲就曾因为生计所迫替人抄录马若瑟的《汉语札记》，获得了较为系统的汉语语法知识。1842年，儒莲出版了自己的第一部汉语语法著作《汉文词汇句法分析实践》（*Exercices Pratiques d'Analyse, de Syntaxe et de Lexigraphie Chinoise*）。儒莲在教授汉语的过程中，并不喜欢系统地阐述汉语语法，而更乐意在讲解原文或例句的基础上，提升学生对汉字字形和意义的把握能力，归纳出汉语的使用规则。这部著作就是在此背景下写成的。过了二十多年，儒莲利用这段时间积累的对汉语的新认识和体会，于1869年完成并出版了能代表其汉学研究水平的佳作《汉文指南》（*Syntaxe Nouvelle de la langue Chinoise*）。全书共分两卷，第一卷于1869年出版。该书除了题词、前言之外，由四部分组成：第一、二部分就名词、动词等语法现象进行分析，第三、四部分是专题和补充。在第二卷中，儒莲突出了汉字分析，并根据自己几十年的汉语研究和教学实践，明确了汉语句子中各个成分的位置关系，指出汉语中的词会因为位置的不同引起词义和词性的变化。书中的许多论述言简意赅，至今仍然具有一定的价值。

1839年，随着欧洲和中国之间交流的进一步热络，法国政府也在许多传教士和商人的敦促之下，顺应时代的要求，要求儒莲的学生巴赞

(Antoine Bazin) 在东方语言学院尽快开设通俗汉语课。由于学院章程规定："所有教授外语课的教师必须用法文写出所教语言的语法"[①]，巴赞领受任务之后，根据其十余年的教学实践，终于写成了《官话语法》(*Grammaire Mandarine ou Principes Généraux de la Langue Chinoise Parlée*) 并于1856年出版。《官话语法》除去前言，其主体部分共有10节，前9节分别就名词、形容词、代词、动词和副词等词类进行了句法分析。最后一节论述了汉语中的礼貌用语、官话等相关内容。

在儒莲的《汉文指南》出版之前，除了巴赞的著作，法国人编写的汉语语法书还有两部：《汉文初探》(*Premiers Rudiments de la langue Chinoise*) 出版于1844年，但作者已不可考。罗歇 (*Louise Rochet*) 的《习言读写中国话》(*Manuel Pratique de la langue Chinoise Vulgaire*) 在1846年出版。这两部书都没有什么影响。1869年之后，法国人童文献 (Paul Hubert Perny) 和于雅乐 (Camille Imbault Huart) 也各写了一部汉语语法著作：《汉文语法》(*Grammaire de la langue Chinoise*) 和《京话指南》(*Cours eclectique de langue Chinoise Parléé*)。这两部著作由于受作者的汉语水平和研究能力的制约，后人的评价也不高。

纵观17—19世纪法国的汉语语法著作，其最为鲜明的特点是著作之间具有明显的承袭关系。在这当中，《汉语札记》的影响无出其右。无论是《中国官话》，还是《汉文启蒙》，甚至《汉文指南》，作者在编写的时候都对《汉语札记》有过借鉴和参考。法国的汉语语法研究由于有一批学者的参与，与别国相比，总体水平明显略高一筹，在西方相关领域的研究中占有重要地位。

---

① 转引自胡书经《法国汉语教学与研究的历史》，参见《语言教学与研究》1982年第4期。

第三章

“第一部系统论述中国语法的著作”[①]：马礼逊《通用汉言之法》

16 世纪的地理大发现使英国的资本主义获得了加快发展的契机。地理大发现之后，英国借机大力发展海上贸易以满足本国经济快速发展的需求，期待扩大与世界其他国家和地区的贸易往来。葡萄牙、西班牙以及荷兰等国在东方贸易中获得的巨大利益和成功使英国上下此时也极为期待，急欲开辟自己的远东航线，特别渴望与中国进行贸易。1588 年，英国击败了西班牙的“无敌舰队”，海上霸权得以确立，海路通东方在政治和军事上从此再无对手，到了采取行动发展东方贸易的时候了。

1600 年，英国成立东印度公司，在东方贸易特许权的刺激之下，与西班牙、葡萄牙展开贸易竞争。[②] 虽然刚开始进展不顺，但“锐意进取”的英国人很快摸到了门道。1637 年，英国商人就开始进入中国做生意。1689 年，东印度公司的第一艘商船也来到了广州。1715 年，东印度公司设立广州商馆，除了管理中英贸易之外，还兼具一定的政治职能。东印度公司也逐渐成为英国与中国早期交往中英国政府的代表。[③]

1685 年，清政府决定扩大对外贸易的城市，将广州、厦门、宁波等地定为对外通商口岸。这使先前只能在广州一地进行贸易活动的英国人欢欣鼓舞，遂意欲在宁波等丝绸茶叶原产地建立长期的商业据点。这引起了清政府的忧虑，遂在 1751 年撤销了宁波等口岸，限定广州一口通商，特许广州十

---

① 吴义雄：《在宗教和世俗之间——基督教新教传教士在华南沿海的早期活动研究》，广东教育出版社 2000 年版，第 488 页。

② 东方贸易特许权于 1834 年被废除。

③ 东印度公司在 1858 年彻底结束。

三行统一经营全国对外贸易，规定外商办理商务及居留均在特设的夷馆进行。清政府的一口通商政策，使本欲开辟新口岸扩大对华贸易的东印度公司极为不满。1759 年，他们派洪仁辉先来浙江试探，试图继续在宁波贸易。未得到允许之后，他扬帆北上，直达天津，向清政府要求继续开放宁波口岸，控诉广东海关贪污勒索，并声称要上京申冤。清政府虽因此免除了广州海关的各种需索陋规，海关监督也被革职，但却加重了对外商的疑虑，并认为事件是因“内地奸民教唆引诱，行商、通事不加管束稽查”之故。[①] 为了防止发生类似事件，清政府当年便出台了“防范外夷规条”，重点防范外商和中国人的接触，以免滋生事端。因而，清政府厉行语言封锁，禁止外商学习汉语，禁止中国人教在华外国人学汉语，禁止中国人代外商写信或者传递书信。违背此禁令者，无论中外人士，都有可能被处以极刑。对此，下至英国商人，上至东印度公司、英国政府都极为不满。他们想方设法改变这种状况。尤其是英国成为对华第一大贸易国之后，这样的愿望尤为强烈。然而，多次的派遣使团要求中国开放对外贸易的目的均未实现。

西方的经济和政治扩张往往伴随着宗教的复兴和传播。随着英国对华贸易的逐渐扩大，新教的入华也进入了历史进程，许多的新教徒都梦想进入中国投身伟大的传教事业。缺乏汉语人才的英国广州商馆，其对华贸易主要仰仗中国通事和澳门神父充当翻译。尽管这样，仍然是人手严重不足。至 1807 年马礼逊入华时，广州商馆的英国人中只有斯当东精通汉语。作为第一个完整汉译《圣经》的译者，第一部汉英双语词典的作者[②]，第一个创办专门学校的人士，马礼逊成为明清时代中西文化交流第二波高潮的开拓人物，在中外交流史上占据重要地位。

第一节　马礼逊生平与汉语学习

一　马礼逊的生平

马礼逊，名为 Robert Morrison，英国新教伦敦会传教士，1782 年 1 月

---

① 郭廷以：《近代中国史》，商务印书馆 1947 年版，第 381 页。

② 马礼逊《通用汉言之法》在 1811 年完成，1815 年出版。马士曼《中国言法》虽然是 1814 年出版，但该书是在 1813 年写就并出版的《中文之钥》的基础上扩充而来。因此，我们认为，《通用汉言之法》是英语世界的第一本中文语法书。

5 日出生在诺森伯兰的莫珀斯（Morpeth）。他是这个家庭八个孩子中最小的一个，幼年在舅舅的指导下学习读写，长大一点之后成了父亲鞋店的学徒。马礼逊的父母都是虔诚的基督徒，他从很小开始就在宗教信仰方面深受影响。成为学徒之后，他在当地霍顿牧师的指引下加入了新教教会。

1797 年底到 1798 年初，马礼逊的思想认识经历了一次蜕变，堪称宗教意义上的“新生”。他反思自己曾经放荡不羁的生活，认识到人性的弱点，开始坚信通过虔诚信教能够得到救赎。1801 年，马礼逊开始学习系统的神学理论以及拉丁语、希腊语，为自己的宗教梦想做准备。1802 年，他的母亲去世。

1803 年，马礼逊进入霍克斯顿（Hoxton）神学院学习神学。在那里，他无论在神学理论方面，还是在语言知识上，都有了很大的进步。逐渐地，他被派到伦敦郊区和乡村传道，传教事务越来越熟练。1795 年，在英国成立了伦敦传教会，致力海外传教事业。1804 年 5 月 28 日，马礼逊进入戈斯波特学院学习，被接纳为伦敦会的海外传教士。不久之后，他就被伦敦会要求为去中国传教做准备。马礼逊虽然很清楚前往中国传教困难重重，但他还是真诚服从，为其奋斗直到辞世。在伦敦会的安排下，马礼逊积极学习知识与锻炼能力，广泛涉猎数学、自然科学、历史、地理等领域，甚至为传教方便去学了医学和天文学。同年，一个到英国学习英语的广东人容三德成为马礼逊的中文老师，加之马礼逊主动去抄写大英博物馆的《圣经》等神学中文抄本，他的中文进步得很快。1807 年 1 月 8 日，马礼逊被按立为牧师。此时，马礼逊已经进行了大量的学习和足够多的训练，精通拉丁文，汉文也有了一定基础。

1807 年 1 月 31 日，马礼逊经由美国前往中国，9 月 4 日到达澳门，3 天后到达广州，从此开启了新教在中国的传教，翻开了他人生最为华美的篇章。1809 年，马礼逊喜结良缘并因其出色的汉语水平被东印度公司聘为翻译，解决了在中国合法居留的问题，在生活上也有了经济保障。从此之后，马礼逊在中英文化交流的道路上可谓硕果累累。1811 年，他完成了英语世界第一部论述汉语语法的著作《通用汉言之法》。1817 年，他的《华英字典》首卷出版，取名《字典》，到 1823 年恢宏的 6 卷本《华英字典》便已出齐。1819 年，马礼逊翻译完《圣经》全本，取名《神天圣书》并于 1823 年在马六甲出版。同年，马礼逊所写的《英吉利文话之凡例》也得以在澳门出版，主要介绍英语语法的规律和特点，面向中国甚至东亚的读者。这段时期，马礼逊还曾随阿美士德勋爵出使北京，对中国内地耳濡目染，认识也更加深刻；他也曾筹建英华书院和新加坡书院，引进西式教育，培养语言人才。

1824年到1826年，为了筹集资金、扩大传教规模，马礼逊回到了英国。归国之时，他带回了一批数量可观的汉籍。在斯当东的游说之下，伦敦大学接受了马礼逊的藏书，并设立汉学教授席位。可以说，在倡导英国知识界重视对中国的研究、推动英国上下的汉语学习方面，首功应归于马礼逊。在英国，他在汉译《圣经》全本、编写双语词典和汉语语法书以及开拓新教在中国的传教等方面颇受认同和赞誉，遂顺利当选英国皇家学会会员。1826年，马礼逊携全家返回中国，主要把精力放在了传教事业上——“一直在广州积极而热忱地进行传教工作”。[①] 同时，他还与欧洲汉学界保持密切联系，向他们提供自己力所能及的帮助。1834年，东印度公司的对华贸易垄断权被取消，马礼逊被英王任命为首任商务监督律劳卑的秘书兼翻译。同年8月，马礼逊因忧虑和劳累过度，患急病去世。

二 马礼逊的汉语学习

马礼逊所处的时代，外国人私下和中国人接触都是触犯清政府法律的重罪，更别说是外国人在中国传教了。因而伦敦会在选定马礼逊到中国传教后，并不奢望马礼逊在传教方面能做出多大的成绩，仅是期待其做些开创性工作，为今后的传教事业打下基础。要求马礼逊学好中文，并把《圣经》翻译成中文，便成为伦敦会给予马礼逊的主要任务。马礼逊的汉语学习情况，主要来自对马礼逊日记、书信往来和中文著述等相关记录。

伦敦会在安排马礼逊学习医学和天文学知识的同时，开始设法为其找一位中文老师学习中文。据说当时唯一懂得中文的英国人是乔治·斯当东，他又远在东方的广州商馆。机缘巧合之下，1805年，伦敦会找到了一个来英国学习英语的叫容三德（Yong-sam-Tak）的中国人，让他教马礼逊中文。容三德对马礼逊要求非常严格，教学方法也极具“中国传统”，重视背诵和抄写。这引起了在西式教育中成长起来的马礼逊的严重不满，他曾经当着老师的面把要背诵的纸扭成一团，丢进壁炉烧掉了，使

---

① ［英］伟烈亚力：《1867年以前来华基督教传教士列传及著作目录》，倪文君译，广西师范大学出版社2011年版，第11页。

容三德大为恼怒。[①] 可以说，两人最初的相处并不愉快。但马礼逊为了他心中的伟大事业，还是忍耐了下来，继续跟着容三德学习。他在学习过程中逐渐认识到老师的教学方法虽然枯燥，但的确有效，最终向老师赔礼道歉。这样，马礼逊的中文有了较快的进步，掌握了一定的中文词汇量。接着，马礼逊从伦敦博物院借到了《新约全书》的中外文对照手稿本，包括了《四福音书》《使徒行传》和《保罗书信》，又从皇家学会借到了《拉汉词典》抄本，在容三德的指导之下，边抄写边学习，取得了很好的成效。马礼逊在当年 8 月写给父亲的信中说："我的时间已安排得满满的，一部分学习中文，一部分学习医学……"[②] 这样的情况一直延续到 1807 年。事实上，在伦敦学习汉语的经历为马礼逊汉语水平的提高打下了坚实的基础。

1807 年 9 月，马礼逊到达广州。斯当东给他请了一位中文老师云官明，"他是从北京来的天主教徒。云官明现在替传教士做事"。[③] 因为在北京和天主教传教士待在一起过，他还懂一些拉丁文。但大部分的中国人却不说官话，只讲当地方言。因此，他又找到了一位李先生的儿子教他学讲广东话。陪伴马礼逊时间最久的中国人是曾经担任过私塾老师的葛茂和，马礼逊跟他学习汉文的阅读写作，研习儒家经典。[④] 马礼逊总是抓住一切机会练习口语，汉语老师、同事甚至男仆都是他用汉语交谈的对象。此外，马礼逊买到了《康熙字典》，参照他从英国带来的《拉汉词典》，在中国老师和助手的帮助下，学习了许多新的中文字。马礼逊在跟随他人学习汉语时，也会有意识地收集一些中文句子、段落和文学著作进行翻译练习。这些材料很多都出现在了他所出版的《中英翻译》（*Translations from Original Chinese with Notes*，1815）、《汉英对话集》（*Dialogues and Detached Sentences in the Chinese Language*，1816）和《通用汉言之法》当中。

在广州，马礼逊注意到了在上层人士中通行的官话口语在当地的社会中下阶层并不被人们所接受，绝大多数人说的还是方言："大多数中国人

---

① ［英］艾丽莎·马礼逊编：《马礼逊回忆录》（第 1 卷），杨慧玲等译，大象出版社 2008 年版，第 87 页。顾长声译为容关明，参见［英］马礼逊夫人编《马礼逊回忆录》，顾长声译，广西师范大学出版社 2004 年版，第 21 页。

② ［英］马礼逊夫人编：《马礼逊回忆录》，顾长声译，第 21 页。

③ 同上书，第 42 页。

④ 苏精：《马礼逊与中文印刷出版》，学生书局 2000 年版，第 57 页。

既不懂官话，也不懂高雅的文体。”① 即使中国人之间有时也听不懂对方的谈话，需要依靠书面的沟通交流。因此，马礼逊认为能够书写汉字、阅读汉文句子和篇章比汉语发音更为重要。这并不意味着他就忽略了汉语语音的学习，马礼逊多次在书信中建议后来者最好师从中国教师学习口语发音。所以，他在汉语学习上，遵循的是“侧重读写，不废听说”的方针。

马礼逊的挚友，同为伦敦会传教士的米怜（William Milne）初到广州，便在马礼逊的指导下学习汉语。他对马礼逊所传授的汉语学习经验有过精辟的总结：首先，要全心全意、每天从早到晚地学习。其次，马礼逊特别重视学习如何用汉语发问。他认为只有这样，才能与中国老师和其他中国人探讨问题，练习口语。还有，经过长时间的汉语学习，马礼逊已经认同识记汉字、背诵汉文篇章是汉语学习的必经之路。虽然艰难，但也只能下苦功夫去面对。②

经过长期的刻苦学习，马礼逊的汉语可以说达到了比较熟练的程度，尤其是对书面语的掌握。他翻译《圣经》、编纂《华英字典》、著就《通用汉言之法》等事迹，足以说明其汉语水平之高。伦敦会对他在汉语学习方面的进步也是深为肯定：“从他的学识看，他已经掌握了这门几乎不能为人所知的语言，这表明学习中文的困难决不是不能克服的。”③ 米怜也说：“1810年，马礼逊先生已经熟练掌握汉语。”④

第二节　马礼逊《通用汉言之法》考

一　《通用汉言之法》的编写和出版

马礼逊入华之前，鉴于当时在中国传教的艰难，伦敦会期望马礼逊的探索能给予后人的传教以方便，给他布置了汉译《圣经》、编纂汉英、英汉词典的任务。马礼逊对这两件事情也非常重视，1807年，他到达广州

① ［英］艾丽莎·马礼逊编：《马礼逊回忆录》（第1卷），杨慧玲等译，第88页。

② ［英］米怜：《新教在华传教前十年回顾》，张蓉斌译，大象出版社2008年版，第50—51页。

③ E. A. Morrison. *Memoirs of the Life and Labours of Robert Morrison*, London: Longman, 1839, Vol 1, p. 179.

④ ［英］米怜：《新教在华传教前十年回顾》，张蓉斌译，第41页。

后不久，就开始着手翻译《圣经》。在完成了前期必要的准备之后，词典的编纂工作于1808年开始。在进行了一段词典编纂工作之后，马礼逊意识到要想学好汉语，光能认得汉字还不够，同时必须对汉语的构词、句法、语义和音系等诸多层面都要有所了解。为了实现这个目标，马礼逊开始编写汉语语法著作《通用汉言之法》并于1811年最终完成。[①]

在1811年4月2日所作的序言中，马礼逊开宗明义：“这部著作的目的就是给学习中文的学生提供实用性的帮助。”[②] 他期待这部文法书会在某种程度上弥补之前著作几乎没有实用性帮助的缺失，自信这第一部用英语写成的汉语语法类著作会获得多方的认可。

马礼逊要求学习汉语的学生要特别注重对汉字的识记，除非熟练掌握之后能独立书写，否则就不用去考虑了解汉语词组。为了说明这点的重要性，马礼逊甚至还举了中国人学习时用笔蘸清水的方法识字练字的事例。

马礼逊在序言中还提到了当时在欧洲普遍存在的关于汉语学习的两种错误看法：一种是认为汉语学习几乎不可行；另一种观点与却与之相反，认为汉语学习非常容易。他建议学习中文的学生应走“中庸之道”，明白“了解汉语非常容易——尽可能多地了解、实现一些学习目的并非难事；但精通汉语却极为艰难，即便是作者本人（马礼逊）也仍在期待”。[③] 然而，困难并非不能克服，需要人们的努力和坚持。认为汉语很简单或是不可战胜的想法都是不足取的。在不经意之间，马礼逊告诉了我们一个重要的信息，那就是该书主要是为学习汉语的学生（student）所编。如果该书反响好的话，他还准备编写中英文对话、翻译等书籍，促进学生汉语学习的进步。关于学生，笼统地来说，应该是到中国传教或进行贸易，需要学习汉语的人，也有可能指的是马礼逊计划开办的学校的学生。1815年，马礼逊在信中第一次表达了计划设立汉语学校的愿望：“我们将在那里建

① 学界关于马礼逊研究的著作众多，但对《通用汉言之法》的专门研究却极少，通常散见于马礼逊相关研究的章节之中，且多为简单的介绍性文字，代表性著作有董海樱《16世纪至19世纪初西人汉语研究》。专题论文也很少，最有参考价值的文章有两篇，黄爱美：《从马礼逊通用汉言之法看英国早期来华传教士的汉语研究》，载姚小平主编《海外汉语探索四百年管窥》，外语教学与研究出版社2008年版；［日］内田庆市：《马礼逊的语法论及翻译观》，载《架起东西方交流的桥梁——纪念马礼逊来华200周年学术研讨会论文集》，外语教学与研究出版社2011年版。

② 前言，第1页，见马礼逊《通用汉言之法》，大象出版社2008年影印版。

③ 同上。

一所汉语学院，拥有一个恒河域外传教印刷所。”①

《通用汉言之法》的编写应该也是在1808年左右开始。马礼逊未到中国之前，只是跟着容三德和靠自学来学习中文，是不敢贸然编写汉文语法书的。他途经美国搭船来中国，在美国时进行了许多交流和拜访工作；在海上又是前途难料，不知在中国是否能够安身，况且这两段时间还缺乏语言实践的环境，对汉语的认识不深，所以编书的可能性也极小。刚到广州，俗事缠身，也不会马上开始这种需要“静心”的工作。马礼逊应是在广州和澳门学习了一段时间汉语之后，积累了比较丰富的素材，对汉语的认识更加深刻，才开始动笔的。之所以说在1808年左右开始，是因为《通用汉言之法》很快便大体成型了。在写给伦敦会的信中，马礼逊这样说道：“在本年（1808）临近结束之际，我感谢上帝对远在万里之外的我的恩赐和眷顾……中文语法书已经预备好印刷了，词典每天也都更充实。手稿新约中译本的一部分已经预备好了。然而，我推迟了这些书的印刷，想等到我的汉语更精深一些，不至于仓促行事，译本不会太蹩脚。”② 与马士曼不同，马礼逊对中文书籍的编写和出版还是比较慎重的，他想等自己的汉语水平更高些，书籍也经修改充实之后再说。到1809年底之前，《通用汉言之法》的编写取得了很大的进展。③ 有迹象表明，《通用汉言之法》在1810年还在继续完善之中。伦敦会在当年2月写给马礼逊的信中告诉他：“我们觉得你将帝国的沿海地区作为居住地是非常明智的选择，可以学习汉语，编写《通用汉言之法》和词典，并且还能继续翻译《圣经》。”④ 1811年，《通用汉言之法》修订完成。这从1812年伦敦会发表的报告中可以得到印证：“马礼逊先生编写的《通用汉言之法》已经基本完成了，再有几个礼拜就能将它整理好，理事会盼望这部中文语法能和英汉词典一同成为有用的公共工具书。”⑤ 这消息必是马礼逊之前告诉他们的，加之算上那时从广州到伦敦的寄信时间，还有伦敦会收到与发布消息之间的时间差，该书的完成在1811年应是确定无疑的。米怜也在其书中

---

① ［英］艾丽莎·马礼逊编：《马礼逊回忆录》（第1卷），杨慧玲等译，第201页。

② 同上书，第127页。

③ 同上书，第135页。

④ 同上书，第163页。

⑤ 同上书，第174页。

说明《通用汉言之法》是在1811年完稿的。①

《通用汉言之法》完成之后，马礼逊曾把它寄给斯当东。斯当东在1811年7月给马礼逊的回信中对这部书的评价颇高并表达了尽速出版的愿望：

> 谢谢你给我借阅《通用汉言之法》，现在奉还。我高兴地恭贺你，因为你的书无论是在设计还是编写，对学习汉语的人来说都将是最有价值的资源。从此学习汉语的人再也无需在傅尔蒙（Fourmont）、巴耶尔（Bayer）以及其他人的冗长艰深的著作中跋涉了，毕竟这些书错误百出，而且有很大的缺陷。因此我希望你的书能够尽快出版，假如不是立即出版，你提出的加一个附录的设想当然会让你的书更加完善。②

然后，马礼逊把该书提交给了东印度公司特选委员会，表明了他希望该书能够出版的愿望。但该书的出版要具备的多种条件，却不是马礼逊个人和伦敦会能够办到的，因此马礼逊寄托此事于东印度公司。公司的大班对该书也很欣赏，还想把它送给印度总督明托。③ 关于送呈特选委员会的具体时间，《马礼逊日记》并没有明确记载，应是在1812年12月之前。马礼逊在当年12月写给伦敦会的信中，介绍了有关情况：“我经常和你提起的《通用汉言之法》和编写的一册《中英语言能对话》（*Dialogues and Detached Sentences in the Chinese Language*）已经呈交特选委员会了。”④ 若是1811年就已交给特选委员会，马礼逊必是在1811年给伦敦会的报告中就会谈到，不会等到1812年12月才说的。由东印度公司资助出版该书，资金应该不是问题，但在印书地点的选择上却必须好好安排，广州是不合适。澳门虽然环境稍为宽松，但葡萄牙人在此事上是绝对不会伸出援手的。1814年，东印度公司才通知广州商馆，新雇用的印刷工将带着设备搭船来华。⑤ 因而，东印度公司把该书献给印度孟加拉的殖民政府，想依

① ［英］米怜：《新教在华传教前十年回顾》，张蓉斌译，第41页。

② ［英］艾丽莎·马礼逊编：《马礼逊回忆录》（第1卷），杨慧玲等译，第160页。

③ 同上书，第159页。

④ 同上书，第188页。

⑤ 苏精：《马礼逊与中文印刷出版》，第89页。

靠他们的力量出版该书。书稿在1812年送达印度之后，或许是由于政府部门一向的繁文缛节，在孟加拉殖民政府各部门间辗转了约一年半时间，直到1813年9月才送交具体负责塞兰坡印刷事务的威廉堡学院审查。① 到了1814年5月，马礼逊才接到消息："孟加拉政府决定用英国纸出版500份我的汉语语法。印刷该书需要花费6000卢比，纸张费用800到1200卢比。"② 1815年，《通用汉言之法》最终得以塞兰坡出版。

一部书的成功印刷并出版，首先和资金密切相关。马礼逊在中国的翻译、著书以及印刷出版等工作虽说得到了伦敦会的全力支持，但似乎却并不宽裕。他在给伦敦会司库哈德卡斯特的信中说广州：

> 房租和食宿费用非常高昂，这么高的费用让我寝食难安。我现在租了两间不带家具的房子，房租250元。如果包食宿要再加400元。我解释过我目前住两间房的原因。除了这笔大开支，我还得雇一个男仆，每个月8元，他替我做些杂事。③

在另一封写于1808年底的信中，马礼逊继续谈到费用的问题："我第一年的全部费用，包括食物、房租、购书、聘请教师、雇仆人以及从广州到澳门来回搬家的费用，超过500镑。潜在更高额的费用妨碍了我采取进一步的措施将这些书付印。事实上，在我尚未接到关于费用问题的指示之前，我什么也不能做。"④ 之后，伦敦会给马礼逊汇去了一些钱，尽力去帮助远在东方的教友。这使马礼逊可以进行印书的工作，但却还是略显不足。因为初期印书的费用很高，米怜《新教在华传教前十年回顾》有记述："印刷《使徒行传》的费用高得惊人，一册的费用超过半个银元，等于后来印刷整部《新约》的价钱。"⑤ 正因为费用的牵绊，马礼逊初期在广州所印差不多都是小册子，除《教义问答》略多点，有30页，《使徒行传》只有6页，《〈圣经〉提要》只有1页。与这些小册子相比，《通用汉言之法》正文就有280页，序言、目录和勘误表相加也有5页，其印刷

① 苏精：《马礼逊与中文印刷出版》，第142页。

② [英] 艾丽莎·马礼逊编：《马礼逊回忆录》(第1卷)，杨慧玲等译，第215页。

③ 同上书，第88页。

④ 同上书，第127页。

⑤ [英] 米怜：《新教在华传教前十年回顾》，张蓉斌译，第41页。

出版的费用显然不是马礼逊依靠伦敦会所能解决的。[①]

马礼逊所暂居的广州、澳门两地也不适合出版页数较多的著作。清政府不但厉行禁教，而且严禁中国人与外商私下接触，不得受雇于外商。嘉庆皇帝也是屡次颁布禁教令，对中国人信教、协助印刷宗教书籍等行为给予严惩。嘉庆十六年（1811 年），正是马礼逊开始在广州印书的那一年，皇帝发布《著嗣后各地西洋人传教照西洋人传教治罪专条办理事上谕》，再次重申对西洋人违犯禁教令只是“遣令归国”，但若百姓与外教沾边，却进行恫吓和残酷镇压：

> 嗣后西洋人有私自刊刻经卷、倡立讲会、蛊惑多人，及旗民人等向西洋人转为传习，并私设名号，煽惑及众，确有实据，为首者意当定为绞决；其传教煽惑而人数不多，亦无名号者，著定为绞候；其仅止听从入教不知悛改者，发往黑龙江给索伦达呼儿为奴，旗人销去旗档。[②]

当时，有中国人因贪图眼前之利，冒着风险强行加价，帮助马礼逊短时间内印了些小册子。但若是要他们长期受雇于一个外国人，就不可能不被官府发现，严刑之下，没有人会愿意这样做。米怜对此深有感触：“（《使徒行传》）被认为是一部禁书；承印的印工都冒着一定的风险。中国人永不满足的贪欲使他们抓住一切机会对外国人强行加价；中国政府排外的本质给其民众提供欺骗活动提供了便利条件。”[③] 那时，米怜刚来中国，似乎还有些愤愤不平。但马礼逊对此则看淡了很多，他在给伦敦会的信中说，“无需隐瞒的事实是：这个价格（印刷《使徒行传》）高于刻印中国书的价格，因为我是外国人，所以包括了一定数额的风险金”。[④] 话说回来，即使资金充沛，马礼逊在广州这样的政治环境中也无法印制《通用汉言之法》这样的著作。澳门的环境也不会比广州好多少。澳门殖民当

---

① ［英］伟烈亚力：《1867 年以前来华基督教传教士列传及著作目录》，倪文君译，第 12 页。

② ［英］艾丽莎・马礼逊编：《马礼逊回忆录》（第 1 卷），杨慧玲等译，第 131 页。译者转引自郭慧选编的《嘉庆十六年严禁西洋人传教史料》。

③ ［英］米怜：《新教在华传教前十年回顾》，张蓉斌译，第 41 页。

④ ［英］艾丽莎・马礼逊编：《马礼逊回忆录》（第 1 卷），杨慧玲等译，第 165 页。

局为了保住这块弹丸之地，基本上是遵照清政府的政令行事的。再加上马礼逊新教徒的身份，“澳门的天主教神父和主教心胸狭窄，因此住在澳门格外困难”①，想要在印刷出版该书上得到澳门殖民当局或天主教的帮助，更是难上加难了。再有，马礼逊入华的时候，英国因为度路利（William O'Brien Drury）事件②和葡萄牙在澳门差点反目，关系一度剑拔弩张。事实上，马礼逊在澳门也只是出过名叫《杂闻篇》的期刊，最后还因为天主教的反对和澳门总督的要求，草草出了四期就停刊了。

除了外部环境之外，在广州和澳门出版语法书的技术和设备也都不具备。当时，木刻板印方式在中国的出版印刷业一直居于主流。虽然木刻字比金属活字便宜，刻板用后也易于保存。但这只适合印刷小册子，要是书籍的页数较多，则会在刻板上面花费大量的时间，费时又费力，总体价格也是不菲。另外，虽然当时使用木刻的方式印书远比活字整齐美观，但却无法印刷像《通用汉言之法》之类中英文夹杂的书刊，因为大量细小的英文无法在木板上雕刻，若是采用拼接的方法，按当时的技术条件，雕版无法和铅活字拼接，更无法采用机械化印刷。或许是有感于马礼逊《通用汉言之法》的印刷出版迟迟不见回音，东印度公司特选委员会决定依靠自己的力量，他们在1812年底请求公司送一台印刷机和两名印刷工来中国，协助马礼逊出版词典。③

二　《通用汉言之法》的主要内容

《通用汉言之法》全书共280页，目的是为学习汉语的人提供方便。从马礼逊所处的时代来看，他编写这部书，主要面向的是英美有志于来中国传教或是进行贸易的人士。

全书大体可以分为四个部分，即Orthography（正字法）、Etymology（语源学或词类论）、Syntax（句法论）和Prosody（诗韵论）。正字法有36页，前言介绍了汉语的特点、中国传统的反切注音法以及利用欧洲正字法给汉字注音的一些说明。接着，列出一个表格，给338个汉字从英

① ［英］艾丽莎·马礼逊编：《马礼逊回忆录》（第1卷），杨慧玲等译，第83页。

② 1808年，英国以英、法战争，法国将侵夺澳门为由，派海军少将度路利派兵在澳门登陆，欲借机获得在东方的据点。在中国和葡萄牙的联合强烈反对下，第二年，英军才从澳门撤离。

③ ［英］艾丽莎·马礼逊编：《马礼逊回忆录》（第1卷），杨慧玲等译，第181页。

语、葡萄牙语和广东话的角度进行注音。其后，就汉语的声调练习表（Table for Practising the Tones）展开论述①。讲完了发音，马礼逊谈到了汉字的结构，他记述了汉字的书写方式和楷、行、草、隶、篆五种字体②；214个部首的列表，对其进行注音和解释，进而说明汉语字典的编排体例和检索方法。最后，马礼逊还非常简约地提及了汉语中的句读。

词类论应该是该书介绍得最为详细的部分，记述了名词、表示名词的量、尾助、格以及性的汉字；介绍了形容词的用法，包括比较级和最高级；列举了汉语中的基数词以及序数词的表示方法；代词则包括了人称代词、物主代词、指示代词、关系代词、分配代词和不定代词；论述汉语中的动词时，分别以“有”“是”“做、作、为、行”“劝”以及“加、打”“下、令”等为例，介绍了这些动词的多种表达方式。除此之外，词类论还论述了副词、介词、连词、感叹词的用法。

然后，马礼逊还专辟一小节，介绍了广州方言在表达上和官话的诸多不同。之所以把广州方言也混杂到了“通用汉言之法”，这应该和当时英美国家人士来到中国，其活动范围主要被限制在广州有莫大的关系。句法论归纳了汉语的9条句法。该书的最后一个部分是诗韵论，简要地介绍了汉语中诗、赋、歌、曲、辞和词的特点，并附上《寄友人》《忆父》《送春辞》和《江南曲》作为例子进行说明。

《通用汉言之法》用上述四个部分来解释汉语，应该和当时流行的语法分类模式有关。这样的分类虽然在《通用汉言之法》中并未明确说明，但在《英吉利文话之凡例》的开始，马礼逊即有交代：“文话之凡例分四条，谓之Orthography、Etymology、Syntax and Prosody，即是字头论、字从来论、字成句论、字音韵论。”③ 这种方式继承了早期英语语法的分类体系。西欧的语言学者对英语语法的系统研究大约开始于17世纪中期，以

① 董海樱把其翻译为“汉语语音实用表”，不准确，参见董海樱《16世纪至19世纪初的西人汉语研究》，第268页。

② 董海樱对此的相关论述：“对汉字进行介绍，包括对汉字4种主要字体，即行、草、隶、篆的描述”有误（董海樱：《16世纪至19世纪初的西人汉语研究》，第268页），作者遗漏了马礼逊所述的“正字”，从上下文分析，所谓“正字”应该就是楷书，参见马礼逊《通用汉言之法和英吉利文话之凡例》（影印版），第26页。董海樱称其为“代词所有格”，不准确，参见董海樱《16世纪至19世纪初的西人汉语研究》，第269页。

③ ［英］马礼逊：《通用汉言之法和英吉利文话之凡例》（影印版），第284页。

本·约翰逊（Ben Johnson）的《英语语法》（*The English Grammar*，1640年）为代表。到了18世纪，研究英语语法的学者以及所出版的相关书籍的数量都大大增加，其中最具影响力的就是洛斯（R. Lowth）的《英语语法简介》（*A Short Introduction to English Grammar*，1762年）以及1795年出版的被称为“教学语法之父”的穆雷（L. Murray）所著《英语语法》（*An English Grammar*，1795年）。这些著作基本上全盘套用前代的拉丁语法，完全在拉丁语法条目的基础上来制定英语语法的条目，仿照拉丁语法的格式将英语语法分为正字法、正音法、词源论[①]、句法论以及文体论等部分。举例来说，内不列加（Antonio Nebrija）所著《卡斯蒂那语法》（*Gramatica de la lengua castellana*）历来被视为欧洲语法著作的经典之一。该书就包括了如下几个部分：卷一：正字法；卷二：韵律和音节；卷三：词源论和词；卷四：句法学；卷五：写诗和作文入门。

穆雷的著作在英国影响深远，一直持续到了19世纪中叶，这恰好与马礼逊生活的时代相吻合。我们推测，马礼逊编著《通用汉言之法》和《英吉利文话之凡例》的时候，在内容安排上极有可能参考了该书。即使没有，也是受其很大的影响。穆雷的著作分为主体和附录两大部分，其主体就被分成了正字法，词类论、句法论和诗韵论。马礼逊根据汉语的特点，把标点归入正字法。除此之外，与穆雷的《英语语法》完全一致。[②]例如，马礼逊在《通用汉言之法》的第一部分探讨汉字的发音、声调然后再介绍汉字的字形，这和穆雷著作的“正字法”部分，先讨论英语字母的发音和书写，然后记述了英语单词音节的排列和拼写规则高度吻合。

三　所谓的“通用汉言”

该书既然名为《通用汉言之法》，其主要记述和研究对象就绝对不会是方言。本书认为，该书中的“通用汉言”以南京官话为主，又有一定数量的北京官话和广州方言。

在《通用汉言之法》中，马礼逊直接引用中文定义了“官话”：“各

---

① Etymology，词源论，又被称作词类论或是形态论。

② 穆雷把标点归入到诗韵论（作诗论），参见 L. Murray. *An English Grammar*. London：Longman，1808.

省公通用之言语声音为正。”[①] 这里的“通用之言语”或许就是马礼逊使用“通用汉言”来命名本书的缘由。“声音为正”则表示官话的特点主要体现在发音上面。此外，马礼逊意识到了官话和各地区的方言是不同的：“官方的发音方式，在欧洲被称为官话，这在帝国各地区的官员和教育界人士中通行，和各省的方言有区别，各省之间的方言区别也很大。澳门话和广州话不同，南京官话和北京话也不一样。”[②] 有意思的是，马礼逊在这里把南京话和北京话都说成是“官话”。

马礼逊在《英华字典》里也有关于“官话”的记载：“官话，主要通行于江南和河南地区，这两个地方曾是朝廷的所在地；因而其话语就赢得了相对另外地区方言的支配地位。这种官方语言也变成了教育界人士的标准用语。”[③]

我们据此可以初步推论：马礼逊所处的时代，南京话并没有失去官话的地位。在中国南方，南京话依然存在着巨大的影响力，占据优势地位。因为“官话，主要通行于江南地区和河南地区”。再加上马礼逊在中国的活动范围仅限于澳门和广州两地，因此马礼逊所谓的“通用汉言”，就是以南京官话为主的汉语。无独有偶，威妥玛为《语言自迩集》第一版所作的序言也印证了本书的结论：“那时没有人把北京话作为写作对象，而各种表音法都声称描写的是南方官话（the southern mandarin）——例如莫里逊博士[④]（Dr. Morrison），即第一部汉英辞典的编纂者……”[⑤]

对汉语方言颇有研究的艾约瑟把清代晚期的官话划分为三个主要系统：南方官话、北方官话和西部官话，以南京、北京和成都分别代表各个官话系统的标准。[⑥] 在马礼逊时代的中国南方，虽然南京官话依旧流行，但此时以北京话为代表的北方官话却也在强势介入，大有取代之势。马礼逊对此也有所认识：“韃靼—中国话正在逐渐普及。如果清朝延续得够久，

---

① ［英］马礼逊：《通用汉言之法和英吉利文话之凡例》（影印版），第 259 页。

② 同上书，第 3 页。

③ ［英］马礼逊：《英华字典》，Vol. I，Parts I，X。

④ 即马礼逊。

⑤ ［英］威妥玛：《语言自迩集——19 世纪中期的北京话》，张卫东译，北京大学出版社 2002 年版，第 14 页。

⑥ 张卫东译序，第 5 页。参见威妥玛《语言自迩集——19 世纪中期的北京话》，张卫东译。

它将最终流行开来。”[①] 没有任何的迹象表明马礼逊掌握满语，就马礼逊所接触的中国人和学习到的中文相关知识来说，他甚至有可能并不知道满语的存在。所以，“鞑靼—中国话”应该说的就是北京官话，或是艾约瑟口中的北方官话。

1807年11月，马礼逊在广州安顿了下来，迫切需要学习汉语。乔治·斯当东“把云官明介绍给我作中文教师，他是从北京来的天主教徒”。[②] 还有一位是“李先生的儿子，我相信他会帮我学广州话和写汉字”。[③] 云官明是山西人，自幼由天主教传教士带到北京抚养长大，其学会的官话自然应该是北京官话，而不会是在南方更为流行的南京官话。他教马礼逊中文约有三个多月的时间，直到1808年2月。他在写给斯当东的信中说：“在你离开广州后的几天里，我感到很不舒服，不能继续学习，云官明当然也就不来了。”[④] 马礼逊也就是在这段时间，了解到了北京官话与南京官话有所不同。虽然云官明不再正式教马礼逊中文，但两人的联系却一直断断续续，直到1814年6月，马礼逊还有云官明的消息：“两广总督悬赏1000元捉拿中国天主教徒云官明。他最终被迫逃往马尼拉。”[⑤] 他受到老师的影响，在《通用汉言之法》中也加入了一些北京话的特有词汇，例如语气助词“麼”就是这样。在马礼逊所编的“汉语音节表”中，在H条目的开始，马礼逊做了个注释：“在北京话中，该音在e和i之前读成sh或者s。”在探讨汉字发音的声调时，马礼逊特别注明：“在北京话中，这些短声调或是变长，或是干脆不再出现。”[⑥] 可见，在编写该书的时候，虽然能鲜明表现北京官话特点的例子不多，但马礼逊对北京话也是有所涉及的。

1805年，马礼逊开始跟着容三德学习汉语，直到1807年启程前往中国。在广州和澳门，容三德和马礼逊依旧联系热络，他给马礼逊找过中文教师，自己也时不时地对马礼逊的中文学习给予指导。云官明之后，马礼

---

① ［英］马礼逊：《英华字典》，Vol. I，Parts I，X。

② ［英］艾丽莎·马礼逊编：《马礼逊回忆录》（第1卷），杨慧玲等译，第88页。在顾长声的译本中，把其译成了“容关明”。

③ 同上书，第89页。

④ 同上书，第114页。

⑤ 同上书，第215页。

⑥ ［英］马礼逊：《通用汉言之法和英吉利文话之凡例》（影印版），第21页。

逊的中文教师基本上都是广东人。这些在《马礼逊回忆录》中都有详细记录。一般来说，广东人即使学习了普通话，还是带有很重的乡音。马礼逊来到中国，又都是待在了粤方言区的广州和澳门，耳濡目染之下，自是深受影响，以至于互相混淆，把一些广州话中的特色词汇，也写进了《通用汉言之法》全书之中。

马礼逊了解广州方言和官话有很大的不同，所以《通用汉言之法》有专门的一节来介绍广州方言。但除去这一节，在该书的其他部分，我们还是发现了一些广州方言的专有词汇或表达方式，而且出现的频率不低，最为典型的是“係”字。在广州方言中，它大体和“是”类同。在本书能及的范围之内，我们没有发现马礼逊以前的西方汉语语法著作中出现这个“係”字。《通用汉言之法》却出现了14次（介绍广州方言的小节不计在内），而且都是当“是”来讲。有趣的是，马礼逊在书中“係”和“是”并用，后者的使用次数远超前者。此外，我们还能找到《通用汉言之法》中极具广州方言特色的表达，诸如“换一领衫”“请尊驾同我出街”“大过一总”“请俾墨来过我”“旧年之先你不是曾经到过山西麽?”“翻风”[①]等。这样的例子，还有很多。

四 《通用汉言之法》所涉的参考文献

几乎没有人能够完全凭借一己之力写出学术著作，今人的成功往往是站在了前人的肩膀之上。马礼逊《通用汉言之法》自然也不能例外，他也是参考了前人的同类和相关著作写就此书的。那时的人们还没有在著作之后列参考文献的规范，所以我们觉得有必要对此进行专门的考释。

1825年，马礼逊在伦敦出版了《中国杂记》(*Chinese Miscellany*)。该书中有一节专门谈到了“中欧交往录及相关书籍”(Notices of European intercourse with China, and of books concerning it)。这里面收录了《通用汉言之法》出版之前的一些汉语语法著作：

万济国，用西班牙文写成的四开本的汉语语法书，1703年；由

① [英]马礼逊：《通用汉言之法和英吉利文话之凡例》(影印版)，第52、65、74、88、155、199页。

中国教区在中国印刷，无汉字；只用于欧洲人指导他人。

…………

巴耶尔，《汉文博览》，两卷本，1730 年。该书作者精通波斯语，居住并死在了在俄罗斯。他是一个学者，以掌握大量的中国知识和亚洲语言而闻名。关于其《汉文博览》，人们只是承认他相对懂得较多；但事实上他几乎不了解他所探讨的主题。巴耶尔 1738 年在圣彼得堡逝世，终年 44 岁。

…………

傅尔蒙的语法，1742 年。①

在其之上，还有一段马礼逊对傅尔蒙的评价：

这位法国作者精通东方语言；考虑到他写作的时代，他极善于编辑从天主教传教士那里收到的材料。他过高赞誉中文：认定中文是“神的语言”。傅尔蒙 1745 年逝世，终年 62 岁。②

此外，书中还提到了马士曼的《中国言法》：

《中国言法》及附录，包括对孔子《大学》的翻译。由马士曼所著。塞兰坡，1814 年。③

《中国杂记》出版于 1825 年，《通用汉言之法》出版于 10 年之前。因此我们不能断定马礼逊在编写《通用汉言之法》时参考过这些著作。但同样，我们也不能否定马礼逊没有看过这些著作，只能说有这种可能性。

上述几乎囊括了《通用汉言之法》出版之前，西方人所著的所有汉语语法书，独缺卫匡国的《中国文法》和马若瑟的《汉语札记》。《中国文法》是卫匡国在回欧洲的途中写成，长时间只以抄本的形式在极小范围

① Robert Morrison. *Chinese Miscellany*. London：S. McDowall，1825，pp. 48-49.

② Ibid.，p. 49.

③ Ibid.，p. 50.

的人群中流传，即使出版，也只是被收录进了文集当中，所以影响力很小。马礼逊对此没有了解，也在情理之中。而马若瑟的《汉语札记》虽然与马礼逊渊源颇深，但他看到该书，却是在《中国杂记》出版之后。那么，马礼逊是何时得到马若瑟《汉语札记》的抄本的呢？

根据龙伯格的研究，时间是1825年：“1825年2月，马礼逊在伦敦得到了儒莲抄本，于是准备将它寄往马六甲或者当他再次前往东方时携带过去。出版这部书前后花费了3年时间。”① 该说法有误。在《马礼逊回忆录》中，1825年3月26日，金斯伯罗勋爵给他写了封信。信中谈到了马若瑟的《汉语札记》，该信不是原文，是由艾莉莎·马礼逊转述的：“马若瑟神父的手稿《汉语札记》现藏于法国皇家图书馆，现在有人（儒莲）正在抄写手稿；他（金斯伯罗勋爵）希望这本书在抵达目的地前不要发生任何事故，因为他花费了60个金币让人把它抄写出来，是雷慕沙先生从跟随他学习中文的学生中找出一位胜任此项任务的学生。此手稿共有250张，合500页，拉丁文写的，分为两个部分。”② 因此，直到1825年3月底，儒莲还继续抄写该书，并没有完成，而且从字里行间来看，似乎还远未完成。对此，高迪爱有另外的说法：该书完成于1826年2月。《中国书目》有专门的记载，“马若瑟《汉语札记》手抄稿，共10个包裹，包含雷慕沙所编索引，另有给马礼逊博士之文件：《这部语法书现今是马六甲英华学院的财产，1826年2月15日》”。③这种说法是合理的。因而，在《中国杂记》出版的时候，马礼逊还没有看到过《汉语札记》。该书也不可能成为《通用汉言之法》的参考。

在万济国《华语官话语法》、巴耶尔《汉文博览》、傅尔蒙《中国官话》以及马士曼《中国言法》之中，《通用汉言之法》参考得较多的是万济国的书。马礼逊对巴耶尔的著作评价很低，如前所述：“关于其《汉文博览》，人们只是承认他相对懂得较多；但事实上他几乎不了解他所探讨的主题。”④ 这里的comparatively（相对地）被特意标为斜体，自然是蕴含

---

① Knud Lundbaek. *Joseph de Prémare(1666-1736), S. J.: Chinese Philology and Figurism*. Aarhus: Aarhus University Press, 1991, pp.176-179.

② ［英］艾丽莎·马礼逊编：《马礼逊回忆录》（第2卷），杨慧玲等译，第160页。

③ Henri Cordier, (ed.). *Bibliotheca Sinica*: *Dictionanaire Bibliographique des Ouvrages Relatives a l'Empire Chinois*. 5vols, Vol. 3, p. 1666.

④ Robert, Morrison. *Chinese Miscellany*. London: S. McDowall, 1825, p. 49.

深意。同样，后人对《中国官话》的评价也不高。斯当东在看过《通用汉言之法》后写给马礼逊的回信中，说道："从此学习汉语的人再也无需在傅尔蒙（Fourmont）、巴耶尔（Bayer）以及其他人的冗长艰深的著作中跋涉了，毕竟这些书错误百出，而且有很大的缺陷。"① 且不去评价好坏，斯当东如此之说，表明《通用汉言之法》与巴耶尔和傅尔蒙的书有着明显的不同。至于马士曼的《中国言法》，也不可能成为《通用汉言之法》的"参考文献"。这主要是从时间来考虑。前文已述，《通用汉言之法》的编写开始于1808年，到了1808年底的时候已经初步成型。这时，马士曼《中国言法》的"雏形之作"《论汉语的字体和读音》（*Dissertation on the Characters and Sounds of the Chinese Language*）却还未出版。②

内田庆市仔细比较了《华语官话语法》和《通用汉言之法》，发现了许多"有趣"的相似之处。③ 在"形容词"部分，《华语官话语法》这样记述：

> 形容词通常有后置的小词"的"构成，例如：
>
> 长的、短的、白的、黑的
>
> 既然形容词不能单独使用，小词"的"可以帮助它达成这个功能。当形容词置于名词之前时，就不必用"的"，因为它已有名词来支持，可以充当句子的一个成分了，例如：
>
> 善人、黑人，灵魂
>
> 等等，有时候可以把形容词放在名词的后面，但必须在这两者之间插入一个系动词，然后紧接着在形容词后面加一个"的"，例如：
>
> 他是恶的。
>
> 有时候形容词后面不加"的"也可以，例如：
>
> 这米好，或：这米是好的。④

---

① ［英］艾丽莎·马礼逊编：《马礼逊回忆录》（第1卷），杨慧玲等译，第160页。

② 该书1809年出版。

③ 参见［日］内田庆市《马礼逊的语法论及翻译观》，载《架起东西方交流的桥梁——纪念马礼逊来华200周年学术研讨会论文集》，第18—27页。本书所引内容也见于［日］内田庆市《近代西洋人汉语研究——汉语语言学的"周边"研究法》，载《国际汉学》2012年第11期。

④ ［西］弗朗西斯科·瓦罗：《华语官话语法》，姚小平、马又清译，外语教学与研究出版社2003年版，第44页。

在《通用汉言之法》中，马礼逊写道：

汉语的名词（形容词?）都是无变化的单音节词。像白、黑、长、短。因此我们说白纸。

一个黑人

当没有实词相连，它们经常在后面加小词“的”和“者”，如“重者”“高的”“低的”。它们也会跟在实义动词之后。如：他是恶的。

这米是好的。

没有动词或小词也有一样的表达。

这米好。①

两相比较，马礼逊除了引入更多出现在书面语中的小词“者”，其他方面几乎没有什么变化。

这样的相似，两书不止一处。《通用汉言之法》与《华语官话语法》在名词格的举例上也是几乎一样的：

主格：先生

属格：先生的

与格：与先生（《通用汉言之法》还列了“过”“对”“为”等词）

宾格：先生

呼格：呀先生

夺格：同先生（《通用汉言之法》还列了“由”“自”“从”“以”等词）②

仔细比较两书，它们在代词、动词、副词和介词等方面的论述和举例也有诸多相近的地方。因此，《话语官话语法》是马礼逊编写《通用汉言

① ［英］马礼逊：《通用汉言之法和英吉利文话之凡例》（影印版），第68—69页。

② ［西］弗朗西斯科·瓦罗：《话语官话语法》，第31页；［英］马礼逊：《通用汉言之法和英吉利文话之凡例》（影印版），第62—66页。

之法》时的主要参考书，是确定无疑的。

五 《通用汉言之法》的三张列表

马礼逊在《通用汉言之法》起始对用拉丁字母给汉字注音作了简短说明之后，列举了一个包含338个汉字的汉语音节表，按照拼音的首字母，从A到Y排列，没有以B、D、J、Q、R、V、W、X、Z为首字母发音的汉字。

这份音节表与马礼逊之前西方传教士对汉语语音的研究一脉相承。1626年，西方人最早分析汉语语音的韵书《西儒耳目资》由金尼阁在杭州出版。该书在中国学者的帮助之下，参考了中国人编写的《洪武正韵》《韵会小补》等韵书，其目的主要是指导初来中国的传教士发音识字。根据统计，《西儒耳目资》收集了约335个汉字音节。有关于此，曾德昭在《大中国志》中统计的数量是326个；卫匡国在《中国文法》中罗列的是一份包含320个汉字及其对音的词汇表；安文思在《中国新志》中声称“中国人常用的单音节字大约有320个”[①]；李明在《中国近事报道》中则提出了汉语大约有330个单音节字的说法。[②] 看来，从金尼阁到马礼逊，他们在汉语音节的数量或者说单音节字的数量上的认识是基本一致的。

马礼逊入华，背负着编写、出版第一部汉英、英汉词典的重任，因而必定会广泛涉猎讨论汉语音韵和汉字构成的书籍。我们不能断定马礼逊一定看过《洪武正韵》《西儒耳目资》等著作。但在《中国杂记》中，与介绍其他传教士和书籍的寥寥数语相比，马礼逊对李明和《中国近事报道》的论述[③]可谓异乎寻常地详尽，应该是仔细研究过李明的著作，熟悉李明关于汉语大约有330个汉字的提法。

在讲到汉语声调的时候，《通用汉言之法》给出了18组基本同音，但是声调不同的汉字列表，以4个声调1组的居多，有些只有3个声调。并且在列表之后，马礼逊进行了说明：“前表抽取自一本中文小词典。在字

① 关于曾德昭和安文思的研究，可参看计翔翔《十七世纪中期汉学著作研究——以曾德昭〈大中国志〉和安文思〈中国新志〉为中心》，上海古籍出版社2002年版。

② 关于李明的研究，可参看周燕《传教士与中外文话交流：李明中国近事报道研究》，浙江大学出版社2012年版。

③ Robert Morrison. *Chinese Miscellany*. London：S. McDowall，1825，p. 47.

典中，相同结尾和声调的音节被放到了一起。”① 马礼逊的《通用汉言之法》大体在1808年完成，那时他刚开始汉英词典的编纂工作，远未成型。所以，这里的“中文小词典”不会是马礼逊自己所编，而应是马礼逊在编写汉英词典过程中所用的蓝本。1805年，马礼逊跟着容三德在伦敦学习汉语，他在12月写给伦敦会的信中提到了一部天主教传教士的手稿汉语词典：

> 在皇家学会的图书馆里有两部中文词典，任何一部都将极为有用，是我见过的仅次于福音书的书。图书馆员告诉我一名会员可以申请特殊借阅，借出一部手稿。布朗和我都盼望我们（伦敦会）能够考虑，只要我们在英国期间，是否以某种方式借阅其中的一部或者另一部汉语词典，直到我们抄完词典或者能抄多少算多少。②

虽然无法判定马礼逊所说的字典是哪两部，但我们至少了解到这两部字典都以手稿的形式存在。在1831年7月，马礼逊写给《亚洲杂志》编辑的信中，清楚地谈到了他在编写词典过程中，借鉴过的他人著作：“我还借鉴了天主教传教士的几本抄本词典，有英文和法文的，还有最近巴黎出版的叶尊孝神父的词典。”③ 葡萄牙传教士叶尊孝的汉语拉丁语字典《汉字西译》1813年在巴黎正式出版。虽然马礼逊当时在中国，仍能可能通过其他途径获得该书。但1805年马礼逊所提到的词典是《汉字西译》的可能性我们也同样无法排除。

根据马礼逊所说“在字典中，相同结尾和声调的音节被放到了一起”④，这部词典应是以拉丁字母拼音排序。我们仔细查阅了《汉字西译》，发现马礼逊所用“声调练习表”中所用的汉字，在《汉字西译》全部都能找到。当代意大利汉学家马西尼曾经对《汉字西译》1699年版的一种抄本进行过仔细研究，发现该词典收录的量词与马礼逊在《通用汉言

① ［英］马礼逊：《通用汉言之法和英吉利文话之凡例》（影印版），第25页。

② SAOS/CWM/LMS/South China/Incoming Correpondences/Box1A. 转引自杨慧玲《19世纪汉英词典传统——马礼逊、卫三畏、翟理斯汉英词典的谱系研究》，商务印书馆2012年版，第108页。

③ ［英］艾丽莎·马礼逊编：《马礼逊回忆录》（第2卷），杨慧玲等译，第229页。

④ ［英］马礼逊：《通用汉言之法和英吉利文话之凡例》（影印版），第25页。

之法》中所列举的基本一致,《通用汉言之法》中的 79 个量词有 76 个与其完全一样,而且排列顺序相同。① 据此,本书认为马礼逊在编写《通用汉言之法》的 1808 年,就已经仔细看过了《汉字西译》的某部抄本,并且该抄本是以拉丁字母排序的。

1726 年,在广州抄录完成的《汉字西译》中,封面采用了两个中文名字,左为"字汇腊丁略解",右为"汉字西译",表明了叶尊孝编写词典主要参考的中文书是明代梅膺祚所编的《字汇》。该书罗列了 214 个汉字部首,并把所有汉字进行分类。与《汉字西译》巧合的是,马礼逊在《通用汉言之法》十分明确地说汉字的部首有 214 个,并在其后的表中列出。我们无从得知马礼逊是否一定看过《字汇》,但马礼逊仔细研读过叶尊孝的《汉字西译》应该是一个不争的事实。

1697 年,法国传教士白晋奉命携带一批中文书籍返回欧洲,梅膺祚的《字汇》和《字汇补》等中国字书也随之传入法国。汉学家傅尔蒙长期协助当时旅法的华人黄嘉略进行汉语语法和汉语字典的编写工作。不幸的是,黄嘉略过早离世。他未完稿的字典,其编排就是采用《字汇》和《正字通》214 个部首的检索方式。② 黄嘉略逝世之后,傅尔蒙负责保管他的遗稿,先后出版《汉语沉思录》和《中国官话》两部著作。在《汉语沉思录》中,傅尔蒙对汉字的 214 部进行了详细分析,对每个部首都标注拉丁字母读音和拉丁文释义。同样,马礼逊在《通用汉言之法》中也对每个部首进行了注音和释义。事实上,汉字中的一些部首只是笔画的组合,并没有读音和释义。马礼逊所著《中国杂记》已经表明,马礼逊对傅尔蒙的为人和著作还是比较熟悉的。他在编写《通用汉言之法》的"汉字部首表"时,也有可能参看过《汉语沉思录》。

六 《通用汉言之法》的引例

本书并没有发现马礼逊谈到过其《通用汉言之法》的具体编写方式,但马礼逊曾经自述编纂词典的过程和方法,对我们研究《通用汉言之法》

---

① [意] 马西尼:《西方人传教士汉语量词研究综述》(16—19 世纪西方人的原大会提交论文)。转引自 [日] 内田庆市《马礼逊的语法论及翻译观》,载《架起东西方交流的桥梁——纪念马礼逊来华 200 周年学术研讨会论文集》,第 21 页。

② 许明龙:《黄嘉略与法国早期汉学》,中华书局 2004 年版,第 266 页。

同样具有借鉴意义：

> 我不知道还有比我所使用的方法更好的编纂汉语词典的方法，具体地说，就是充分利用我所能收集到的所有汉语本族人的字典，同时核证所引例证的出处；雇佣中国人协助我查阅中文词典，核实字、词、句子的确切意思。①

《通用汉言之法》显然也用了类似的方法，马礼逊为了编写该书，的确是参考了一些在他之前外国人所编写的语法书、词典等著作。上文已经考证，《通用汉言之法》的“形容词”开始部分与万济国的《华语官话语法》高度吻合。该书的“汉语音调练习表”“汉语部首表”以及“量词”部分和《汉字西译》也存在着莫大的关联。

马礼逊的时代，还没有中国人所写的能够真正称得上汉语语法著作的著作，《通用汉言之法》参考的是其他类别的中国人著作。一类是“汉族本族人的字典”，在语法书中解释字词含义时能够用到。另一类则是中国古代的一些经典著作，用于《通用汉言之法》的例句引用。《通用汉言之法》的例句总体上以口语为主，但也有一些书面语。在这些为数不多的引例中，马礼逊共 4 次引用了《大学》和《〈大学〉注》中的话，2 次引用《论语》，1 次引用《孟子》，1 次引用《中庸》，证实马礼逊对儒家经典“四书”比较熟悉。他甚至在引用《中庸》中的句子作例时，还作注说：“（《中庸》）是《四书》中的第二部著作，（《四书》）也叫《孔子四书》。”② 除去“四书”之外，马礼逊从《三字经》及其注解中引例 2 次，从《礼记》中引例 1 次（在书中称为《礼经》）。这些书，都是当时极易得到的，马礼逊在学习中国文化和编纂辞书的过程中应该接触到过。

当然，《通用汉言之法》绝大部分的例句是来自于汉语口语，马礼逊曾经在与上面引文的同一封信中，记述了其所编词典例句的另一个来源：“中国文人负责收集汉语口语的词、句子及表达……词典的第三部分英汉词典全部是由我们收集的材料汇集而成的。”③ 这对于《通用汉言之法》

① ［英］艾丽莎·马礼逊编：《马礼逊回忆录》（第 2 卷），杨慧玲等译，第 228 页。

② ［英］马礼逊：《通用汉言之法和英吉利文话之凡例》（影印版），第 149 页。

③ ［英］艾丽莎·马礼逊编：《马礼逊回忆录》（第 2 卷），杨慧玲等译，第 229 页。

同样适用。本书经过考证，发现马礼逊在书中所引的许多例句有些与日常生活相关，有些则极具时代特色，是马礼逊注意记录平时收集资料用于著作编写的结果。马礼逊在谈到量词的时候，有这样的例句："货船二十只""白布一千匹"[①]，这是明显的贸易用语，可能就来自马礼逊担任东印度公司翻译的工作当中。"你一间屋实在好"[②]"摘两枚桃子洗干净拿来我食"[③]"他昨天到了澳门"[④]以及"他由英吉利国到广东来"[⑤]等则非常生活化，马礼逊自己在现实中就极有可能说过这样的句子。这样的例子，可以说是不胜枚举。马礼逊有时也会把与自己相熟的人写入例句，如："不是亚南但是亚茂。"[⑥]"是或林官或浩官，不知是哪一位？"[⑦]在该书的例句中，最具时代特色的是："他有一箱鸦片。"[⑧]这和英国当时为了平衡贸易，极力向中国输出鸦片有关。

七　"作诗法"中的引例

《通用汉言之法》的最后一个部分是"作诗法"，马礼逊主要简单介绍了汉语中诗歌的形式和特点，顺带谈及赋、歌、曲、辞（词）的其他的文学表现方式。

马礼逊在书中这样写道：

> 一位中国作者在他诗集的序言中，把中国诗歌的发展比作树木的成长。他把有名的《诗经》比作树根；苏李的繁荣则好比树木发芽；在建安时代，长出了大量的叶子，而在唐朝，人们可以在树荫下休息，该树花朵繁盛、果实累累。[⑨]

---

① ［英］马礼逊：《通用汉言之法和英吉利文话之凡例》（影印版），第38页。

② 同上书，第48页。

③ 同上书，第53页。

④ 同上书，第64页。

⑤ 同上书，第65页。

⑥ 同上书，第255页。

⑦ 同上书，第256页。

⑧ 同上书，第114页。

⑨ 同上书，第273—274页。

从马礼逊的记述来看所谓的“苏李”之诗应是出现在《诗经》之后，建安之前。从时段划分来看，先秦及秦代诗歌还在发展前期，特点也不鲜明。所以，这里的“苏李”讲的应该是两汉时期一种诗歌体例。本研究推测，所谓的“苏李”说的就是“苏李诗”，它是托名西汉苏武、李陵互相赠答的几首五言古诗，其中的“与苏武”三首、“与李陵”四首被认为是“苏李诗”的代表著作。后人经研究发现，“苏李诗”大多是后人托名所作。

接着，马礼逊列出了两首七言律诗、一首五言绝句和一首曲，并把它们翻译成了英语。两首七言律诗分别是唐末谭用之的《寄友人》和清朝宋凌云的《忆父》，五言绝句用的是唐代中期王涯的《送春辞》，曲则来自五代时梁简文帝萧纲的《江南曲》。

在《通用汉言之法》的最后，马礼逊有个简短说明：“除了一些来自书本的句子以外，上述短语依靠一位本国人（中国人）保证其准确性，其给自己国家的人教汉语有20年之久。”[①] 根据苏精的考证，在和马礼逊有关的中国人中间，陪伴马礼逊最久的是一位有着丰富私塾教学经验的葛茂和。[②]《通用汉言之法》所提到的这位中国人似乎指的就是葛茂和。

第三节　对《通用汉言之法》的评价

马礼逊的《通用汉言之法》是最早用英语写成的汉语语法著作，它体系完整，保存了大量清朝中后期汉语语音、词汇和中国文化的珍贵资料。尽管后来的艾约瑟、威妥玛等人对马礼逊的《通用汉言之法》评价不高，但它仍不失为19世纪早期西方人研究汉语语法的佳作。

本书认为，《通用汉言之法》最大的成功在于其系统性，它沿袭拉丁语法学的传统，几乎涵盖了所有拉丁语法学的要素：正字法、正音法、词源论、句法论以及作诗法等，无一例外。虽然该书引用的例子多为日常生活中的口语，具有较强的实用性，但由于述论充分、体系完整，其学术特征也很明显，甚至超越了实用性。马又清、赵丽明认为马礼逊的《通用汉言之法》是汉语语法由注重实用的“术”过渡到“学”，成为独立学科的

① ［英］马礼逊：《通用汉言之法和英吉利文话之凡例》（影印版），第280页。

② 苏精：《马礼逊与中文印刷出版》，第57页。

代表著作。①

在马礼逊的时代，西方人在探讨汉语语法的时候，越来越关注到汉语不同于欧洲语言的许多特征。但由于当时的研究也只是刚跨过起步正在逐步深入，远未达到成熟。所以，马礼逊也仍然在用欧洲语言学的语法范式来套用汉语。董方峰评价："整体而言，马礼逊的这部汉语语法写得过于仓促和粗糙，并且由于它立足于英语语法，看起来像是一部英语语法的汉译本，全书充满了作者在汉语水平尚未成熟的情况下生拟的迎合英语语法现象的口语例子。"② 这显然有不合适的地方，但后人在批评的同时却忽略了这种做法同时却存在着一定的合理性和先进性。我们的研究都是基于前人的研究进行创新和发展的。在任何领域，有价值的研究，都不可能脱离前人的研究而自搞一套。直到 19 世纪初期，无论西方人还是中国人，对适合汉语语法特点的研究模式，还在继续探索之中。因此，借鉴相对成熟的拉丁语法体系来描述汉语语法，成为汉语语法学史上的重要手段。事实上，成熟的现代汉语语法体系，正是由此发展而来。龚千炎在谈到汉语语法学发展的时候，就认为"从历史的发展来说，学科创建之初的模仿也许是不可避免的，也许可以不叫做模仿而叫做引进和创造"。③

前文已考，马礼逊在编写《通用汉言之法》的时候，应看过万济国的《华语官话语法》，并没有参考马若瑟的《汉语札记》。和万济国相比，马礼逊对汉语语法特点的认识又更进了一步。万济国在讨论比较级和最高级的时候，按照拉丁语法的习惯，把范围定为名词和形容词。而马礼逊认识到汉语中名词是没有"级"的区别，所以只把级置于形容词之下进行论述。关于名词的性、数、格，相较于《华语官话语法》，《通用汉言之法》进行了弱化。在"量词"方面，《通用汉言之法》借鉴叶尊孝的《汉字西译》，比《华语官话语法》要详尽许多，也更为合理。

虽然和前代同类著作相比，《通用汉言之法》进步不小，但和前代著作一样，该书也不可避免地存在着一些疵误，甚至是明显的重大错误。考察《通用汉言之法》全书，我们发现，该书存在的偏差和错误主要由两

① 马又清、赵丽明：《〈华语官话语法〉与早期传教士语言学》，载姚小平主编《海外汉语探索四百年管窥》，第 199 页。

② 董方峰：《十九世纪英美传教士的汉语语法研究》，第 48 页。

③ 龚千炎：《中国语法学史》，语文出版社 1997 年版，第 44 页。

个方面的原因引起：其一，马礼逊是传教士，他的心血主要放在词典出版和《圣经》翻译上，并以之闻名。他生硬地把拉丁语和英语语法体系用于汉语语法分析，相关语言学理论准备也不充分。其二，虽然马礼逊与前代传教士相比，他对汉语的认识和理解更为深入，但不准确的地方却依然有很多。

《通用汉言之法》的“动词”部分集中体现了马礼逊比较僵化地把拉丁语和英语语法体系用于汉语语法分析，以致造成了该部分条理不清，概念模糊。马礼逊列出了汉语中的动词“有（have）”“是（to be）”“做、作、为、行（do、must、ought、should、may、can、will、let）”“劝（to advise）”和“非个人动词”等来说明其用法。每一项动词的用法除所谓“非个人动词”外，都包括了陈述语气、祈使语气、可能语气和虚拟语气，共四种语气。每一种语气之下按需要谈及多种具体时态：一般现在时、未完成时（一般过去时）、现在完成时、过去完成时、一般将来时、第二将来时（将来完成时）。这种列举具体动词、之后按语气来划分、再按时态来细分的做法基本沿袭自穆雷的《英语语法》,[①] 把一般过去时叫作“未完成时”，将来完成时叫作“第二将来时”也和穆雷的说法一致。但马礼逊把 must、ought、should 等词与动词“do”并列放在一起，无论在英语中还是汉语中都是错误的。用过去完成时、将来完成时等复杂时态套用于汉语，也是不可取的。这种“套用”造成了这样一个结果：使用《通用汉言之法》学习汉语，必须要有较好的英语语法基础才行。

马礼逊不是语言学家，不可能具备丰富的语法知识；再有，《通用汉言之法》虽然体系完整，但作者在编写时更注重该书的实用性。因而这部著作对词类的划分虽然完整，但却没有必要的理论指导和概念阐释，使其的学术价值失色不少。

一般来讲，语法包含词法和句法两大部分。从《通用汉言之法》我们可以看出，马礼逊并不十分清楚词法和句法的区别，很多时候都将句法放在词法中讲。以至于最后谈到句法时，几乎无话可说，他既没有对句子进行分类，也没有介绍句子结构，以及对句子成分进行语法分析。在寥寥几页的内容中，甚至拿中国文化常识充来数：官职名称之后是人的姓名、

---

① 穆雷把语气分成了 5 种：陈述语气、祈使语气、可能语气、虚拟语气以及不定式语气。参见 Lindley Murray. *An English Grammar*, p. 104。

中国日期以年、月、日排列等内容也加入其中。虽说19世纪以前，西方语法研究多以词类为主，重视词法而忽略对句法的探讨。但总共280页的《通用汉言之法》，"句法"一章只有5页。比例如此严重失调，造成了内容上的缺失，显然是有问题的。这显然不同于穆雷《英语语法》中体现的"注重词法，但同时不忽略句法"的原则。

在《通用汉言之法》中，马礼逊由于受到英语和拉丁语的影响，对汉语特征的认识在很多方面远未到位，从而造成了许多偏误，其中一些还是来华传教士在论述和研究汉语语法时的通病。

汉语中的词由于在句子中的位置不同，经常会有一词多义、一词多性的情况，马礼逊对此没有很好地把握。在《通用汉言之法》的很多地方，马礼逊在用英语解释汉语时，都力图去做到一一对应。有时候，他对汉语中的词义阐释甚至都不是该词的常用之义。特别在该书的三张表格之中，这样的问题可谓比比皆是，试举几例，在"汉语音节表"中：丧：Mourning clothes（丧服）①。在《古代汉语词典》中，对"丧"单字的释义有六项：①失去；②死亡；③灭亡，失败；④沮丧；⑤丧礼、丧事；⑥死者的遗体，灵柩。②"丧服"只是出现在了其后的词组释义中。"声调练习表"则把"史"解释为Historian（历史学家），没有注出更为常用的"History（历史）"之义③。在"汉字部首表"中，赤：carnation（康乃馨，粉红色）④，而《古代汉语词典》对"赤"的第一个解释是"比朱红稍浅的颜色，泛指红色"，除此之外，还有"诛灭""纯真、忠诚"等含义。⑤ 这些，都有可能是马礼逊看到了某部书在具体语境中对它们的释义，未加深究，直接引用的结果。

当然，《通用汉言之法》在汉语词的读音、意义上出现的直接错误也有不少。在注音上，"肋"解释"The ribs（肋骨）"，但音却注成"Hëĕ"。⑥"肱"解释为"The arm（手臂）"，但音却注成了" Kwăng"。⑦

---

① ［英］马礼逊：《通用汉言之法和英吉利文话之凡例》（影印版），第14页。

② 陈复华、楚永安主编：《古代汉语词典》，商务印书馆2012年版，第1352页。

③ ［英］马礼逊：《通用汉言之法和英吉利文话之凡例》（影印版），第24页。

④ 同上书，第31页。

⑤ 陈复华、楚永安主编：《古代汉语词典》，第201页。

⑥ ［英］马礼逊：《通用汉言之法和英吉利文话之凡例》（影印版），第7页。

⑦ 同上书，第9页。

在释义上，“慓”解释为“Brittle（易碎的）”[①]“嫔”解释为“A widow（寡妇）”[②]“卒”解释为“ A general（将军）”[③]等，都是不正确的。还有些释义方面的错误，是因为马礼逊对中国文化的了解不足，比如，把“里”解释为“a mile（英里）”[④]，把“令尊”解释为“commanding honourable（命令的尊荣）”⑤等。

虽然《通用汉言之法》存在这样或者那样的不足，但考虑到马礼逊仅用了三年的时间（1805—1808年）学习汉语，就已经比较熟练地掌握了这门对西方人来说比较难的语言，并能编写出质量相当高的汉语语法书，所以，我们不应该对马礼逊求全责备。《通用汉言之法》中出现的偏误丝毫无损马礼逊杰出汉学家的地位。

第四节 《通用汉言之法》的流传和影响

马礼逊的《通用汉言之法》在1811年完稿。1812年，他把该书送呈东印度公司特选委员会，获得其大力支持，准备出版。终于在1815年由东印度公司资助6000卢比，孟加拉殖民政府决议通过，该书得以在塞兰坡出版。《通用汉言之法》第一次印刷共出版了500份。[⑤]

该书出版之后，在欧洲汉学界中起到了一定的影响。众多对汉语和汉语语法有兴趣的人士对它的评价可谓是褒贬不一。法国汉学家雷慕沙与马礼逊相交甚久，他早在1817年就主动给马礼逊写信：“在我写几篇小文章的时候，通过您在伦敦出版的《中国杂记》和两页翻译成中文的《使徒行传》知道了您……我忍不住在3000海里之外的地方给您写信……”[⑥]他对《通用汉言之法》的评价比较客观，总体上持肯定的态度：

《通用汉言之法》是马礼逊编撰的第一部汉语语法著作。设想一

① ［英］马礼逊：《通用汉言之法和英吉利文话之凡例》（影印版），第13页。

② 同上书，第22页。“嫔”有一个意思是：“古代对已死妻子的美称”，马礼逊这里显然搞错了。

③ ［英］马礼逊：《通用汉言之法和英吉利文话之凡例》（影印版），第23页。

④ 同上。

⑤ ［英］艾丽莎·马礼逊编：《马礼逊回忆录》（第1卷），杨慧玲等译，第215页。

⑥ 同上书，第255页。

个刚来到中国的欧洲人开始学习汉语时，他往往会试图在母语和汉语之间寻求某种联系。这正是马礼逊写作的初衷。他致力于将英语中的一些习惯用语和短语用汉语翻译出来，并着重讲解英语中的一些动词，入“有”“是”“能”“做”时态与语态的变化。因而，这部语法书对于如何将英语翻译成汉语很有帮助。但是，它往往用例句来取代对汉语语法规则加以论述，在书中几乎看不到句法分析。……尽管如此，这本小册子还是非常实用。马礼逊为其他英国人学习汉语指明了方向。①

这里，雷慕沙非常睿智地点出了《通用汉言之法》的三大特点：第一，该书大量借鉴英语的用法和规则；第二，该书的翻译功能；第三，该书实用性较强。这三点恰好体现了马礼逊在编纂该书时所用的方法以及给汉语初学者提供实际帮助的编书宗旨。雷慕沙应是仔细读过马礼逊的《通用汉言之法》，才会对该书有如此中肯、到位的评价。

英国学者基德在《马礼逊的文字工作述评》一文中，谈到《通用汉言之法》的时候几乎与雷慕沙的评论完全一致。首先是该书的实用性：“马礼逊的《通用汉言之法》，不仅是作者的第一部专著，也是英语世界第一部关于汉语语文学专著，其实用性是非常显著的，也实现了作者最初的设计，就是对汉语的论述不是停留在泛泛而论上，或者理论推演上，而是要大大有助于克服学习汉语的困难。”接着是该书的翻译功能和借鉴套用手法：“本书提供了关于汉语的性质和构成的大量知识，同时通过许多短语也提供了将汉语译成英文以及将英文翻译成汉语的建议，但是这部专著的后一部分不是根据中国人的专著或实践，而是以欧洲语言的语法规范来编写的，关于这一点中国人是不知道的。”②

《通用汉言之法》用汉语和英语写成，因此其在英语世界中的影响力与其他欧洲国家相比更为巨大。许多在汉语语法领域做出过一定贡献的英美学者都读过此书，甚至有些人还持强烈的批评态度，其中主要代表人物是艾约瑟和威妥玛。

---

① Abel Rémusat. *Élémens de la Grammaire Chinoise*, *ou Principes Généraux du Kou-wen ou Style antique*. Paris：Imprimerie Royale，1822，p. xvii.

② ［英］艾丽莎·马礼逊编：《马礼逊回忆录》（第 2 卷），杨慧玲等译，附录，第 361 页。

他们对于马礼逊及其语法著作的批评主要集中在两个方面。一方面，《通用汉言之法》在表示习惯用语丰富性和汉语特殊原则上严重不足。艾约瑟在《中国官话语法》中说：“马礼逊和马士曼的语法著作，都未能把汉语习惯用语的丰富性和汉语特殊使用原则的扩充发展传递给学生。学生们不知道自己的前辈已经完成了这项事情。他们最终还是在马若瑟和其他人的帮助下获得了汉语语法的相关知识。”① 这样的评价虽说有一定的道理，但却有点过分，或者说，对马礼逊的《通用汉言之法》太过苛求。该书以实用性见长，其本来的目的就是给初学者学习汉语使用，要求其举例丰富，做到很多，是不现实的。另一方面，这些学者对马礼逊的学品提出了质疑。威妥玛曾经在《语言自迩集》第一版序言的注中，引用密迪乐（Mr. Thomas Taylor Meadows）的话，说出了很多学者对马礼逊的诟病：“当密迪乐先生已经做出评说，对一个如此剥夺其学生的辛劳又不表示感谢的人，再表示尊重那是不可能的了。”② 的确，马礼逊的《通用汉言之法》与其之后出版的词典一样，都存在这样的问题。马礼逊除在《通用汉言之法》的“汉语声调练习表”声明来自一本小词典（未说明作者）以及最后说明该书汉语的准确性依赖一位在中国教书 20 年的先生（没有姓名）之外，再也没有其他在编写该书时参考过的著作及作者和助手的只言片语。马礼逊是有意为之，还是没有这样的习惯，我们不得而知。至少从当时欧洲学界因为这个问题对他大量的批评来看，这样的传统在当时的欧洲应该是深入人心的。

马礼逊在广州商馆曾经开设汉语学习班，培训商馆职员。1818 年，他又在马六甲创办英华学院，为西方培养急需的汉语人才。《通用汉言之法》正好适应了教学的需要。因此，顾钧断言：“不难想象，无论在广州还是在马六甲，学生们所使用的教科书都是马礼逊本人所著的《通用汉言之法》。”③

马礼逊的《通用汉言之法》依据英语语法的特点对汉语进行研究，严格按照拉丁语的语法结构来论述汉语语法。这部著作与前作相比，在系

---

① Joseph Edkins. *A Grammar of the Chinese Colloquial Language*, *Commonly Called Mandarin Dialect*. Second Edition. Shanghai: Presbyterian Mission Press, 1864, Preface to the First Edition, 1857, p. i.

② ［英］威妥玛：《语言自迩集——19 世纪中期的北京话》，张卫东译，第 21 页。

③ 顾钧：《英语世界最早的中文语法书》，《中华读书报》2012 年 1 月 2 日。

统性上大大增强，具有一定的开拓意义。雷慕沙、艾约瑟、苏谋斯、威妥玛等在汉语语法领域有所建树的西方学者都看过马礼逊的这部语法著作，在编写自己的著作时，他们都或多或少地借助或参考过《通用汉言之法》。除此之外，许多有志于来中国进行传教或其他活动的外国人也曾用过《通用汉言之法》来学习汉语。作为英语世界第一部论述中国语法的专著，马礼逊的专著开创了英美国家学习汉语的新时代，同时“对于研究中国近代语言学史有一定的意义”①。

第五节　英美汉语语法著作：从马礼逊到狄考文

19世纪初，马礼逊入华，他在中国的土地上学习汉语、编写汉语语法著作和汉英、英汉词典都是违背中国法令、非常危险的行为，基督教在中国的传教事业因为清政府厉行禁教而变得举步维艰。但在1840年鸦片战争之后，中国被迫打开国门，在受尽西方列强欺凌的同时，欧美国家的在华传教事业得以再次繁盛，中西文化交流也更加热络，西方对汉语语法的研究以英国和美国为代表进入了佳作辈出的高潮时期。

1840年之前，英美的汉语语法著作只有两部，除了马礼逊的《通用汉言之法》以外，还有就是与马礼逊并称“二马”的马士曼的《中国言法》。约书亚·马士曼是英国浸礼会（Baptist Churches）传教士，1799年被派往印度传教，长期居住在当时亚洲出版业的中心塞兰坡。他的主要任务是管理当地的教会学校。从1805年开始，他跟着美国籍商人拉萨尔（Joannes Lassar）学习中文。学习汉语略有小成之后，马士曼将《论语》的前半部翻译成了英文（*The works of Confucius*：*containing the original text*, *with a translation*），并根据学习所得写成一篇论文《论汉语的字体和读音》（*Dissertation on the Characters and Sounds of the Chinese Language*），都于1809年在塞兰坡出版。根据这篇论文，马士曼继续进行汉语研究，在1813年写成《中文之钥》一书。1814年，他在《中文之钥》的基础上继续进行扩充，最终完成并出版了《中国言法》。

《中国言法》的主体分成两大部分。第一部分是“绪论”，讨论汉字的字形和读音，是其原有论文的修改和扩充。马士曼将214个汉字部首以

① ［英］马礼逊：《通用汉言之法和英吉利文话之凡例》（影印版），总序，第2页。

外的近1700个高频汉字进行罗列，按照一定的顺序排列，逐一加以解释。关于汉语语音，马士曼介绍了其特点，探讨了汉字的首字母、尾音和单音节等要素，并把汉语与希伯来语、梵文进行了简单的比较。《中国言法》的第二部分讨论的是汉语语法，是该书的论述重点。马士曼运用西方语言学的概念和英语语法的架构来分析汉语中的词法、句法和韵律。全书运用了500多个例子来进行说明，均是来自于汉文经典中的书面语。最后，马士曼将《大学》原文及英语译文作为附录附在了全书之后。

《中国言法》1814年出版，《通用汉言之法》1815年出版，却早在1812年就由东印度公司送交孟加拉殖民政府进行审看。于是，包括马礼逊本人等一些西方汉学界人士就指责马士曼的著作是抄袭自马礼逊的《通用汉言之法》。台湾学者苏精经过研究，得出结论：《中国言法》没有抄袭《通用汉言之法》，但在《中国言法》正式出版之前，马士曼应是看过《通用汉言之法》且有所参考。[①]

苏精认为，《中国言法》之所以被认为是抄袭了《通用汉言之法》，其主要的原因是马士曼与马礼逊学术背景相似，且两人相交多年。这两部书都是根据英语语法的概念、架构和原则写成，因此“章节名称与顺序，甚至部分内容都有可能类似”[②]。但“两书对比后可以发觉，在数百例句中虽有少数几条类似，却无明显证据足以确认是抄袭”。[③] 的确如此，从两书罗列的例证来看，马士曼《中国言法》主要从汉文典籍中引经据典，而马礼逊《通用汉言之法》却更关注汉语口语的日常运用。《中国言法》的总体框架依然延续了传统的拉丁语法。由于马士曼从来没有到过中国，所以对汉语的理解还是有许多偏差，特别在一些具体的例句分析上。[④] 苏精还考证，1813年9月，《通用汉言之法》提交威廉斯堡学院院务会议审查，讨论出版事宜，马士曼是塞兰坡印刷所中文书刊的负责人，最迟在此时看到了这部书，而《中国言法》直至1814年5月才得以出版。“如果说马士曼编印《中国言法》的最后九个月期间，从未翻阅马礼逊的书籍，也不曾参酌书稿中的创意理念，实在令人难以置信，（马士曼在《中国言

① 苏精：《马礼逊与中文印刷出版》，第139—143页。

② 同上书，第143页。

③ 同上书，第142—143页。

④ 董方峰：《十九世纪英美传教士的汉语语法研究》，第43页。

法》前言中丝毫不提马礼逊的书稿）只能以马士曼是故意略而不提来解释这种情形。”①

1840 年的鸦片战争以及之后的第二次鸦片战争，使西方国家在与中国的交往中取得强势地位。英、美两国的许多人怀着不同的目的来到中国，留下了 8 部有关汉语书面语和官话口语的著作。

在这些著作当中，最有代表性的是艾约瑟所著、1857 年初版的《中国官话语法》，以及威妥玛的《语言自迩集》，该书 1867 年第一次出版。艾约瑟（Joseph Edkins）与马礼逊同为英国伦敦会传教士，于 1848 年受派遣来到中国，在北京、上海长期居住，在华生活了 57 年，直到 1905 年去世。他对汉语官话和上海方言都非常熟悉，其关于汉语官话语法的观点集中体现在了他的《中国官话语法》中。全书共分为三大部分：语音、词类和句法。语音部分列举了汉语官话语音体系，举例说明了官话与方言的区别，探讨了官话语音的起源及其发展。词类部分举例较详细说明了各种词类的运用，在此基础上归纳出规则。句法部分则在支配关系、位置影响和词组结构等多个角度对汉语的句法构成作了细致考察并举例说明。这部著作描写详细深入、体系完整，而且句法部分远胜前人，是 19 世纪一部高水平的汉语语法著作。② 和艾约瑟一样，《语言自迩集》的作者威妥玛也在中国待了很长时间，他长期担任公职，对汉语，尤其是北京官话有着系统深入的学习和研究，加上其精通西方的比较语言学理论，因而准确地把握了汉语与欧洲语言的差异。他的《语言自迩集》是世界上第一部教西方人学习北京官话的汉语课本，保留了当时北京官话的读音、词汇、语法等第一手资料。关于威妥玛及其《语言自迩集》，本书在下一章中还会有详细论述。比《语言自迩集》的出版稍早（1863 年），另一位英国人苏谋斯（James. Summers）撰写并出版了《汉语手册》。该书分为两大部分，第一部分是汉语语法，从词类和句法两个角度介绍了汉语语法的特点和规则；第二部分是中国文选，主要是为学习汉语的学生提供一些学习材料。

威妥玛之后，英语世界对汉语语法的论述和研究的生力军变成了美国人。截至 19 世纪末，美国人共有 5 部有关官话口语语法的论著出版。这

① 苏精：《马礼逊与中文印刷出版》，第 143 页。

② 董方峰：《十九世纪英美传教士的汉语语法研究》，第 50 页。

些书影响力小，流传范围窄。其中稍具影响、值得一提的是《文学书官话》和《官话类编》。1869 年，美国浸礼会传教士高第丕（Tarleton Perry Crawford）和中国人张儒珍合编出版了关于北京口语的《文学书官话》。该书共 21 章，论述了汉语的词类、句法、语义以及语音、汉字构成、汉语修辞等内容。《文学书官话》初步建立起了一套比较完整、比较严谨、比较符合现代汉语实际的语法体系。[①] 该书“曾由金谷昭校点刊行，漂洋过海，稍有影响”[②]。《官话类编》的作者狄考文（Calvin Wilson Mateer）是美国长老会传教士，1863 年来到中国。1892 年，该书第一次出版。与《语言自迩集》类似，《官话类编》实质上也是一部供西方人学习汉语的教材，以汉语白话文为主，但在汉语语法之上也是着墨颇多，语音、汉字构成以及词类、句法等方面也有涉及。《官话类编》共有课文二百篇，组成这些课文的句子大多来自生活。为了满足传教士的需要，又在书的附录中增加了选自中国文学著作的书面用语，因而该书收集的词语、句子涵盖范围很广，具有很强的实用性。除此之外，能够确证传世的主要还有文壁（Jasper Schudder Mcllvaine）、富善（Chauncey Goodrich）和尹士嘉（Oscar F. Wisner）有关官话语法的著作。这些作者大都是新教传教士，新教汉语语法研究虽然依旧未能完全摆脱拉丁语法的痕迹，但更多体现了自身特点，较多地受到近现代语言学思想的影响，倾向于把语法研究从语言文学的整体研究中分离出来。[③] 另外，艾约瑟等人坚信：因为汉民族与世界上其他民族一样，有着共同的祖先，所以汉语和其他语言的源头也是一样的，同样可以用具有普遍性的语法范畴进行描写和分析，尽管汉语的形态与欧洲语言存在天壤之别。[④] 骑墙之势下，他们的汉语语法研究既说不上是完全的附庸之学，也不能说取得了独立的学科地位，还处在过渡阶段。[⑤]

英国人和美国人成为 19 世纪进行西方汉语语法研究的有生力量。特别在 19 世纪中叶之后，他们更是成了这个领域的主力。他们承上启下的论述和研究，为中国自身汉语语法体系的成熟做了很好的预热。

---

① 张延俊、钱道静：《〈文学书官话〉语法体系比较研究》，崇文书局 2007 年版，前言，第 5 页。

② 邵敬敏：《汉语语法学史稿》，商务印书馆 2006 年版，第 50 页。

③ 董方峰：《十九世纪英美传教士的汉语语法研究》，第 57 页。

④ 同上书，第 69 页。

⑤ 同上书，第 75 页。

第四章

“资料渊博、丰富，特别有趣味”[①] 的汉语教科书：威妥玛《语言自迩集》

从17世纪中叶开始，取得海上霸权的英国开始不断扩大与中国的贸易。英国人成立东印度公司，设立广州商馆，满心期待在与东方，特别是中国的贸易中获得滚滚财源。但清政府闭关锁国，奉行一口通商政策，颁布“防范外夷规条”，极大地限制了中英两国贸易的发展。而当时英国国内早就对中国的巨大市场“垂涎三尺”。对此，无论是政府还是做对华贸易的商人，都极为不满。他们想方设法，要求中国开放市场。但无论是商会的借机申诉，还是使团的正式拜会，英国都没能达到目的。于是，为了在现有条件下赚取更大的利润，很多英国商人都在华从事鸦片走私的行当。随着时间的推移，中国的“烟毒”之害愈演愈烈。

鸦片在中国的泛滥造成的灾难性后果，使清朝政府不得不认真面对。在经过一番激烈的内部争辩之后，道光皇帝决意禁烟。但却严重地触犯了英国在华因鸦片贸易而获得的巨大经济利益。他们发动了非正义的战争，决心用武力强迫中国开放。1842年，中英签订了《南京条约》，清政府准许五口通商、英国人可以在五口“寄居”并派领事、管事“专理商贾事宜，与各地地方官公文往来”、重订关税、割让香港岛作为英国“修船、存守物料”之用。[②] 英国在对华贸易方面的期待终于达成。

列强在语言文化方面对中国的要求在中美《望厦条约》中开始得以

① ［丹］何莫邪：《〈马氏文通〉以前的西方汉语语法书概况》，见北京大学中国传统文化研究中心编《文化的馈赠——汉学研究国际会议论文集·语言文学卷》，第465页。

② 中英《南京条约》，参见360doc个人图书馆（http：//www.360doc.com/content/10/0818/13/26141_46922612.shtml）。

体现，被允许在五口建造西方教堂则是在中法《黄埔条约》中。1844年，美国专使顾盛（Caleb Cushing）与清朝钦差大臣耆英签订了该条约，除了没有割地赔款之外，几乎囊括了《南京条约》的所有内容，并且更加具体细化。还有，《望厦条约》使美国获得了最惠国待遇，从此保障了西方列强在一国和中国签订不平等条约时，其他国家都能利益均沾。当然，《望厦条约》的鲜明特色并不在于此，其第18条规定："准合众国官民延请中国各方士民人等教习各方语言，并帮办文墨事件，不论所延请者系何样人，中国地方官民等均不得稍有阻挠、陷害等情形；并准其采买中国各项书籍。"[①]至此，清政府为防范中外人士互相接触而在教学汉语方面设置的禁令便成了一纸空文。同年，中法签订了《黄埔条约》，其中第22款规定："佛兰西人亦一体可以（于五口）建造礼拜堂……倘有中国人将佛兰西礼拜堂、坟地触犯毁坏，地方官照例严拘重惩。"[②]之后，列强通过《天津条约》获得了基督教在中国全境自由传教的允诺，通过《北京条约》获得了各国公使常驻京师的权利。

一系列不平等条约的签订，使西方传教士、官兵以及在驻华使馆、各地海关和其他机构任职的外国人的在华权益受到较好的保护。在这个时期，基督教（主要是新教）传教士受此鼓舞，大量涌入中国。他们像先辈一样，在中国传教的同时努力学习汉语、从事翻译工作，有的还著书立说。各列强驻华使馆、海关，甚至洋务企业都非常重视雇员的汉语水平，选拔和任命人员都以汉语水平作为重要的参考标准。外国人的汉语学习从此脱离了以往的个体行为，开始呈现规模化的特点。与之相应，汉语学习教材和以双语词典、汉语语法书等为代表的工具书的编写和出版也迎来了高潮。

这段时期，无论是西方传教士，还是外交官和其他外籍人员，他们学习汉语、熟练掌握汉语，充当文化交流使者的同时，都是自觉不自觉地成为本国政府欺华辱华的帮凶。外交官和传教士正是该阶段从事汉语语法研究和编写工作的主力军。因此，在给出评价、总结观点的时候，本书注意

① 中美《望厦条约》，参见360doc个人图书馆（http://www.360doc.com/content/10/0818/13/26141_46922612.shtml）。

② 中法《黄埔条约》，参见360doc个人图书馆（http://www.360doc.com/content/10/0818/13/26141_46922612.shtml）。

到了这个群体的双重身份，力求客观、公正。

艾约瑟、威妥玛编写汉语语法著作和学习教材正是发生在这样的时代背景中。他们刚来到中国的时候，因为《望厦条约》的签订，外国人被准许学习汉语；他们待在中国的时候，因为签订了《北京条约》，列强普遍需要大量懂汉语的本国人，西方人的汉语学习因此进入兴盛时期。来华西方人需要学习汉语，和中国官员甚至普通中国人打交道，因此，艾约瑟《华语官话语法》、威妥玛《语言自迩集》便成为时代所需的颇具影响力之作。

第一节　威妥玛生平与汉语学习

一　威妥玛的生平

威妥玛，英文名为 Thomas Francis Wade，英国外交官、汉学家，1818 年 8 月 25 日出生在伦敦。[①] 威妥玛是家中长子，其父那时是陆军少校，服役于苏格兰皇家高地警卫团（the black watch）。[②] 其母为爱尔兰人。他幼年时曾随外派的父亲住在毛里求斯（Mauritius）并接受教育，[③] 后返回英国求学。从英国著名的男子寄宿学校哈罗（Harrow）公学毕业之后，1837 年他来到了剑桥三一学院（Trinity College，Cambridge）学习。在剑桥，他表现出了对学习外语的极大兴趣。[④]

1838 年，威妥玛依父愿入伍参军。1842 年，他随英军在香港岛登陆，

---

① 关于威妥玛的生平，宋桔根据库里·詹姆士（Cooley James）的著作《威妥玛在中国：全球外交的先驱》（*T. F. Wade in China：Pioneer in Global Diplomacy*）、高迪爱 1895 年发表在《通报》（Toung Pao）上的文章《威妥玛》（*Thomas Francis Wade*，）以及维基百科等网络资源，在其博士学位论文《〈语言自迩集〉的文献和语法研究》中有过详尽的介绍。本节的写作在其研究的基础上略有修改。

② 威妥玛出生时，其父在该团的军衔是 Major，为陆军少校，参见维基百科（http：//en. wikipedia. org/wiki/Thomas_ Francis_ Wade），而非宋桔所说的上校，参见宋桔《〈语言自迩集〉的文献和语法研究》，博士学位论文，复旦大学，2011 年，第 39 页。

③ 参见 Henri Cordier，*Thomas Francis Wade*，Toung Pao，1895，No. 4，p. 407。转引自宋桔《〈语言自迩集〉的文献和语法研究》，第 40 页。

④ 参见 Cooley James，*T. F. Wade in China：Pioneer in Global Diplomacy*，Leiden：Brill，1981，p. 8。转引自宋桔《〈语言自迩集〉的文献和语法研究》，第 40 页。

并在第二年参加了英军攻打镇江的战役并随后向南京进军。威妥玛开始学习汉语是在来中国的船上，等到船靠近中国港口时，他已成为船上唯一能说汉语的人。[①] 因而，威妥玛应该是极具语言天分的一个人。因为威妥玛随英军长驻香港，所以当时他学习的汉语还是广东话，他也因其汉语能力担任军队翻译。1845 年，他又被指派为香港最高法院的临时译员。1847 年，他正式退伍。随后，他就被延揽，担任时任港督班汉（George Bonham）的中文秘书，在其手下服务了 6 年。在这期间，威妥玛还参与了香港见习汉英译员培训的教学工作，并对他们的学习情况进行考核。1852 年，他因患疟疾回到英国疗养。在香港的这段时间，威妥玛认识了英国人密迪乐（Thomas Taylor Meadows）和中国人应龙田。前者公开发表过北京话发音方案，使威妥玛知道了北京话在中国的使用更加普遍，得以明确汉语研究的方向。后者是威妥玛的汉语老师，使其对北京官话的了解和学习得以实践。

1853 年，威妥玛回到中国，担任英国驻上海副领事，与阿礼国（Sir. Rutherford Alcock）共同负责上海事务。他在完成副领事本职工作的同时，还担任着领事馆的翻译工作。当时，太平天国运动造成了上海周边地区的局势动荡，英国遂将上海海关税务司置于驻沪外交使团三人委员会的管理之下，由威妥玛负责。在此期间，威妥玛明确了在华机构人员应该具备良好的中文能力，了解中国文化的传统。1855 年，威妥玛辞去在海关的职务，回到香港担任港督的中文秘书，并负责来华译员的汉语培训工作。他倡导学员说汉语时要使用通行于正式场合的官话，对学员使用汉语方言的现象多有批评。[②] 很快，他设计出一套调查表，用于调查来华翻译人员的汉语水平以及他们对中国的认知。调查显示，当时英国汉语培训体系的最大问题是缺乏汉语学习课本。[③] 其后，他据此向英国外交部建议一项旨在提高本国汉语翻译人员水平的教育计划。他的建议是：第一年，学

---

① 参见 Cooley James，*T. F. Wade in China*：*Pioneer in Global Diplomacy*，p. 9。转引自宋桔《〈语言自迩集〉的文献和语法研究》，第 40 页。

② 参见［美］布鲁纳、费正清、司马富编《步入中国清廷仕途——赫德日记》，傅曾仁、刘壮翀、潘昌运、王联祖译，中国海关出版社 2003 年版，第 297 页。转引自宋桔《〈语言自迩集〉的文献和语法研究》，第 42 页。

③ 参见 Cooley James，*T. F. Wade in China*：*Pioneer in Global Diplomacy*，pp. 25-26。转引自宋桔《〈语言自迩集〉的文献和语法研究》，第 42 页。

生在香港集中学习汉语和中国文化，英国外交部则保证师资、教材、场地和资金等一切必备的学习条件。年末进行考试，成绩优异者获得职位，第二年跟着翻译人员实习。虽然由于当时中英关系动荡多变，英国政府没有完全采纳威妥玛的计划，但却激起了他工作之余整理编写汉语教材的兴趣。1857年，威妥玛被延揽入额尔金（Lord. Elgin）使团，担任汉文秘书，参与了《天津条约》的谈判。1859年，《寻津录》在香港问世，随书附录威氏创制的“北京话音节表”。1860年，《问答篇》和《登瀛篇》在上海出版，这三本书可以看作是威妥玛汉语教材的“试水”之作。

1861年，威妥玛被正式任命为英国驻华公使馆官员，第二年升任汉文秘书。虽然他公务繁忙，但还是向英国政府提交了经过改进的汉语培训方案并获得英国外交部的认可。与此同时，经过前期的实践，威妥玛正式开始了汉语培训所需教材的编写。1864年，深受上级赏识的威妥玛担任了一年多的代理全权公使，因为公务繁忙暂时搁置了汉语教材的编写。1866年，威妥玛因为内部矛盾被暂停了工作。他从北京来到上海，将前期准备好的资料予以整合。1867年，他正式出版了《语言自迩集》和《文件自迩集》。在出版这两部书之后，威妥玛回国休假一年。1869年，他回到中国，续任代理公使，1871年得到正式任命。威妥玛在此任上干了11年，直到1882年。这段时期，他在别人的帮助下基本完成了《语言自迩集》的修订。此外，他还在1875年被封爵，参与签署了1876年的《烟台条约》。1886年，《语言自迩集》第二版在他回国三年后出版。同年，他将自己的中文藏书捐赠给了剑桥大学图书馆的东方特藏室（Oriental Collection），加之其在汉语教学上的突出贡献，获得了剑桥大学荣誉文学博士学位。两年之后，他受邀担任剑桥大学首任汉学教授，直至1895年7月去世。1887年至1890年，威妥玛还担任过英国皇家亚洲学会（Royal Asiatic Society）的会长。

威妥玛自随英军1842年来到中国，在华时间累计43年，凭借其才干和出众的汉语运用能力，从翻译官坐到了驻华公使的高位。虽然他是英国在华利益的代言人，在欺辱中国和攫取不当权利方面从不甘人后，但在这期间他也出版了多部重要的汉语研究论著、发表了大量关于中国各方面的报道，为中英交流做出了比较突出的贡献。他改进和发展的用拉丁字母标注汉字发音的系统被称为“威妥玛注音法”（Wade System），是汉语拼音方案公布前，在中国十分流行的汉字拼音方案。高迪爱如此评价威妥玛：

“作为一名汉学家，威妥玛因其学习研究汉语的方法而著名。”[①]

威妥玛具备足够的语言学、语法学和教育学知识，汉语水平高，拥有在华的丰富经历，是其成为实践型汉学家的重要代表之一，与那些只留在欧洲自己的书斋里“闭门造车”的人明显不同。他最重要的著作《语言自迩集》保留了当时官话的读音、词汇、语法等第一手资料，具有较高的历史和语言研究价值。

二 威妥玛的汉语学习

威妥玛在青少年时期曾在英国著名的男子寄宿中学哈罗公学和剑桥三一学院学习，这给他的外语学习打下了坚实的语言学、语法学和教育学等诸多方面的基础。库里·詹姆士曾经对威妥玛的孙女罗塞琳（Rosalind Herschel Wade Seymour）进行过采访，据她回忆，威妥玛在剑桥的时候就已经开始学习外语了。这时的威妥玛，感兴趣的还是英语之外的欧洲他国的语言。[②]

威妥玛似乎很早就认识到了外语在对外交流中的重要性，他每到一地，总是设法去学习当地的语言。1839 年，作为英军士兵的威妥玛随部队驻防希腊的爱奥尼亚群岛。在希腊的那段时间，他经常利用业余时间学习意大利语以及现代希腊语。[③] 1841 年，威妥玛升任陆军中尉。彼时，中英之间的第一次鸦片战争已经爆发，他随军坐船前往中国参战。在船上，威妥玛利用早已准备好的材料开始自学汉语。1842 年 7 月，当船只靠近香港的时候，威妥玛已经能够说些简单的广东话了。因为他是船上唯一能说汉语的人，他就被指挥官任命为这支军队的翻译。[④]

---

① Henri Cordier, *Thomas Francis Wade*, Toung Pao, 1895, No. 4, p. 408. 转引自宋桔《〈语言自迩集〉的文献和语法研究》，第 44 页。

② 参见 Cooley James, *T. F. Wade in China: Pioneer in Global Diplomacy*, p. 9。转引自宋桔《〈语言自迩集〉的文献和语法研究》，第 40 页。

③ 宋桔认为威妥玛学习的是“拉丁文和现代希腊语”，参见宋桔《〈语言自迩集〉的文献和语法研究》，第 44 页。顾亮则认为这段时期，威妥玛学习的是“意大利语和现代希腊语”，参见顾亮《威妥玛与〈语言自迩集〉》，硕士学位论文，华东师范大学，2009 年，第 9 页。本书核对了维基百科等其他外文资料，采用顾亮的说法。

④ 参见 Cooley James, *T. F. Wade in China: Pioneer in Global Diplomacy*, p. 9。转引自宋桔《〈语言自迩集〉的文献和语法研究》，第 40 页。

根据库里·詹姆士的记述，威妥玛在船上所学的是广东话。因此，他能够用来自学的材料必定是用广东话写成，或者干脆就是论述此类方言的专著，而且还应该是适合自学的实用教学类书籍。在1841年之前成书或出版的有关广东方言的教学类著作本来就不多，且该书还应以威妥玛所熟悉的语言以中外文对照的形式写成。这样威妥玛才能在一年左右的时间，在船上自学完成，并能用广东话进行简单交流。因此，我们认为，威妥玛在船上所用的广东话自学材料，很有可能包括甚至就是马礼逊所著、1828年在澳门出版的《广东省土话字汇》(*Vocabulary of the Canton Dialect*)。

《广东省土话字汇》全书分为三部分：第一部分为英汉字汇，第二部分为汉英字汇，第三部分为成语词组。书后还附有马礼逊编写的，供中国人以及其他掌握汉语的人士学习英语的《英吉利文话之凡例》。在该书的序言中，马礼逊说明了编写这部字汇的目的是："期望不通过中国人，也能把中文传授给欧洲人。"① 英汉字汇部分按英文字母顺序排列，直接给出每个英文单词相对应的汉语语词，并标注广东话发音、引用例句加以解释说明。汉英字汇一样也是按英文字母顺序排列汉语语词，并列出发音和英文解释。成语语词部分则根据中国人的习惯划分为24类。在各类中，马礼逊尽其所能举出其熟悉的汉语成语和格言。该书出版后产生了较大的影响，受到英国人的普遍赞誉，在英国的上层人士和知识阶层、商贾阶层中流传。来自剑桥三一学院的威妥玛，是完全有可能拿到该书并有能力据此开始自学的。

1845年之后，威妥玛放弃了在军队的发展，开始转入仕途并逐渐高升。与此同时，随着交际越来越广，他的汉语学习也进入了全新的阶段，彻底摆脱了主要依靠自学的窘境。1846年，威妥玛迎来了其个人事业的转折点，并结识了两位与其亦师亦友、在其汉学道路上可称重要的人物——英国人密迪乐和中国人应龙田。密迪乐在英国的大学毕业之后，曾专门到德国慕尼黑学习过中文，1843年之后担任香港英国领事馆翻译。他总结了北京话的发音方案，使威妥玛明确了北京话在当时中国的"正音"地位，并下决心开始学习北京话。可以说，正是密迪乐引领威妥玛走上了学习北京话的道路。应龙田则是威妥玛正式聘请的中文老师，他的出

① Robert Morrison, *Vocabulary of the Canton Dialect*, Macao: The East India Company's Press, 1828, Preface, p. 1.

现使威妥玛的北京话学习进入实质性的快速提升阶段。以至于1852年威氏因病回到英国，为了不耽误自己的汉语学习，威妥玛竟然带上了应龙田。1853年回到中国，他也带着应龙田。两者的师生关系维系了15年，直至1861年应龙田去世。应龙田在威妥玛汉语学习中的重要地位从中可见一斑。[①] 这个阶段，威妥玛的汉语学习可以说是“两条腿走路”：他在自己临时译员、港督中文秘书的工作中时刻接触汉语，进行了大量的与汉语有关的实践性活动。同时，他在与密迪乐、应龙田的交往中专门学习汉语。正是依靠这两个方面的努力，他的汉语水平得到了快速提升。

1853年之后，威妥玛的汉语水平因为前期的学习得以更上一层楼。他相继担任英国驻上海副领事、上海海关税务司以及汉文秘书等职。在独当一面处理中国事务的过程中，威妥玛更加坚定了与中国打交道的英国人必须具备良好的中文能力、了解中国文化传统的理念。在1871年担任驻华全权公使之前的这段时间，威妥玛都十分重视英国来华外交人员的汉语培训，主动参与语言教学工作。教学相长，他的汉语也在不断的教学实践中得以自我学习和提高。在长期的汉语教学和实践活动中，威妥玛积累了大量的汉语教学素材，同时也深刻认识到编写可供欧美初学者使用的汉语教材和词典是亟待解决的问题。

1859年，威妥玛的《寻津录》（*The Hsin Ching Lu*：*Book of Experiment*）作为“试验性”汉语教材在香港出版。1860年，他又在上海出版了《问答篇》和《登瀛篇》，为比较富于趣味的问答式汉语教材。1866年，因为内部矛盾暂停工作的威妥玛得以有时间整合前期积累的汉语教学资料。第二年，他便在上海正式出版了《语言自迩集》和《文件自迩集》。这一系列著作既是威妥玛学习汉语的丰硕成果，也是其熟练掌握汉语的明证。

由此，威妥玛的汉语学习主要可以分为三个阶段。1841年到1844年是第一阶段，威妥玛主要依靠《广东省土话字汇》等方言类书籍学习广东话。由于没有教师，他主要依靠自学。第二阶段从1845年直到1852年威妥玛回到英国，这段时期他因认识了密迪乐和应龙田，了解到北京话的“正音”地位，开始把对北京话的学习和研究作为自己毕生的追求。应龙

① 关于威妥玛和二人的关系以及应龙田对《语言自迩集》的贡献，参见宋桔《〈语言自迩集〉的文献和语法研究》，第41页。

田是文化水平较高的中国人，在他的指导下，威妥玛的汉语学习走上了正轨，进步很快。[①] 从 1853 年威妥玛重返中国到 1895 年去世是第三阶段，他已经熟练掌握汉语，出版了一批供外国人学习汉语的教材，甚至在卸任英国驻中国公使、回到英国之后，被任命为剑桥大学的首任汉学教授。这无疑是对其汉语水平和研究能力的极大肯定。

第二节　威妥玛《语言自迩集》考

一　《语言自迩集》系列的“初级教程”

威妥玛以《语言自迩集》[②] 为代表的一系列汉语教材的出版，应缘起 1857 年威妥玛在香港开展的一次调查。其时，他重新担任港督的中文秘书，负责培训来华的汉语翻译人员。应港督的要求，威妥玛对英国来华翻译人员的汉语水平和他们对中国的认知情况进行调查。这次调查揭示出英国当时汉语培训中的四大问题：缺乏可供初学者使用的语言教材和词典；现有汉语教师大多来自社会底层，素质普遍不高；大部分见习译员缺乏用于语言学习的时间；政府对翻译人员的地位不够重视，忽视了他们在中西交流中的媒介作用。其中，缺乏合适的语言教材是需要马上下功夫解决的最大问题。[③]

为了满足那些为“英国政府工作的领事馆见习生”[④] 的需要，1859

---

① 事实上，在威妥玛《语言自迩集》等汉语学习教材的编著上，应龙田提供了很大的帮助。

② 关于《语言自迩集》，张卫东主要从语音方面展开过研究，发表了一系列文章。张美兰则集中在词汇方面，并与同时代的同类著作进行文献对比。内田庆市则结合《语言自迩集》若干语法专题论证了该书汉语研究的先驱性。宋桔《〈语言自迩集〉的文献和语法研究》是其 2011 年的复旦大学博士学位论文，对该书文献版本与流通进行了详细的考证；对该书的语料特征、语法观念和语法体系与时代价值进行了深入的分析，本章的写作对该论文多有借鉴。此外，顾亮的硕士学位论文《威妥玛与〈语言自迩集〉》（华东师范大学，2009 年）也有一定的参考价值。

③ Cooley James, *T. F. Wade in China*: *Pioneer in Global Diplomacy*, p. 26. 转引自宋桔《〈语言自迩集〉的文献和语法研究》，第 42 页。

④ Thomas Francis Wade, *Hsin Ching Lu*, Hongkong, 1859, Preface, p. 1.

年，威妥玛在香港出版了《寻津录》。[①] 这部书的完整副标题是“试验之书：汉语学习系列教材的第一部”（*Book of Experiments*：*Being the first of Series of Contribution to the study of Chinese*）。这部书可以看作《语言自迩集》系列的第一部“初级教程”，学界普遍认为是《自迩集》出版之前的试水之作，并且该书的许多内容也用到了后来出版的《语言自迩集》之中。“津”在汉语中最主要的含义是“渡口”[②]，威妥玛以“寻津”为名，应该是寄托自己期望顺利找到渡口，帮助众多有需要的欧美人士，尤其是领事馆的见习译员成功到达掌握汉语的彼岸之意。后来，著名汉学家翟理斯（Herbert Allen Giles）读到该书，依据该书名称的汉语读音，将其戏称为“新京路”——“一条到达北京的全新之路”，这不失为是一种有趣的解读。[③]

该书在内容上共分为三个部分。第一部分“天类”（The Category of T'ien），采用罗列汉字并进行相应的英文翻译的形式，总结了北京话中与“天”相关的词组和句子。第二部分则翻译注释了《圣谕广训》（*Amplification of the Sacred Edict*）的第一章，作为学习汉语的材料。第三部分是声调和读音的练习（Exercises in the Tones and Pronunciation），以 139 句汉文句子作为，“北京话音节表”则是附录。该书共提供了 400 多个汉语词汇，2000 个左右的短句。其对于汉语元音、辅音和送气音的论述以及所提及的“音节总表”又再一次出现在了《语言自迩集》。

《寻津录》出版之后，1860 年，威妥玛又在上海出版了另外两部该系列的“初级教程”《问答篇》《登瀛篇》。《问答篇》有上下二卷，上卷 53 章，下卷 50 章，一共有 103 章。其内容多与《语言自迩集》中的“谈论篇”比较接近。根据宋桔的研究，《问答篇》中除了关于一对奇怪夫妇的言论、暴行和外遇相关的两段内容不见于“谈论篇”，其余内容两者都是高度一致的。[④]“谈论篇”在引用《问答篇》例文和例句时，也并非完全照搬，而是与时俱进，在用词上有一定的改动，使之更加符合那时北京话

① 笔者并未见过《寻津录》《问答篇》和《登瀛篇》三书，所述内容及相关细节多来自宋桔《〈语言自迩集〉的文献和语法研究》，第 75—90 页。

② 陈复华、楚永安主编：《古代汉语词典》，第 800 页。

③ 参见 Herbert A. Giles，*A Glossary of reference on subjects connected with the Far East*，Hongkong，1878，p. 62。

④ 宋桔：《〈语言自迩集〉的文献和语法研究》，第 89 页。

的传统。[①]《登瀛篇》全书共 48 章，分成了两个部分。“瀛”在此处应为“瀛洲”，相传是仙人所居之山。[②] 所谓“登瀛”，表明威妥玛已经从“寻找渡口”到“登上瀛洲”，暗示自己找到了外国人学习汉语的正确道路。第一部分是第 1 章到第 10 章，这种先列出主要的必学词汇，接着出示例句的做法，与《语言自迩集》中的“散语章”一致，但内容却不一致。因而《自迩集》应是对其进行了重新地编写。第二部分第 11 章到第 48 章无生词栏，其写法类同于《语言自迩集》第一版中的“续散语章”。与前一部分不同，该部分的例句基本上都收入了“续散语章”。

综上所述，《寻津录》等三部汉语教学论著是威妥玛在《语言自迩集》出版之前的有益尝试，它们与《自迩集》之间存在着紧密的联系，《自迩集》的部分章节就是在这三本著作的基础上修改、补充而成。它们应该就是威妥玛所说的《语言自迩集》出版之前的系列“初级教程”（elementary course）。并且在这三本书还未出版的时候，威妥玛恐怕就已在考虑后续了：

> 现在，有几篇基于思辨探讨官话语法的论著，尤其是巴赞（Mr. Bazin）和艾约瑟先生（Mr. Edkins）的论著，程度高的学生读过之后，也许是有益的；但这些经我审看过的语法，标榜其有助于掌握汉口语，我却是不信任它们。我也曾想过：在现有已出版的初级教程之后，如果又附有一系列范文，而范文又能像我上面讲的那样，对于两种语言的对照和类比提供某些概念，它就有可能排除两种语言的初学者都常碰到的绊脚石，而又不使这些初学者太受制于严格按欧洲模式影响而形成的束缚，学习能够找到的最简单的语法。[③]

二 《语言自迩集》的编写和出版

1867 年，《语言自迩集》的第一版在上海出版，之所以与《寻津录》

---

① 宋桔：《〈语言自迩集〉的文献和语法研究》，第 89 页。

② 陈复华、楚永安主编：《古代汉语词典》，第 1878 页。

③ Thomas Francis Wade, *Yü-yen Tzŭ-êrh Chi*: *A Progressive Course Designed to Assist the Student of Colloquial Chinese, as Spoken in the Capital and the Metropolitan Department*, London: Trübner Company, 1867, Preface, p. xiii.

等语言教材时隔7年多才出版。这应与威妥玛担任要职、公务繁忙，实在无法脱身有关。1866年，威妥玛因为政见不合，与英国商务部发生冲突，暂停了工作。① 于是，他利用这段难得的"空闲"，积极整合所收集的资料，全力开展汉语研究工作，准备汉语学习新教材的出版。经过前期的精心规划和筹备，过了一年，《语言自迩集》和其姊妹篇《文件自迩集》便相继出版。

《语言自迩集》（*Yü-yen Tzŭ-êrh Chi*）出版伊始，便带有一个长长的副标题：*A Progressive Course Designed to Assist the Student of Colloquial Chinese, as Spoken in the Capital and the Metropolitan Department*，译成中文就是："一本渐进式的教材，用于帮助学习通行于首都和都会城市衙门汉语口语的学生。"在该书序言中，威妥玛明确告诉读者：该书取名"自迩"是来自中国古代的经典《中庸》："君子之道，辟如行远，必自迩；辟如登高，必自卑。"② 使用这句话，恰好可以对读者强调在学习汉语口语的过程中，基础的重要性，有必要采取循序渐进的方法，逐步深入。

作为一部主要供外国人学习汉语的口语教材，《语言自迩集》经历了三次大的修订，由此形成了三个不同的版本。这主要是随着时代的进步和北京话的变化发展，威妥玛以及其他的编写者不断更新自己对汉语和汉语教学的认识的结果。

1867年，《语言自迩集》出版了第一版，该书由出过许多汉学论著的英国特吕布纳公司（Trübner Company）出版，在上海印刷。第一版在结构上包括了两卷及相关配套练习。第一卷为该书最重要的部分，共8个章节、5个附录。该书章节安排如下：

Part I：Pronunciation 发音

Part II：The Radicals 部首

Part III：San Yü Chang The Forty Exercises 散语章 四十练

Part IV：Wên-Ta Chang The Ten Dialogues 问答章 十对话

Part V：Hsü San Yü The Eighteen Sections 续散语 十八节

Part VI：T' an-Lun Pien The Hundred Lessons 谈论篇 一百课

---

① Cooley James, *T. F. Wade in China*: *Pioneer in Global Diplomacy*, pp. 54-55.

② Thomas Francis Wade, *Yü-yen Tzŭ-êrh Chi*: *A Progressive Course Designed to Assist the Student of Colloquial Chinese, as Spoken in the Capital and the Metropolitan Department*, Preface, p. xiii.

Part VII：Lien-hsi Yen Shan P‘ing Tsê Pien The Tone Exercises 练习燕山平仄篇 声调练习

Part VIII：Yen Yü Li Lüo The Chapter on the Parts of Speech 言语例略 词类章

全书的附录（Supplement）则收录书中主要章节出现的生词：

Appendices containing all characters in Parts III，IV，V，VI，and VII.

宋桔也曾对《语言自迩集》第一版的内容进行过考察，但只说到了各部分的英文名，却在翻译的时候加入了汉字的中文名称。① 事实上，除了发音和部首之外，第一卷的其他各章都是中文名（以拼音的形式呈现）和英文名一并出现的。

第二卷题名《自迩集·口语系列解答》（*Key to the Tzŭ—êrh Chi*：*Colloquial Series*），其目录印在了第一卷上，位于第一卷目录之后，包括：

Observations on the Use of the Key to Parts III，IV，V，and VI. 对第三、四、五及六章答案使用的论述

Translation of Part III. 第三章译文

Table of Weights，Measures & c. 重量、度量表

Notes on Part III. 第三章注释

Translation and Notes ofPart IV. 第四章译文及注释

Do. do. Part V. 第五章译文及注释

Do. do. Part VI. 第六章译文及注释

Do. do. Part VII. 第七章译文及注释

Do. do. Part VIII. 第八章译文及注释

Errata of the Colloquial Series，Key，Syllabary，and Writing Exercise. 口语系列答案、音节表和写练习勘误表

令人感到困惑的是，威妥玛在第六章译文及注释的开始重新对页码进行编号，并注上“页码重新编号”（second series of pages）的字样，可能是起初想把第二卷装订成两册，后又合为一册之故。

在体例安排上，多为先给出该章内容的译文，然后对相关字词、句式进行注释，所谓的“译文及注释”便是如此。只有“散语章”略有不同，其译文和注释是分开的。该章的每个练习都是先出现生词表和词组表，并

① 参见宋桔《〈语言自迩集〉的文献和语法研究》，第 59—60 页。

进行标号，然后是 Single Word（单字），将该章的生词依上面的顺序先注音，然后进行英文释义，接着 Words Combined（词组），是对该练习的词组表的语义翻译。相关的注释内容则集中在了该卷“Note of the Forty Exercises（四十练注释）”之中。[①]

在第二卷“第八章译文之后”，威妥玛加上了另外一些内容，这些内容的完整名称是：Corrections and Additions in the Colloquial Series of the TZŬ-ERH CHI，and in the Appendices，Key，Syllabary，and Writing Exercises，Accompanying It. 意为“《自迩集》口语系列修正和增订，含随后的附录、答案、音节表及写练习”。[②] 这一部分的内容包括了对《自迩集》正文、附录、译文和注释、北京话音节表、写练习甚至标点的勘误。紧接着勘误表的是名为《平仄编》（*P‘ing-Tse Pien*）的《北京话音节表新编》（*A New Edtion of the Peking Syllabary*），是《寻津录》中同名内容的最新修改，作为《语言自迩集》口语系列的辅助材料，含语音表（Table of Sounds）、例字表（Table of the Characters）以及附录（Appendix to the Peking Syllabary，实际上是声调表）三项内容。

笔者手头的《自迩集》的第一版是哈佛—燕京学社的藏本，其第一卷的编排和宋桔的记述基本一致，但第二卷却有很大的不同。最大的不同是《平仄编》直接附在了第二卷勘误之后，但页码独立。关于这一点，宋桔在她博士学位论文的注解中也有谈及：

> 《平仄篇》为独立的内容，但目力所及之藏本第一版多为三卷本，即《平仄篇》在保留完整的首页和独立页码的基础上，直接附录在第二卷的后面。我们在上海徐家汇藏书楼藏本中也发现了独立装订为一册的《平仄篇》，在北京大学图书馆看到了独立装订为一册的英文卷，由此，我们推测可能存在两种装订形式的第一版《自迩集》。[③]

除此之外，我们还发现，虽然英文名为 *P’ing-Tse Pien*，但笔者手头藏

① 参见宋桔《〈语言自迩集〉的文献和语法研究》，第 60 页。

② Thomas Francis Wade，*Yü-yen Tzŭ-êrh Chi*：*A Progressive Course Designed to Assist the Student of Colloquial Chinese*，*as Spoken in the Capital and the Metropolitan Department*，London：Trübner Company，1867，Vol. 2，p. 133.

③ 宋桔：《〈语言自迩集〉的文献和语法研究》，第 60 页。

本中该部分的中文名却是《平仄编》，且被印在了首页之上。[①] 在内容上，不见宋桔所说的“多音字表”[②]，却多出了“官话例字表”（Table of Characters Representing the Court Dialect）。[③] 因此，我们认为，威妥玛在1867年出版的《语言自迩集》不但存在着两种不同的装订方式，如果宋桔所说不差，其编排也有可能存在着至少两种不同的方式，它们之间或存在着细微差别。

根据威妥玛在第二卷中的记述，《语言自迩集》应该还包括名为Writing Exercises的部分。遗憾的是，我们在第二卷中并未见到该部分。这部分或许就是宋桔在其博士学位论文中提到的《汉字练习法》（*Han Tzu Hsi Hsieh Fa*）。其为一套汉字的书写练习，所用范例是标准楷书的毛笔字，与《语言自迩集》配套，包括了汉字笔画、书写汉字的姿势解说、200个部首的写法、汉字列表等内容。[④]

第二版的《语言自迩集》于1886年出版，由位于上海的海关总署统计处出版（the Statistical Department of the Inspectorate General of Customs），发行方是上海、横滨、香港三地的别发洋行（Kelly & Walsh Limited）以及伦敦的艾伦公司（W. H. Allen & Co.）。该书的印刷费用来自海关的拨款，为此，威妥玛在第二版序言的最后还进行了专门的感谢：

> 搁笔之前，我必须衷心地感谢驻中国的海关总税务司赫德先生以及全体海关工作人员。在赫德先生的允许下，新版已经在上海的海关印刷厂印刷，而且不要出一分钱。[⑤]

---

① Thomas Francis Wade, *Yü-yen Tzŭ-êrh Chi*: *A Progressive Course Designed to Assist the Student of Colloquial Chinese, as Spoken in the Capital and the Metropolitan Department*, London: Trübner Company, 1867, Vol. 2, *P'ing-Tse Pien* p. 1.

② 宋桔：《〈语言自迩集〉的文献和语法研究》，第60页。

③ Thomas Francis Wade, *Yü-yen Tzŭ-êrh Chi*: *A Progressive Course Designed to Assist the Student of Colloquial Chinese, as Spoken in the Capital and the Metropolitan Department*, London: Trübner Company, 1867, Vol. 2, *P' ing-Tse Pien*, p. 29.

④ 参见宋桔《〈语言自迩集〉的文献和语法研究》，第60页。根据其注音，翻译成《汉字习写法》似乎更为对应。

⑤ Thomas Francis Wade, *Yü-yen Tzŭ-êrh Chi*: *A Progressive Course Designed to Assist the Student of Colloquial Chinese, as Spoken in the Capital and the Metropolitan Department*, Shanghai: the Statistical Department of the Inspectorate General of Customs, 1886, Preface, p. xi.

第二版包括三卷，第一卷为八章内容及勘误表，第二卷为第一卷第3—8章节的英文译文、注释和勘误及增录，第三卷则为附录和勘误。应该说，第一卷和第二卷基本延续了第一版的内容和风格，只是进行了有限的调整。为了读者方便检索和查阅，《语言自迩集》又新增了第三卷，将第一版的部分内容和附录进行重新整合和补充，主要包括四大部分：词语汇编（Glossary of Words and Phrases）、汉字索引（Index of Characters）、北京话音节表（the Peking Syllabary）、写练习（Writing Exercises）。此外，该卷循例在最后同样列出了勘误和增录。

其中，北京话音节表（the Peking Syllabary）下含解释性注释（Explanatory Note）、语音表（Sound Table）、北京话音节（Peking Syllabary）以及汉字音调表（Table of Characters subject to changes of Sound or Tone）。①

相比较第一版而言，第二版前两卷的主要变化主要体现在下面几个方面：

第一，内容的增减、修订。在章节设置上，第二版删除了“续散语”，增加了“践约传”，作为阅读材料。第二版在“散语章”的每个练习之后增加了一篇英译汉练习；为“谈论篇”注释中的大部分汉字添加了注音和声调；将每课的生词量进行了显著缩减，从原来的20—25个生词减少到5—10个。同时，一些内容页作了修订，比如，将“一个小车”改成了“一辆小车”，将“墙要躺下了”改作“墙要坍塌似的”，等等，诸如此类的改动使表述更加正规和精确。

第二，更新了相关的观点陈述。在第二版中，威妥玛更加注重对汉语各语法点的归纳和总结，对汉语的理解也更加到位。

第三，版式的调整。第二版在印刷上实现了威妥玛期待已久，在第一版中未曾实现的中英对照排版；第一版在引用汉字时仅适用拼音，第二版则实现了汉字与拼音相配。②

---

① 宋桔将“汉字声调表”译为多音字表，似有误。且她将和北京话音节表所属内容的“汉字声调表”并称，似有不妥。参见宋桔《〈语言自迩集〉的文献和语法研究》，第61页。

② 宋桔对《语言自迩集》第一版和第二版进行过细致的比较和分析，本节三点总结中的多处例证均参考自宋文，详见宋桔《〈语言自迩集〉的文献和语法研究》，第61—73页。

1903 年，《语言自迩集》的第三版出版，由别发洋行负责该书的改编、印刷和发行事宜。第三版可以说是一个精简版，在具体内容上，它只保留了第二版“发音”“部首”“散语章”和“问答章”四章的课本和注释，略去了其他内容。就这四章而言，第三版与第二版基本保持一致。据说这样做是为了满足汉语初学者的最基本要求。①

2002 年，张卫东根据收集到的第二版《语言自迩集》，进行了修订和翻译，由北京大学出版社出版。虽说翻译质量不尽如人意，但毕竟使更多的中国学者开始了解并关注《语言自迩集》，扩大了该书在中国的影响。从这一点上来说，《语言自迩集》汉译本同样起到了一定的作用。

三 《语言自迩集》的主要内容

《语言自迩集》一共有三个版本：第一版在 1867 年出版。1886 年的第二版在首版的基础上进行了许多有益的修订，这是威妥玛对汉语深化认识以及全面听取读者以及同道建议的结果。1903 年，《语言自迩集》出了第三版，只是第二版的一个删节版。比较而言，《语言自迩集》第二版的学术成就最高，是现存各版本中最好、最为完整的。接下来，本章对于《语言自迩集》在内容等其他方面展开的论述，除非有特别说明，所提到的《自迩集》指的都是第二版，主要依据第二版的英文版（1886 年版），以中文版（2002 年张卫东译本）作为补充。

上文已述，《语言自迩集》的第二版共有三卷。第一卷实质就是汉语课本，共有 350 页，包括八章内容及勘误表。该卷正文之前分别是第二版序言、第一版序言，共 21 页，简单介绍了《语言自迩集》的内容和出版过程，比较有价值的是威妥玛在第一版序言中所表达的对汉语教学和汉语研究的观点和看法。序言之后，是“学习指南备忘录（Memorandum for the Guidance of the student）”，首先提醒读者根据勘误表校改书中错误，然后开始介绍该书的使用方法和学习汉语的顺序——先找老师学习语音，然后依靠书写去学习部首，待完全熟悉了音节表和部首表之后，进入《散语章》的学习。威妥玛还建议学生在进行第三章学习的时候，最好通读第

① Thomas Francis Wade, *Yü-yen Tzŭ-êrh Chi*: *A Progressive Course Designed to Assist the Student of Colloquial Chinese, as Spoken in the Capital and the Metropolitan Department*, Shanghai: Kelly and Walsh, 1903, Preface, p. i.

八章《词类章》的英语译文，为之后的语法学习做好准备。在备忘录中，威妥玛强调在学习汉语过程中老师十分重要，要特别注重实践练习，遵循渐进的原则，先学口语、后学书面语，千万不可以急于求成。

第一章“发音”按照元音、辅音、送气音和声调的顺序编写，在该章的最后，是一份按四声排列的音节总表，共420个。值得一提的是，威妥玛沿袭并发展了前人的方法，通过类比欧洲语言（主要是英语和意大利语）来描述汉语的发音。试举几例，在“元音”节中：

> a，即father中的a；单独发音时，特别是在词尾出现时，有轻微的鼻化，例如在'ng之前。
>
> ai，近似英语aye的发音。不过，说它像意大利语hái，amái中的ai，则是更好的描写。[①]

在“辅音”节中：

> f，如farm中的f。
>
> h，如苏格兰语loch中的ch，像威尔士语（Welch）和盖尔语（Gaelic）的ch。[②]

虽然《语言自迩集》是一部“口语教材”，但威妥玛并没有忽视汉语书面语在中外交流中的巨大作用。因此，他专辟一章“部首”，重点论述汉字的结构和书写体系，以期为学习者日后的书面语学习打下基础。这章先简要论述了汉字部首的学习以及书中材料的使用方法，然后列出一份214个部首的部首总表，接着是三张容量不大的部首测验表以及口语部首的练习和答案。这里的部首总表依据的是《康熙字典》的部首划分，按笔画数排列。这一章实用性很强，经过了第二章的学习，一般的学习者都能通过查阅字典对汉语进行主动学习，有需要也可随时翻看第三卷的附录。这一章和前一章“发音”可以看作《语言自迩集》的“基础入门

① ［英］威妥玛：《语言自迩集——19世纪中期的北京话》，张卫东译，第25页。

② 同上书，第27页。

篇”，在威妥玛看来，语音和书写是掌握一门语言的基础，[①] 于是将这两章作为了《语言自迩集》的开头。

从第三章到第六章，可以看作该书的课文部分，各章中是汉语口语词、短语、句子的举例或是篇章。所以，这部分可以称为“口语实例篇”。第三章“散语章 四十练”共 81 页。该章主要以收录各类“散语”练习为主。在若干练习之前，如若必要，作者会在其之前安排课文，进行与练习有关知识的解释、说明。该章主要收录的是汉译英练习的汉语课文以及英译汉练习的答案，分栏印刷，主要都是被威妥玛称为“散语”的内容孤立的单句。在第二卷中，相应收录了这一章的单字释义、英汉对照文本和英译汉练习三部分。第四章《问答章 十对话》采用一问一答的对话形式，由威妥玛口述，中国老师记录、润色而成。这章通过对话设置不同的场景，有买卖、主仆、老朋友之间等多种情境下的谈话，让读者在特定的语境中学习汉语，体会中国文化。第二卷中本章则有课文英译、生词表以及英语注释三部分。第五章“谈论篇 一百课”内容庞杂，足有 75 页之多。每篇课文 300—400 字，实质上是较长的对话。“内容包括介绍学说满洲话的方法、满洲家庭的情况，讨论朋友交往之道、宴请和打猎等等，多为日常交流用语，口语性质显著。”[②] 威妥玛试图用大量的语料让学习者来感受中文与西方语言在表达上的差异，使他们能够学到地道的汉语。第二卷中是英语译文和与序号相对应的相关字词句解释，在英语译文中还在序号后面加入“少年”“长者”等角色来明确对话双方的身份。第六章名为“秀才求婚，或践约传”，共有 40 段。它以元曲《西厢记》作为素材，在保留故事主线的前提下进行大幅度的改编。威妥玛编写这部分的初衷是为了串联起第一版“散语章”和“续散语章”中出现过的生词和短语。

第七章“练习燕山平仄篇 声调练习”强调了声调的性质和规律，在此基础上对学生展开该方面的训练。“练习燕山平仄篇”将前面已经提到过的 420 个音节及该音节的对应汉字按字母顺序排列，然后进行简单解

---

① Thomas Francis Wade, *Yü-yen Tzŭ-êrh Chi*: *A Progressive Course Designed to Assist the Student of Colloquial Chinese, as Spoken in the Capital and the Metropolitan Department*, London: Trübner Company, 1867, Preface, p. x.

② 宋桔：《〈语言自迩集〉的文献和语法研究》，第 84 页。

释，再根据四声选择汉字，并用所选的汉字组词。如果该音节没有对应的声调则用“O”表示。第二卷中的该章则谈到如何利用练习发挥效用，并特别指出了声调因为其位置不同而造成的发音差异。接着，威妥玛便展开了关于声调影响韵母规律的阐述。最后的“声调练习”是对第一卷“练习燕山平仄篇”中的420音节下各声调的字进行了注音和简要的英文解释。

第八章“词类章”又叫“言语例略”，套用西方语言学中词类的概念来分析汉语口语语法，共13节，列举了汉语中名词、冠词、量词、动词、形容词、副词、介词、连词和叹词等的用法。每节体例大致相同，都是简要说明加上丰富的举例。该章在第二卷主要涵盖了英译文和涉及词类和语法分析的注释。

《语言自迩集》第二卷是第一卷的汉语课文和英语译文，对照第一卷中的第三章到第八章，最后还附了勘误和补遗。

第三卷主要是四个附录，分别是第三、四、五、六章的词汇表（Glossary of Words and Phrases in Parts Ⅲ, Ⅳ, Ⅴ and Ⅵ of Volume Ⅱ）、第三章到第六章的汉字索引，根据部首排列（Index of Characters in Parts Ⅲ, Ⅳ, Ⅴ, Ⅵ, and Ⅶ of Volume Ⅱ, arranged according to Radicals）、北京话音节表（The Peking Syllabary）和书写练习（Writing Exercises）。

四 西方汉语语法著作：语言教学与理论研究

纵观17—19世纪的欧美汉语语法著作，我们可以发现：按这些著作的编写主旨不同可以大致将其粗浅地划分成两类：语言教学类和理论研究类。① 但这样的分类并不是十分科学，因为欧美早期的绝大多数汉语语法著作既具有语言教学功能，同时也对汉语语法进行过一定的理论研究。这些两者兼具的著作，其区别只是在于所侧重的方面不同而已。

1653年成书的《中国文法》是一本内容极其简单的小手册，仅在1696年随文集作为附件出版过，在当时的欧洲乃至在华的外国人团体中影响力都不大。从出版的该书中文版看来，《中国文法》初具供外国人进

① 宋桔曾将早期的西人汉语语法研究文献分为“理论研究类”和“实用教学类”，参见宋桔《〈语言自迩集〉的文献和语法研究》，第4—9页。但我们发现两者之间的界限实际上并不明确，很多的著作都是两者兼具的。

行汉语学习的功能。该书采用拉丁语的发音注音，使用拉丁语法体系来说明汉语语法。这样，欧美人若要学习汉语，凭借此书，便能比较快捷地上手。之后，西班牙多明我会神父万济国的《华语官话语法》在内容上比起《中国文法》要详尽了不少，虽说不再出现占据很多的汉语词条和部首的注音及释义，正式确立按西方语法中的词类分章来论述汉语语法，对语法规则的论述和总结也更加具体、到位，但真正论及语法的部分还是很少，“是为进行教学使用而编写的”①。1728 年，法国耶稣会传教士马若瑟写成《汉语札记》。在其与傅尔蒙的通信中，马若瑟说道：“如果我在巴黎，出版了我的《汉语札记》，只需要三到四年的时间就能使人们学会说汉语，读中文书籍，用通俗和古典的汉语进行写作。”② 可见，《汉语札记》鲜明体现的仍然是欧美汉语语法著作的汉语教学功能。这种倾向一直被延续，巴耶尔的《汉文博览》主要参考《中国文法》，傅尔蒙的《中国官话》则与《华语官话语法》《汉语札记》以及黄嘉略的《汉语语法》存在着莫大的关联，且这两部著作几乎没有什么突破。1811 年，马礼逊完成了《通用汉言之法》。这也是一部以汉语教学为主要目的而编写的专著。在该书的前言中，马礼逊明确：“下面著作的目的是给学习汉语的学生提供实用性的帮助。”③ 顾钧认为，《通用汉言之法》还曾经直接作为汉语学习的教科书使用：

> 马礼逊不仅自己汉语熟练，而且一直积极致力于汉语教学。早在 1810 年，他便在东印度公司广州商馆开设了汉语学习班，培训商馆的职员。这一教学活动一直持续到 1834 年东印度公司因失去贸易专利权而撤销广州商馆为止。广州商馆的教学范围毕竟有限，1818 年马礼逊决心扩大教学范围，于是在马六甲创办了英华书院（Anglo-Chinese College），该学院很快成为中国本土之外培养汉语人才和汉学家的基地。不难想象，无论是在广州还是马六甲，学生们使用的教科书都是马礼逊本人所著的《通用汉言之法》。④

① ［法］贝罗贝：《二十世纪以前欧洲汉语语法学研究状况》。参见北京大学中国传统文化研究中心编《文化的馈赠——汉学研究国际论文集·语言学卷》，第 468 页。

② 转引自［丹］龙伯格《清代来华传教士马若瑟研究》，第 78 页。

③ ［英］马礼逊：《通用汉言之法和英吉利文话之凡例》（影印版），前言，第 1 页。

④ 顾钧：《英语世界中最早的中文语法书》，《中华读书报》2012 年 2 月 1 日。

综上所述，从17世纪中期到19世纪初期，欧美的汉语语法著作几乎都本着“实用为主”的目的进行编写，虽然作者不同，但出来的著作也几乎全都是可以直接用于汉语教学或自学。书中涉及的语法理论研究很少，仅限于对汉语语法规则和特点的介绍和总结。并且这样的介绍、总结大多简略，通常只是只言片语。

在欧美的汉语语法著作中，开始尝试进行理论研究的首推1814年出版的《中国言法》。这部著作可以算是以理论研究为主，其实质是对《论语》的文言文语句分析，很难说得上具有所谓语言教学的功能。对此，法国著名汉学家雷慕沙说得好：“马士曼讨论了许多与主题无关的话题。如果将那些离题的部分剔除，真正有助于学习汉语的例句算起来也就两页。”① 当代法国学者贝罗贝进一步指出：《中国言法》“使用冗长的篇幅解释中国的社会及人类学特征，而跟语言本身并无任何关联。书中举出和翻译的例句却相当少”。② 因而，虽说《中国言法》进行的是理论研究，也有涉及汉语的字体和读音等方面，却在中国社会和人类学特征上着墨过多，以致偏离了主题。

“第一部科学地从普通语言学的角度论述汉语语法的学术性专著”③是法兰西学院第一任中国语言文学教授雷慕沙的《汉文启蒙》(*Élémens de la Grammaire Chinoise*)。该书深得学界好评，很多学者都认为其代表了19世纪早期西方汉语语法研究的最高水准。该书主要参考的是马若瑟的《汉语札记》。与马若瑟相比，雷慕沙具有深厚的西方语言学的理论功底。因此，《汉文启蒙》不是对《汉语札记》的简单重复，而是对汉语中各词类的特点以及句法规则在例证的基础上做出了较好的分析和归纳。难能可贵的是，雷慕沙在该书中首次明确提出：汉语语法在许多方面并不能用西方语法理论和体系去套用，而是具有自身的特点。

雷慕沙之后，很多西方学者、传教士以及外交官等继续编写汉语语法著作。绝大多数著作依然是兼具语言教学功能和理论研究特征。其中，主

---

① Abel Rémusat, *Élémens de la Grammaire Chinoise, ou Principes Généraux du Kou-wen ou Style antique*, Paris: Imprimerie Royale, 1822, PRÉFACE, p. xvi.

② ［法］贝罗贝：《二十世纪以前欧洲汉语语法学研究状况》，参见北京大学中国传统文化研究中心编《文化的馈赠——汉学研究国际论文集·语言学卷》，第469页。

③ ［法］戴密微：《法国汉学史》，载戴仁主编《法国当代中国学》，耿昇译，中国社会科学出版社1998年版，第27页。

要进行汉语教学或自学，顺及汉语语法理论的著作占据了大部分。不过，以《汉文启蒙》为界，随着欧美人对汉语语法的认识更加准确、深刻，越来越多具有深厚西方语言学功底的西方人参与到汉语语法的教学和研究中来，这些著作与前期相比，大都在理论阐述方面得到加强，不再只字不提或只言片语，而是占据了一定的篇幅。论述也有了些深度，不再是简单的介绍。此类著作有很多，主要有江沙维的《汉字文法》（*Arte China Constante de Alphabeto e Grammatica Comprehendendo Modelos das Differentes*）、比丘林的《汉文启蒙》（*Kutaŭcкaя Tpammatuka*）、巴赞的《官话语法》（*Grammaire Mandarine ou Principes Généraux de la Langue Chinoise Parlée*）、尚特的《汉语教课本》（*Chinesische Sprachlehre, Zum Gebrauchte bei Vorlesungen and Zurselbstuniterweisung*）以及威妥玛的《语言自迩集》（*Yü-yen Tzŭ-êrh Chi: A Progressive Course Designed to Assist the Student of Colloquial Chinese*）和狄考文的《官话类编》（*A Course of Mandarin Lessons*）等。

其中，许多的语法著作是直接被当成汉语或者汉语语法教科书来使用的。关于教科书，现代汉语是这样对其定义的："按照教学大纲编写的为学生上课和复习用的书。"① 对于那时的西方人来说，应该没有所谓的教学大纲，可能就是作者本人关于汉语教学的思路或是作者与他人小范围内讨论形成的关于汉语教学的步骤以及准则。尽管如此，这些书中有很多却都被用于正式教学活动。如果顾钧的猜想不错，那么马礼逊的《通用汉言之法》应该算是较早且正式的汉语语法教科书。比丘林编写的《汉文启蒙》，其直接目的是为俄罗斯的恰克图汉语学校提供实用的汉语教材。成书之后，他在恰克图汉语学校的教学中进行了使用和推广，并不断地加以完善。同样，法国汉学家巴赞的《官话语法》是为该国东方语言学校编写的白话汉语教材。有些著作甚至在名称上就直接表明了自己的"教程"身份，例如绍特《汉语教课本》德文副标题中的"Vorlesungen"（课堂、讲座）和威妥玛《语言自迩集》英文副标题中的"Course"（课程）。所以，这些著作的编写目的就是用作汉语学习的教科书，但其论述的主要内容还是汉语语法或者与语法相关，可以称它们为"汉语语法教科书"。在19 世纪末，狄考文的《官话类编》可以算是该类著作的代表，从其书名所用单词（course 课程，lesson 课）上就可以看出，这是一部供西方人学

---

① 《现代汉语词典》（第 6 版），第 655 页。

习汉语的教科书。它以汉语白话文为论述对象，在语法上着墨颇多。

从 1840 年鸦片战争到 19 世纪末，西方人编写的学习汉语的教科书大量出现，但这些教科书并非都能归入汉语语法著作的范畴。其标准是该书论述的中心或者主要内容是否为汉语语法，如果是，即使著作名称带有“教程”，则照样可以算作汉语语法著作，如威妥玛的《语言自迩集》。否则，至多也只能是“汉语教科书”。

雷慕沙《汉文启蒙》之后，主要专注汉语语法理论研究的专著也有一些，它们极少被用于汉语语法的教学活动。学界通常只把它们作为“语法理论研究专著”看待。这其中，值得一提的是两部著作：艾约瑟的《中国官话语法》和甲柏连孜的《汉文经纬》。艾约瑟提倡“语法学是一种 Science”，并表示语法研究应“与当时西方语法学的研究步调一致，且利于中国本土语法学的发展”。[①] 在《语言自迩集》第一版序言中，威妥玛也指出艾约瑟的语法论著是“出于单纯的理论目的”。[②] 1881 年，德国学者甲柏连孜出版《汉文经纬》。该书被视为 19 世纪对汉语语法进行理论研究的代表专著，体现了最高水平。它对古汉语语法的论述全面而且深入，在根据词类分章节分析的过程中，既有对汉语虚字的长篇分析和丰富举例，又有对文言助词用法的详细说明。同时，该书还对汉语句子的功能和组织原则进行了解说，阐明了逻辑与语法、修辞与心理等的关系。

综上所述，从 17 世纪开始，西方人编写的汉语语法著作，大多数是为了能让更多的欧美人士学习汉语。到了 19 世纪，有些著作甚至作为教科书直接应用于汉语教学活动。其间，雷慕沙 1822 年出版的《汉文启蒙》可以说是一部划时代意义的著作。该书是欧美汉语语法著作重点进行理论研究的开始。在这之后，出现了若干明显偏重语法理论研究的著作。19 世纪中期及之后，即使是所谓的“汉语语法教科书”也因为西方人在语法理论研究上的强化和深入，其概念表述更加准确、到位，规律总结也更加全面、具体。

---

① 何群雄：《19 世纪新教传教史的汉语语法学研究——以艾约瑟为例》，阮星、郑梦娟译，《长江学术》2010 年第 1 期。

② Thomas Francis Wade, *Yü-yen Tzŭ-êrh Chi*: *A Progressive Course Designed to Assist the Student of Colloquial Chinese*, *as Spoken in the Capital and the Metropolitan Department*, London: Trübner Company, 1867, Preface, p. xiii.

五 《语言自迩集》所涉的参考文献

在威妥玛编写的《语言自迩集》出版之前，西方人对汉语语法的介绍和研究已经历了很长一段时间，有不少的著作存世。通过查证史料，我们发现，威妥玛对其中的一些著作还是比较熟悉的。它们与《语言自迩集》之间没有明显的引用或承袭关系，可能只是给《自迩集》的编写提供了借鉴，可以算作是《语言自迩集》的"一般性"参考文献。

在《语言自迩集》第一版序言中，威妥玛谈到了巴赞和艾约瑟的汉语语法著作：

> 现在，有几篇基于思辨探讨官话语法的论著，尤其是巴赞（Mr. Bazin）和艾约瑟先生（Mr. Edkins）的论著，程度高的学生读过之后，也许是有益的；但这些经我审看过的语法，标榜其有助于掌握汉语口语，我却是不信任它们。①

巴赞的《官话语法》的论述对象是汉语的官话口语，而且也是一部教材，专门为自己所执教的法国东方语言学校汉语课程而编写。艾约瑟的《中国官话语法》主要谈的也是官话口语的语音、词类以及句法等方面的问题。所以，威妥玛应该是为了编写自己的"官话口语教科书"而特地去看的这两部著作，并且在看完之后，给出了自己的评价。除此之外，虽然缺乏明确的史料，根据威妥玛的学习和工作经历，我们还是有理由相信，威妥玛应该读过其他的同类著作。这些著作有的直接用英语写成且具有较大的影响，除《中国官话语法》外，还有马礼逊的《通用汉言之法》、苏谋斯的《汉语手册》（*A Handbook of the Chinese Language*）等。

除了对同类的著作进行过"一般性"的参考，《语言自迩集》各章节在内容上还存在着更为重要的参考底本。本书拟在前人研究成果的基础上，对《语言自迩集》各章节的参考底本进行回溯，以期进一步厘清线

① Thomas Francis Wade, *Yü-yen Tzŭ-êrh Chi*: *A Progressive Course Designed to Assist the Student of Colloquial Chinese*, *as Spoken in the Capital and the Metropolitan Department*, London: Trübner Company, 1867, Preface, p. xiii.

索、明晰脉络。[1]

第一章“发音”包括对汉语元音、辅音、声调的介绍，并列出了一张音节总表。其中，对汉语发音和声调的说明选取自威妥玛早年编写的《寻津录》的第三章“声调和发音练习（Exercises in the Tones and Pronunciation）”的一部分，进行了适当的改编和扩充。“音节总表”则是对《寻津录》附录“北京话音节表”的改进。

在记述汉语元音、辅音和声调的发音方法时，《语言自迩集》的内容安排和巴赞的《官话语法》非常相似。其内容主要包含“发音（Sounds）”“声调（Tones）”以及“韵律（Rhythms）”三个部分，所谓“发音”下涵“元音和双元音（Vowels and Diphthongal Sounds）”“辅音（Consonantal Sounds）”以及“送气音（Breathings）”。[2] 而巴赞在介绍汉语语音时，安排的内容先后依次是：元音（Voyelles）、辅音（Consonnes）、双元音和三元音（Diphthongues ET Triphthongues）、声调（Intonation）和音节突出（Syllabes Prédominants）。[3] 其中，巴赞所论述音节突出和威妥玛说的韵律非常接近。因此，在内容安排上，威妥玛只是对巴赞的做法进行了微调，把双元音单列，并根据自己的认识，加上了三元音的说法。虽说安排类似，但威妥玛在列举音节和说明发音方法方面，都要比巴赞全面、详细。

事实上，威妥玛的汉语拼音方案并非无本之木，这是威氏充分借鉴、参考了前人研究的结果。在《语言自迩集》语音部分，威妥玛在谈到汉语音节的发音方法时，沿袭前辈西方人的做法，把汉语中所发出的各种音与西方语言的发音进行类比。应该说，这是一条让西方人能够比较快速掌握汉字发音方法和规律的捷径。值得注意的是，在“单元音和双元音”条目下，威妥玛共有10次把汉语的元音与意大利语进行比较，而威妥玛所列的汉语元音总共才有29个，占了三分之一强。造成这样的情况，其中的可能性之一是威妥玛本人了解甚至熟悉现代意大利语。在威妥玛的生

① 下面的行文仍然依照《语言自迩集》第二版的章节布局和内容安排。

② Thomas Francis Wade, *Yü-yen Tzŭ-êrh Chi: A Progressive Course Designed to Assist the Student of Colloquial Chinese, as Spoken in the Capital and the Metropolitan Department*, Shanghai: the Statistical Department of the Inspectorate General of Customs, 1886, pp. 4-7.

③ Antoine Bazin, *Grammaire Mandarine ou Principes Généraux de la Langue Chinoise Parlée*, Paris: Autorisation de l'Empereur, 1856, pp. xxviii-xxx.

平中，我们谈道：1839年，作为英军士兵的威妥玛随部队驻防希腊的爱奥尼亚群岛。在希腊的那段时间，他经常利用业余时间学习现代希腊语以及意大利文。同时，这也存着另外一种可能性：这10处意大利语与汉语在发音上的类比，借鉴自他人的论述。所以，如果威妥玛参考过前人的汉语拼音方案，那么该方案必须具备三个条件：①该方案用威妥玛能读懂的语言写成；②该方案在讲到汉语音节的发音方法时，多次利用意大利语的发音进行类比；③该方案影响较大，威妥玛有条件接触到。

通过对威妥玛以前西方人汉语拼音方案研究的考察，本书发现，威妥玛所参考的对象极有可能是意大利圣方济各会传教士叶尊孝在编写《汉字西译》时所使用的拼音方案。所谓《汉字西译》其实是一部汉语拉丁语词典。1813年，《汉字西译》拉丁文版在巴黎正式出版，使长期以抄本形式广泛流传的该书更具影响力。我们并没有找到威妥玛精通拉丁文的记述。但根据杨慧玲的考证，《汉字西译》有英译抄本，“最迟在1807年英文版已经存在，并在澳门、广州的英侨间流传”。[①] 这样，无论威妥玛是否懂得拉丁文，他都有可能研读过叶尊孝的这部著作。意大利汉学家马西尼经过研究发现，叶尊孝在《汉字西译》中所用的拼音方案其实是经过改良的金尼阁注音系统。[②] 该方案在金尼阁《西儒耳目资》中最先被提出。而这本书是在中国学者的帮助之下，参考了《洪武正韵》《韵会小补》等韵书编写而成。我们把《西儒耳目资》与《语言自迩集》中的拼音方案进行比较，发现威妥玛所提的音几乎都能在《西儒耳目资》中找到。不同之处是威妥玛对这套系统进行了改良：增加了一些音，比如“ei、ü、hs、tz、tz′”等；删减了一些音，比如“im、in、v”等；针对另外一些汉语中的发音，则改变了它们的表示字母，比如用“ts、ts′”来代替早先的“ç、ᶜç”，用sh取代x来表示［F］这个音。

在无法得到《汉字西译》的情况下，我们把《通用汉言之法》“汉字音节表”的第1页与《语言自迩集》相应部分进行文本比较，以此管中窥豹，探求两者的联系：

---

① 杨慧玲：《19世纪汉英词典传统——马礼逊、卫三畏、翟理斯汉英词典的谱系研究》，第91页。

② Federico Masini, *Chinese Dictionaries Prepared by Western Missionaries in the Seventeenth Century*, *in Encounter and Dialogues: An International Symposium on Cross-Cultural Exchanges between China and the West in the Late Ming and Early Qing Dynasties*, Beijing, 2001, p. 359.

表 4.1 《通用汉言之法》与《语言自迩集》“汉字音节表”比较

1815 年版《通用汉言之法》		1886 年版《语言自迩集》	
注音 （略去葡式、粤式注音）	例字	注音	例字
A or Ya	亚		
An or Gan	安	an, ngan	安
Aou or Gaou	傲		
Cha	茶	ch‘a	茶
Chae or Chi	差		
Chan	产	ch‘an	产
Chang	长	ch‘ang	长
Chaou	召		
Chay	这	chê	这
Che	知		
Chĕ or Chih	直		
Chen	展		
Chin	真	chên	真
Ching	正	chêng	正
Chŏ	竹		
Chow	丑	ch‘ou	丑
Chu or Choo	主	chu	主
Chuĕ	拙		
Chuen	船	ch‘uan	船
Chun	春	ch‘un	春
Chung	中	chung	中

由上表我们发现，《通用汉言之法》“汉字音节表”首页中的 21 个例字，有 12 个出现在了《语言自迩集》的“汉字音节表”中，重合率高达 57%。很多时候，威妥玛不再采用马礼逊表中的注音和例字，是因为马礼逊自身的错误或是北京话中不存在这样的读法而已。造成这样的情况，只有两种可能，要么威妥玛编写“音节表”时直接参考了马礼逊的《通用汉言之法》，要么就是两位英国作者的“汉字音节表”存在着共同的底本。我们认为，后一种情况的可能性更大。前文已述，威妥玛对马礼逊采

用南方官话来编写汉语表音的方法本就不以为然，[①] 在编写“音节总表”的时候，应该不至于以马礼逊的著作为范本。因而，威妥玛这份音节表的底本很有可能就是叶尊孝的《汉字西译》。当然，由于缺少《汉字西译》的原本，严格来说，这只是一种推测，更多局限于历史时间段方面，有待后续研究的补充。

从利玛窦《西字奇迹》、金尼阁《西儒耳目资》，经历卫匡国《中国文法》、万济国《华语官话语法》，一直到马礼逊《通用汉言之法》、巴赞《官话语法》，在汉语声调的问题上，虽然提法各有不同，但基本是一致的，即汉语有四声或者五声：平、上、去、入，其中平声又可再分为清平/上平和浊平/下平。之所以强调“入声”，我们认为主要原因是清前期及以前，盛行的官话还是以南京音为基础，而中国南方许多方言都有入声，甚至到现在还未消失。在众口一词的情况下，威妥玛却大胆提出北京话当中的声调只有四个，至于“入声”，他这样分析：

> 入声，或称为 entering，是一种急促的声调，在研究书面语时尚被承认，就是说，只用于背书——现在练习说北京话已经不必管它了。这种入声字大部分都列在词汇表里，被分派到了第二声。但入声在其他一些方言里并未消失。[②]

威妥玛的做法虽然在当时深受诟病，但无疑是颇具智慧的开拓之举，显示了威氏对于北京官话的深刻认识。

经过这些改动，本书认为《语言自迩集》的拼音方案更加符合汉语语音的实际，且更适合威妥玛时代西方人特别是英语国家的人进行汉语学习和训练。

至于《寻津录》中的“北京话音节表”的来源，威妥玛在《语言自迩集》第一版序言中有过详细的说明：

> 直到 1855 年，……我的老师应龙田已经行动，为我编制了一份

① Thmas Francis Wade, *Yü-yen Tzŭ-êrh Chi*, London: Trübner Company, 1867, *Preface*, p. vi.

② ［英］威妥玛：《语言自迩集——19世纪中期的北京话》，张卫东译，第29页。

> 词汇索引。在按字母顺序排列简化之后，我把其作为“北京话音节表”附在《寻津录》之中。其基础是一部旧版的《五方元音》，帝国通用语言的发音根据汉语的韵律而来；一份包含有限注释的词汇表，收有大约一万个标准汉字，即书面用语。该表按五个调类排列，每个调类里的词再依12声母和20韵母的特定顺序归类。凡是他认为对于学习口语必不可少的词语，全部删去，将剩余的部分重新归类，保留原来的声母和韵母，作为检索音节的类目。①

显然，《语言自迩集》中的“音节总表”来自《寻津录》的“北京话音节表”，而其又是在明末清初一位秀才樊腾凤所著的《五方元音》之上修改而来。尽管如此，应龙田和威妥玛在编制这份列表的时候，也充分考虑到了西方的传统和阅读习惯。从《西儒耳目资》开始，不少的西方作者就开始编制汉语的音节列表了，它收集了约335个汉字音节，卫匡国在《中国文法》中罗列了320个，马礼逊在《通用汉语之法》中列举了338个，威妥玛则将汉语音节的数量扩充到了420个。与前人做法相比，有进步的是：威妥玛将每一个音节都尽可能按四声对应列出了相关汉字（若没有，则以“O”表示）。因为汉语存在声调，学习汉语的人在阅读这张列表的时候，不但能同时练习声调、对声调的印象更加深刻，还能多学汉字。这比前人在每个音节后面列一个汉字且没有给该字标注声调的做法自然要好得多。

《语言自迩集》第二版第七章“练习燕山平仄篇 声调练习”主要是对这张“音节总表”的扩充、细化，其参考文献自不待言。

在第二章“部首”中，威妥玛按笔画列出了一份有214个汉字首的“部首总表”，分别列出了汉字各部首的读音、部首、写法或含义以及例字。马礼逊在《通用汉言之法》中，曾经也列出过一份有214个汉字部首的表格，同样也是按笔画排列，罗列出的具体部首也基本一致。当然这两份表格在其他方面也存在高度的一致性，差别很小。在提到同一部首的不同形态时，《通用汉言之法》共列出了28个，《语言自迩集》提到了26

---

① Thomas Francis Wade, *Yü-yen Tzŭ-êrh Chi*: *A Progressive Course Designed to Assist the Student of Colloquial Chinese, as Spoken in the Capital and the Metropolitan Department*, London: Trübner Company, 1867, Preface, p. vii.

个。其中，《通用汉言之法》中“糸”“羽”和“足”部及其变异形式不见于《语言自迩集》版，威妥玛列出的“長”部及其变异形式马礼逊没有收录。在《现代汉语词典》中，“糸”“足”和“長”部的变异形式仍在使用。另外，威妥玛在提到“川”部的变异形式时，列出了马礼逊没有提到的“巛”，现代汉语中仍在使用的是“巛”。总的说来，《通用汉言之法》和《语言自迩集》在这点上各有短长，但《语言自迩集》的做法与现代汉语更为接近。①

还有，《语言自迩集》对于某些汉字部首的解释也比《通用汉言之法》更为科学、准确。汉字中的有些部首其实并无具体含义，如“丨”部，《通用汉言之法》的解释是“to descend（下降）”，似乎过于牵强；《语言自迩集》的解释是“a stroke connecting the top with the bottom（一笔连接上下）”，显得更加科学。有些部首，随着西方人对汉语的认识越来越深刻，其含义也更加详尽，如“刀（刂）”部，《通用汉言之法》解释为“knife（刀）”，而《语言自迩集》则解释为“a knife, a sword（刀、剑）”。还有些部首，马礼逊的解释有误，威妥玛也把它们纠正了过来，如“豆”部，马礼逊解释为“pulse（脉搏、跳动）”，这显然是不正确的；威妥玛则改为“beans; a sacrificial bowl of wood（豆子、木制祭碗）”；关于“里”部，马礼逊的解释是“a mile（英里）”，威妥玛则把它修改补充为“a hamlet of 25 famlilies; the Chinese mile（25户为一里；中国的长度单位）”。② 像这样的例子，还有一些，不再一一列举。

如此相近，威妥玛的这份“部首总表”，有可能就是基于《通用汉言之法》对汉字部首的列举和总结。前文已述，马礼逊的这份“汉字部首表”参考的是意大利传教士叶尊孝所编的《汉字西译》。该词典的编写则以明代梅膺祚所编的《字汇》为主要来源。所以，关于《语言自迩集》

① Thomas Francis Wade, *Yü-yen Tzŭ-êrh Chi: A Progressive Course Designed to Assist the Student of Colloquial Chinese, as Spoken in the Capital and the Metropolitan Department*, London: Trübner Company, 1867, p. 23；［英］马礼逊：《通用汉言之法和英吉利文话之凡例》（影印版），前言，第28—33页；《现代汉语词典》（第6版），部首目录，第1—2页。

② Thomas Francis Wade, *Yü-yen Tzŭ-êrh Chi: A Progressive Course Designed to Assist the Student of Colloquial Chinese, as Spoken in the Capital and the Metropolitan Department*, London: Trübner Company, 1867, pp. 15-22；［英］马礼逊：《通用汉言之法和英吉利文话之凡例》（影印版），前言，第28—33页。

中的“部首总表”，其参考的文献存在这样的可能：其一，威妥玛直接参考了马礼逊的《通用汉言之法》；其二，如若不是，则威妥玛参考的是叶尊孝的《汉字西译》。对于这两部著作，威妥玛一定是看过其中的一部，或者两部都有所涉猎。对于马礼逊的研究有些不以为然的威妥玛，编写“部首总表”时参考《汉字西译》的可能性更大。并且威妥玛得到并研读过《汉字西译》（至少是英译本），比得到并精研《字汇》，也要容易得多。同样，我们因为无法得到《汉字西译》的原本，不能进行相应的文本分析，上述更多只是一种推论，而不是定论，有待材料收集到之后的深入研究。

在1867年《语言自迩集》的第一版中，有“散语章”和“续散语”两章。1886年，威妥玛修订出版《语言自迩集》第二版。第二版的一个很大的改动是删除了“续散语”整章，其大部分内容调整后出现在了第二版新出的“秀才求婚或践约传”中。关于“散语章”，威妥玛在第一版序言中这样说道：

> 第三章的“四十练习”是两年前准备的，最初每个练习的右侧列词汇表序列中的50个字。一位在某种欧洲语言上有着高于平均水平的先生，偶然做了无偿的试验。他抗议说，给初学者的任务过于巨大了。因此，词汇相应地减少了，经过四次修订，余下的练习就是大家现在看到的。①

关于“续散语”，威妥玛这样介绍：

> 所包含的短语，是几年前应龙田所做的大规模采集的一部分。我把它作为“汉文课文”印了出来，增加了1860年我自己所做的一小部分。我发现用过这份材料的人，都很偏爱它，除了我所贡献的那些原始材料，或是我收集的在本书其他章节已经做过解释的那些短语，

① Thomas Francis Wade, *Yü-yen Tzŭ-êrh Chi*: *A Progressive Course Designed to Assist the Student of Colloquial Chinese, as Spoken in the Capital and the Metropolitan Department*, London: Trübner Company, 1867, Preface, p. x.

其它的我都予以保留，现在作为第三章的续编出版。①

通过威妥玛自己的介绍，我们可以得知："散语章"和"续散语"中的词汇、短语以及练习中的句子主要来自威妥玛和应龙田等人的长期收集。宋桔根据威妥玛的记述，把"散语章""续散语"与 1860 年出版的《登瀛篇》进行对比查证，发现"散语章"中的内容虽然不见于《登瀛篇》，但两者的编写形式是一样的，进而引用内田庆市的猜测：根据需要，威妥玛发现无法使用《登瀛篇》的前半部分内容，于是进行了重写；而"续散语"的例句却基本上都能在《登瀛篇》的第 11 章到第 48 章中找到，下结论说这部分内容"在正式编入《自迩集》时略做缩减、修订后成为第一版的'续散语 十八节'"。②

至于"问答章"和"散语章"以及"续散语"一样，也是威妥玛和中国助手的原创："紧接着的是'第四部分 十对话'，由我口授给一位口语极好的老师写成，当然，他在记录时纠正了我的一些习惯用语。"③

"谈论篇"的参考文献的考证稍显复杂，宋桔把"谈论篇"与威妥玛早年出版的著作《问答篇》进行原文比对，发现该著作中仅有两段内容不见于"谈论篇"，两者的段落在内容上也基本一致。因此，"谈论篇"是基于《问答篇》写成的。④

那《问答篇》参考的又是什么著作呢？⑤ 在《语言自迩集》第一版序言中，威妥玛是这样说的：

第六章是"谈论篇"，或叫"闲聊章"，为了突出起见，定名为

① Thomas Francis Wade, *Yü-yen Tzŭ-êrh Chi: A Progressive Course Designed to Assist the Student of Colloquial Chinese, as Spoken in the Capital and the Metropolitan Department*, London: Trübner Company, 1867, Preface, p. x.

② 宋桔：《〈语言自迩集〉的文献和语法研究》，第 81—82 页。

③ Thomas Francis Wade, *Yü-yen Tzŭ-êrh Chi: A Progressive Course Designed to Assist the Student of Colloquial Chinese, as Spoken in the Capital and the Metropolitan Department*, London: Trübner Company, 1867, Preface, p. x.

④ 宋桔：《〈语言自迩集〉的文献和语法研究》，第 89—90 页。

⑤ 关于"谈论篇"与《清文指要》《三合便览》以及《清话百条》等书的关系，宋桔有过详细的考证，参见宋桔《〈语言自迩集〉的文献和语法研究》，第 84—90 页。下文对这些著作基本信息的描述多由宋文而来。

“一百课”。最后的这些是大约两个世纪前为教满洲人学汉语、汉族人学满语而编的一部本土专著的全部内容；其原本是1851年哈克神父从南方带来的。它的各种术语，都太书生气了，已被应龙田彻底修订过。①

威妥玛在《语言自迩集》的“问答章”和“谈论篇”里都提到了这部“本土专著”。在第一版的《问答章》中，有这样的例子：

西：那清文指要，先生看见过没有。

中：仿佛是看见过，那是清汉合璧的几卷话条子那部书，是不是？

西：是那部书。

中：那一部书却老些儿，汉文里有好些个不顺当的。

西：先生说得是，因为这个，我早已请过先生，重新删改了，斟酌了不止一次，都按着现时的说法改好的，改名叫谈论篇。

中：这就很好了，才刚说不是还有一本，正在办着，那也是本着我们这儿的成书作的么？②

看来，威妥玛所谓的“本土专著”指的就是《清文指要》。无独有偶，在第二版的《谈论篇》中，举例时也出现了《清文指要》：

老弟，你天天从这儿过，都是往那儿去啊。

念书去。

不是念满洲书么。

是。

现在念的、都是甚么书。

① Thomas Francis Wade, *Yü-yen Tzŭ-êrh Chi*: *A Progressive Course Designed to Assist the Student of Colloquial Chinese, as Spoken in the Capital and the Metropolitan Department*, London: Trübner Company, 1867, Preface, p. x.

② Ibid., p. 85.

没有新样儿的书、都是眼面前儿的零碎话和清话指要，这两样儿。[①]

乾隆年间，清代敬斋编辑、富俊增补《三合便览》是一部满汉蒙合璧，集语法和词典为一体的工具书，共12册，第一册分为《序》《十二字头》《清文指要》《蒙文指要》等部分。该书的主要内容为满语的正字法、语音和语法。《语言自迩集·谈论篇》讨论的对象是清后期的汉语官话（北京话），因而两部著作之间自然不存在什么关系。

还有一部名叫《清文指要》的著作成书稍晚，有嘉庆年间的重刻本，作者不详。该书同时使用满汉两种语言，分主题列举了100段对话。日本学者太田辰夫把该书与《语言自迩集·谈论篇》进行分析，发现两者无论具体内容还是布局，都存在着很大的区别，反而和《初学指南》及《三合语录》相近。[②]

《初学指南》和《三合语录》是同一部著作，因为出版了两次而拥有不同的名称。其原本是《清话百条》，又名《清文百条》，为满人智信对满蒙古语话条的汇编，部分存在汉文对照。后来，《三合便览》的作者富俊将该书的话条全部加上汉文再次出版，先后改名为《初学指南》《三合语录》。

可见，《清文指要》和《清话百条》的作者同为满人富俊，两部著作无论名称还是内容，都存在着一定的相似性。宋桔根据其他学者的分析，谈到了一种可能："《清话百条》和嘉庆年间的《清文指要》原本就是同一种书的不同变体，而这种书应该就是《自迩集·谈论篇》的底本。"[③]

威妥玛在编写《语言自迩集》第一版"散语章"和"续散语章"的时候，深感这两章的短语、句子杂乱无章、缺乏联系，无形中加大了汉语

① Thomas Francis Wade, *Yü-yen Tzŭ-êrh Chi*: *A Progressive Course Designed to Assist the Student of Colloquial Chinese*, *as Spoken in the Capital and the Metropolitan Department*, London: Trübner Company, 1867, p. 211. Thomas Francis Wade, *Yü-yen Tzŭ-êrh Chi*: *A Progressive Course Designed to Assist the Student of Colloquial Chinese*, *as Spoken in the Capital and the Metropolitan Department*, Shanghai: the Statistical Department of the Inspectorate General of Customs, 1886, p. 226.

② ［日］太田辰夫：《清代北京語語法研究資料につをヲいて》，《神戸戶外大論叢》1951（2，1），第22頁。转引自宋桔《〈语言自迩集〉的文献和语法研究》，第88页。

③ 宋桔：《〈语言自迩集〉的文献和语法研究》，第88页。

学习的难度。于是，便有了经过大量扩充的、原见于初版第五章的“秀才求婚，或践约传”：

> 《口语系列》这两章中给出的句子，它们之间的全部关系查询起来令人烦恼，而要排除经常面临的这种困难，就必须找到一种连接形式以便一起解决。这时，在作者动手之前，于子彬（Yü Tzŭ-pin），一位满族学者，主动拿来《西厢记》，或称为《西厢房的故事》作为框架，将出版第三章和第五章中的短语串联起来编入框架，① 这项工作无疑给之后的学生带来了极大的便利。②

从威氏的叙述中看出，“践约传”的底本应该是元代王实甫的杂剧剧本《西厢记》。该剧本记述了书生张珙遇见崔相国的女儿莺莺，两人发生爱情，在侍女红娘的协助下，终于冲破礼教约束而结合的故事。“践约传”在保留故事“践约”主线的前提下进行了再创作，为了增加趣味性，大大丰富了原著中“郑恒”的戏份；为了能够串联起“散语章”和“续散语”的词汇，甚至添加了《语言自迩集》成书出版前后的社会场景。这样做的主要目的，无非“将特定的一些短语结合起来，以此来减少学习者孤立地学习这些短语的厌倦情绪”。③

《语言自迩集》的最后一章“词类章”，中文题名“言语例略”，以中西人士互相对话的方式，从比较汉语与英语两种语言的异同入手来讨论汉语语法特征。关于该章的编写历程，威妥玛有过这样的描述：

> 我拿了一本我能找到的最简单的教学语法书，与上文提及的那位很有能力的教师，一起浏览它的词汇学部分。我将例子口译给他听，并尽我所能地展示这些例子意欲展示的规则和定义。我们的窘境在于

① 张卫东把该句翻译成：“填上本课程第三章和第四章的短语”，参见威妥玛《语言自迩集——19世纪中期的北京话》，张卫东译，第二版序言，第9页。根据原文“filled it up with the third and fifth parts of the course”，张卫东的翻译有误。

② Thomas Francis Wade, *Yü-yen Tzŭ-êrh Chi*: *A Progressive Course Designed to Assist the Student of Colloquial Chinese, as Spoken in the Capital and the Metropolitan Department*, Shanghai: the Statistical Department of the Inspectorate General of Customs, 1886, Preface, p. vii.

③ Ibid., p. viii.

> “语法术语”。对于像中国这样一个没有科学语法学的国度，当然很难找到它的术语。读者将会发现语法学家试图描述注入名词的格时，会陷入什么样的困境之中。随着我们的继续，那位被我们灌输的老师提出了各种增删意见，才最后得出译文。这文本最后提交给另一位有学问的中国人并获得通过，他建议把它定名为“言语例略”。[①]

鉴于威妥玛的国籍，这部“最简单的教学语法书”应该是英语语法书，其年代应该是在1867年《语言自迩集》第一版出版之前。既然威妥玛在中国就能找到，那就证明该书在当时应该是具有很大的影响力，可能被威妥玛随身携带，或者在中国能比较轻易地发现。

西欧的语言学者对英语语法的系统研究大约开始于17世纪中期，以本·约翰逊（Ben Johnson）的《英语语法》（*The English Grammar*，1640年）为代表。到了18世纪，研究英语语法的学者以及所出版的相关书籍的数量都大大增加，其中最具影响力的就是洛斯（R. Lowth）的《英语语法导论》（*A Short Introduction to English Grammar*，1762年）以及1795年出版的被称为“教学语法之父”的穆雷（L. Murray）所著《英语语法》（*An English Grammar*，1795年），该书系在洛斯《英语语法导论》的基础上编著而成，在英美国家发行了300多个版本，一直在英语语法领域占据主导地位，直到1863年拜恩（A. Bain）《英语文法》（*An English Grammar*）出现为止。[②] 这个阶段，还有一部重要的语法著作是布朗（G. Brown）1851年出版的《语法辑要》（*Grammar of Grammars*）。但这部书篇幅非常大，列出了众多的语法条目和练习，应该不属于“简单”之列。约翰逊的《英语语法》与威妥玛时代相隔又过于久远。所以，威妥玛所说的“最简单的教学语法书”可能指的就是上述《英语语法导论》《英语语法》以及《英语文法》其中的一本，这三部著作以穆雷编写的《英语语法》影响力最大。

我们选取1775年版《英语语法导论》，1834年版的《英语语法》、

① Thomas Francis Wade, *Yü-yen Tzŭ-êrh Chi*: *A Progressive Course Designed to Assist the Student of Colloquial Chinese, as Spoken in the Capital and the Metropolitan Department*, London: Trübner Company, 1867, Preface, p. x.

② 李学平：《英语语法研究历史梗概》，《外语学刊》1982年第3期。《英语文法》经拜恩修订后改名为《高级英语语法》（*A Higher English Grammar*），在1872年出版。

1863年版《英语文法》和1886年版《语言自迩集》，对"词类（the Parts of Speech）"这一相同类目的体例的编排进行了比对，① 发现了许多值得探讨的地方，列表如下：

表4.2 《语言自迩集》与三部英语语法著作"词类"体例编排比较

1775年版《英语语法导论》	1834年版《英语语法》	1863年版《英语文法》	1886年版《语言自迩集》
1. Introduction to Words	1. A general view of the Parts of Speech	1. The Noun	1. Introductory Observation
2. Article	2. Of the articles	2. The Pronoun	2. The Noun and the Article
3. Substantive	3. Of substantive	3. The Adjective	3. TheChinese Numerative Noun
4. Pronoun	Of Gender	4. The Articles	4. Number, Singular and Plural
5. Verb	Of Number	5. The Verb	5. Case
6. Adverb	Of Case	6. The Adverb	6. Gender
7. Preposition	4. Of adjectives	7. The Proposition	7. The Adjective and its Degree of Comparison
8. Conjucntion	5. Of pronouns	8. The Conjunction	8. The Pronoun
9. Interjection	6. Of verbs	9. Inflection	9. The Verb as Modified by Mood, Tense and Voice
	7. Of adverbs	10. Derivation	10. The Adverb, of Time, Place, Number, Degree, etc
	8. Of preposition		11. The Preposition
	9. Of conjunction		12. The Conjunction
	10. Of interjection		13. The Interjection
	11. Of derivation		

我们发现，虽然拜恩的《英语文法》出版的年份（1863年）与《语言自迩集》第一版出版的时间（1867年）更为接近，但在"词类"一项的编排上却存在着不小的差异。相反，《语言自迩集》在该项上的编排却与穆雷的《英语语法》的编排接近。一方面，两书在词类设置和结构安排上具有一定的对应关系。穆雷在《英语语法》"词类（Etymology）"部分中列出了冠词、名词、形容词、代词、动词、副词、介词、连词、叹词和引导词10类。他并没有遵照当时通行的做法，把分词单列，或是把形

① 宋桔曾将1852年版穆雷《英语语法》与1886年版《语言自迩集》作对比，在研究方法上给后续研究以很多启示，参见宋桔《〈语言自迩集〉的文献和语法研究》，第148—150页。

容词归到名词当中。除了穆雷多列的“词类转换”，《语言自迩集》与《英语语法》列出的词类完全一致。[①] 考察两书的词类部分目录，它们在结构安排上的相似度也极高，不仅是分类，还有顺序。这显然不是一种巧合，而是承袭的结果。

另一方面，两书的内容也有一部分存在着暗合的情况。穆雷提出形容词的级前面会有一些标志词（Remarks on the Subject of Comparison）。[②] 威妥玛在《语言自迩集》中则说“那名目的实字若要分项定等，必得‘加字眼儿’”。[③] 此外，两书在单词的举例上也多处存在这样的情况，不再一一列举。

对此，宋桔在其博士学位论文中经过对比研究之后得出的结论是：

> 虽然尚无直接证据确认威氏在 150 年前顺手找到的那本教学语法书即为某个版本的默里的《英语语法》。但确然可知的是，威氏的《自迩集》广泛地利用了当时非常流行的一种英语教学法的结构体系来分析汉语的语法现象，并以其为样本成稿。[④]

我们对此基本赞同。事实上，不只威妥玛一人，16—19 世纪西方许多的汉语语法著作作者在著述过程中都会将西语的语法体系移用到汉语语法之上，前期借鉴拉丁语法体系的较多，后来借用本国语言语法体系的作者也多了起来。《语言自迩集》在“发音”“部首”以及“言语例略 词类章”三个部分对英语语法体系的借鉴尤为明显，可以分别对应“正字法（Orthography）”中的“音节（Of syllables）”“字母（Of letters）”以及“词源论（Etymology）”。同时，由于汉字的特点，《语言自迩集》也有一些有特色的编排：该书的第三章到第六章实际上是课文部分，无法将它们归入所谓的“句法论（Syntax）”或“诗韵论（Prosody）”当中。

综观整部《语言自迩集》，我们发现威妥玛等人在编写该书过程中参

① Lindley Murray, *English Grammar Adapted to the Different Classes of Learners*, Thomas Wilson & Sons, High-Ousegate, 1834. Thomas Francis Wade, *Yü-yen Tzŭ-êrh Chi*: *A Progressive Course Designed to Assist the Student of Colloquial Chinese, as Spoken in the Capital and the Metropolitan Department*, Shanghai: the Statistical Department of the Inspectorate General of Customs, 1886.

② Lindley Murray, *English Grammar Adapted to the Different Classes of Learners*, p. 59.

③ ［英］威妥玛：《语言自迩集——19 世纪中期的北京话》，张卫东译，第 414 页。

④ 宋桔：《〈语言自迩集〉的文献和语法研究》，第 149 页。

考了多种文献，努力博采中外之长，加上他们长期积累的汉语学习素材，最终成就了这部“资料渊博、丰富”的汉语语法教科书。

第三节 对《语言自迩集》的评价

1867年，《语言自迩集》的第一版以四个单行本的形式出版，成为英国在华各使领馆人员的汉语培训教材。其他国家的驻华官员也是争相购买该书。多年之后，经过修订，该书又出了第二版和第三版。评价一部著作，我们应该站在历史发展的角度，进行客观评价。与其他著作一样，《语言自迩集》自然也存在着鲜明的优越性和一定的局限性。

《语言自迩集》的优越性主要体现在其创新、实用两个方面。关于创新，张卫东从中国语言学史的角度曾经做过很好的总结：

> 百馀年前的这部北京话描写语言学巨著，在中国现代语言学史上，可能拥有多项“第一”：
>
> 第一个把北京话口语作为描写与研究的对象；
>
> 第一个把北京话官话口语作为教学对象；
>
> 第一次用西文字母给北京话口语标记声韵调及变调、轻声、儿化等各种语音流变现象；
>
> 第一份北京话口语音节表（声韵配合表、声韵调配合总表）；
>
> 第一次归纳了北京话口语连续变调的部分规律；
>
> 第一次详尽描述了声调对韵母元音的影响；
>
> 第一次成功地讨论了现代汉语的量词及其语法功能；
>
> 第一次讨论汉语的词类问题并依据语法功能为汉语做了词类划分；
>
> 第一个注意到“的”字结构、被动句式等等及其语法功能；
>
> ……①

张卫东对《语言自迩集》的这些定位，有些恰如其分，有些则言过其实，把并不属于《语言自迩集》的荣耀硬加到了这部著作上面。比如，

① ［英］威妥玛：《语言自迩集——19世纪中期的北京话》，张卫东译，译序，第2页。

张卫东所称的《语言自迩集》除了“第一份北京话口语音节表”就相当牵强。本章前文已述，从《西儒耳目资》开始，不少的西方作者就开始编制汉语的音节列表了。我们对《语言自迩集》中的“音节总表”进行分析，发现其列出的音节“北京话口语”的特征并不明显，所谓的“北京话口语音节表”不如称为“汉字音节表”更为恰当。把这份列表与马礼逊《通用汉言之法》中“汉字音节表”相比，马礼逊所列的 338 个音节绝大多数都出现在了威妥玛的表中。马礼逊的列表也不是首创，而是承袭了前代许多西方人对汉语音节的研究成果，因而，威妥玛的这份列表更是难称“第一”。还有，“第一次成功讨论了现代汉语的量词及其语法功能”的定位也存在问题。根据宋桔的研究，威妥玛的量词表是在艾约瑟《中国官话语法》所提量词表的基础上筛选、考订而成。[①] 马礼逊在《通用汉言之法》“名词”一章的开始，也比较详细地讨论了和名词密切相关的量词的用法。而且根据内田庆市的研究，马礼逊对量词的这些论述，与叶尊孝的词典《汉字西译》存在密切的联系。至于“第一次讨论了汉语的词类问题并依据语法功能为汉语做了词类划分”，则更是与事实不符。在万济国的《华语官话语法》中，作者就依据西方拉丁语法著作的传统讨论了汉语的词类并对汉语做了词类划分。所谓的“第一个注意到‘的’字结构、被动句式等等及其语法功能”，早在马若瑟的《汉语札记》中就被比较详细地讨论过“的”字结构了。

之所以会造成这样的情况，我们分析，主要和两点因素有关。第一，张卫东主要研究的是汉语语言学，对《语言自迩集》之前的汉语语法著作的了解可能并不全面，这其中的许多“第一”其实是属于其他著作的。第二，张卫东作为《语言自迩集》的汉译者，对《语言自迩集》可能存在一定的“偏爱”，以至于出现了一些溢美之词。

我们认为，《语言自迩集》最大的创新是利用“威妥玛式拼音（Wade System）”对汉字进行注音。与前代许多西方人给汉字注音的形式相比，由于采用了流行度更广的英语为基础，其注音方式更加现代，也更为规范。张卫东曾经把威氏注音法与国际音标进行比较，发现：“《语言自迩集》中语音描写，注重实际，不少地方几近于今日严式标音。”[②] 这套汉字的表音方

① 宋桔：《〈语言自迩集〉的文献和语法研究》，第 388 页。

② ［英］威妥玛：《语言自迩集——19 世纪中期的北京话》，张卫东译，译序，第 2 页。

案经过其同胞翟理斯改良之后，成为“威妥玛—翟理斯式拼音（Wade-Giles System）”，在之后的很长一段时间都是汉字注音的标准方式。

当然，《语言自迩集》的创新还在其他方面有所体现。威妥玛等人在编写《语言自迩集》的过程中所采用的探索思路、观察角度以及论述方式等与前代的同类著作相比，都有了很大的变化。前期欧美的汉语语法著作，一类采用西方语法术语来解释汉语语法，或者干脆对语法现象进行理论分析，这使论述晦涩难懂，难以被普通读者所领悟，比如雷慕沙的《汉文启蒙》；另一类著作则是举出大量的例子，但却不怎么对汉语中的语法现象进行说明，希冀读者通过阅读和使用相关的句子自己去领悟，这同样给汉语水平本就不高的初学者以很大的压力，例如马若瑟的《汉语札记》。《语言自迩集》却与前两类都有所不同，威妥玛等人充分认识到《语言自迩集》的汉语教材性质，虽然在书中列举了大量的实例，但也没有忽视对汉语语法现象、规范的解释和说明。并且这种说明采用描述性的语言，以深入浅出的方式进行。对西方的早期汉语语法著作来说，这无疑是一种进步。当然，《语言自迩集》第一次开始采用北京官话系统，使用北京官话的语音和口语词汇，这与《汉语札记》实例多数使用文言、采用南京官话系统有很大的不同，实现了较大程度的创新。

到了威妥玛时代，西方人对中国、对汉语的了解更加准确、到位，他们更加深刻地体会到了汉语不同于西方语言的独特魅力。论述汉语语法，他们更多站在汉语的立场上，借鉴西方的传统和成果。这比前期许多汉语语法作者站在西方语言的角度，用西方语言来强行附会汉语要进步许多。《语言自迩集》形式上的创新也有一些，比如在翻译中利用“[ ]”来补充语法分析内容，利用不同的注音来区分同一个汉字的不同含义和用法，比如助词“得”的“tê2”和“dei3”。①

《语言自迩集》的实用性，主要体现在两个方面。一方面，《语言自迩集》提供了大量的书证材料，推动了对清代中晚期汉语语法以及中国文化的了解和研究。从1867年第一版面世到1903年第三版出版，《语言自迩集》近40年来一直处在不断地修订当中，它以当时现实生活中的鲜活口语为论述语言和研究对象。这些语言实例渗透着浓厚的中国气息，处处体现出极具中国特色的文化因素。无论是当时中国人的日常生活、清代的

① 转引自宋桔《〈语言自迩集〉的文献和语法研究》，第389页。

社会近况，还是清代的官场以及中国近代的历史，无不展现了一幅幅生动的画卷。另一方面，《语言自迩集》是汉语教材，提出的众多语法规范都可应用于实践，可操作性强。试举几例：对于外国人极易混淆的汉语的人称代词“我们”和“咱们”，《语言自迩集》作了区隔，讲清楚了它们各自的适用范围；[①] 用于句中的“了”和句末的“了”的读音与语义的差异，进而产生的在用法上的不同。[②] 如此种种，都使该书的读者或学习汉语的学生看过之后，能马上根据实例进行套用。

《语言自迩集》出版之后，受到了一些西方学者的质疑，主要集中在威妥玛注音法、取消汉语入声、所引实例等几个方面。有些质疑，比如取消汉语入声，我们认为不能成立；有些异议，则具有合理性，比如例子实在是堆砌得过多，的确是《语言自迩集》可以改进的地方。很多问题，威妥玛在《语言自迩集》第二版序言中都进行了回应。

关于威妥玛的注音方案：

> 我认为，关于《自迩集》注音法的种种不同意见，在细节上争论是没有必要的。众多英国人使用了这套课程，从试用至今几乎有 20 年了，而且有相当数量的美国人，对这种注音法也大体满意。某些语言学家总是指责我的系统中某些字母只用一个变体。可是，他们的替换物，据我看来是更加复杂化了，还不如简约些。[③]

---

① Thomas Francis Wade, *Yü-yen Tzŭ-êrh Chi*: *A Progressive Course Designed to Assist the Student of Colloquial Chinese, as Spoken in the Capital and the Metropolitan Department*, Shanghai: the Statistical Department of the Inspectorate General of Customs, 1886, pp. 18, 50, 192. 转引自宋桔《〈语言自迩集〉的文献和语法研究》，第 386 页。

② Thomas Francis Wade, *Yü-yen Tzŭ-êrh Chi*: *A Progressive Course Designed to Assist the Student of Colloquial Chinese, as Spoken in the Capital and the Metropolitan Department*, Shanghai: the Statistical Department of the Inspectorate General of Customs, 1886, pp. 11-50. 转引自宋桔《〈语言自迩集〉的文献和语法研究》，第 387 页。

③ Thomas Francis Wade, *Yü-yen Tzŭ-êrh Chi*: *A Progressive Course Designed to Assist the Student of Colloquial Chinese, as Spoken in the Capital and the Metropolitan Department*, Shanghai: the Statistical Department of the Inspectorate General of Customs, 1886, Preface, p. viii. Thomas Francis Wade, *Yü-yen Tzŭ-êrh Chi*: *A Progressive Course Designed to Assist the Student of Colloquial Chinese, as Spoken in the Capital and the Metropolitan Department*, Shanghai: the Statistical Department of the Inspectorate General of Customs, 1886, Preface, p. ix.

本研究认为，威妥玛与其他学者关于注音方法之争其实是“精确性”和“实用性”究竟哪个更为重要的问题。西方其他人士批评威妥玛，指出的是威妥玛注音法在“精确”上存在不足，其列出的变体并不能十分正确地表示出汉语的读音。而威妥玛则认为自己方案主要读者来自英美国家，且自己所编的是一部汉语教材，应该以方便、实用作为重要准则。双方的说法各有合理性，只是偏重的角度不同罢了。

关于取消汉语入声：

> 最近，卫三畏博士对我取消汉语中的第五声即入声断然提出了抗议，正如我在《寻津录》中解释的那样，在北京话的口语，这个声调已经不再存在。第一次让我对该问题引起注意的是应龙田，一位受过良好教育的北京人，令人钦佩的发音人。他为我重新整理了一份词汇表，其中的调类是现实使用的。在他的表中，所有的入声都并入第二声。而一年之后，我进入北京，发现他是对的。①

本书在前文已述，卫三畏等人对威妥玛在取消入声上面的抨击，过于吹毛求疵。虽然西方前期的汉语语法著作对于汉语声调的描述中都有入声，但威妥玛却没有受前人影响，而是根据事实出发，发现北京话口语中取消入声的事实，毅然决然改弦更张，是有勇气、极富远见的行为。现代汉语普通话中没有入声的事实充分证明了这一点。

关于书中所引的会话实例，外界的批评主要集中在两个方面：

> （在第一版第三章中）年长的学者宣称许多例子的语言不自然，他们把书中采用的常用语讥讽为“公使馆汉语”。编写本书的时候，我是驻北京公使馆的秘书，又是汉文秘书。虽然措辞常常经过润饰，但对此的不满还是几乎公开。年轻学者把这部书当作他们的入门课

① Thomas Francis Wade, *Yü-yen Tzŭ-êrh Chi*: *A Progressive Course Designed to Assist the Student of Colloquial Chinese, as Spoken in the Capital and the Metropolitan Department*, Shanghai: the Statistical Department of the Inspectorate General of Customs, 1886, Preface, p. viii. Thomas Francis Wade, *Yü-yen Tzŭ-êrh Chi*: *A Progressive Course Designed to Assist the Student of Colloquial Chinese, as Spoken in the Capital and the Metropolitan Department*, Shanghai: the Statistical Department of the Inspectorate General of Customs, 1886, Preface, p. x.

本，同时又抱怨《练习》的方法，每道练习题都要查阅20到25个生词，查它们的音、形、义。对于记忆一般的人来说，负担实在太重了。①

这里谈到的语言不够地道和练习任务的繁重，威妥玛似乎也认识到了不足，这也是为什么《语言自迩集》会修订后再次出版的原因之一。为此，威妥玛与中外编者一起对《自迩集》的用语进行了再度推敲，把练习尽量设计得有趣，使第二版的质量比第一版有了明显的提升。

除了上述，《语言自迩集》还存在其他方面的不足和局限，四卷本或三卷本的模式在实际使用中并不是特别方便；书中因为威妥玛的认识或是印刷的原因存在着不少错误，以至于该书的勘误表就多达170页。事实上，没有列出的错误也不少，它们都给读者造成了一定的困扰。

虽然具有一定的局限性，但是《语言自迩集》作为"第一部以北京话口语为对象的描写语言学巨著""第一部教学北京话口语的汉语课本"，凭借着其"对19世纪中叶北京话高屋建瓴、细致入微的准确把握"②，在西方汉语语法著作的发展历程中占有特殊地位。

第四节 《语言自迩集》的流传和影响

由于其创新、实用的汉语教材特质，《语言自迩集》一经出版，便在英国及欧美其他国家的驻华外交人员和其余相关人士中争相传阅，很快在西方世界就具有了相当的影响。这和前期的许多汉语语法著作显著不同，它们或者是长期被置于图书馆默默无闻，如马若瑟的《汉语札记》；或者只在很小的范围内传播，随着时间的流逝逐渐被湮没，如卫匡国的《中国文法》。

---

① Thomas Francis Wade, *Yü-yen Tzŭ-êrh Chi*: *A Progressive Course Designed to Assist the Student of Colloquial Chinese, as Spoken in the Capital and the Metropolitan Department*, Shanghai: the Statistical Department of the Inspectorate General of Customs, 1886, Preface, p. viii. Thomas Francis Wade, *Yü-yen Tzŭ-êrh Chi*: *A Progressive Course Designed to Assist the Student of Colloquial Chinese, as Spoken in the Capital and the Metropolitan Department*, Shanghai: the Statistical Department of the Inspectorate General of Customs, 1886, Preface, p. v.

② ［英］威妥玛：《语言自迩集——19世纪中期的北京话》，张卫东译，译序，第1页。

威妥玛历任汉文秘书、驻华代理公使、公使等职，长期负责英国来华译员的汉语培训工作。《语言自迩集》出版之后，该书就成为英国官方来华人员学习汉语的必备教材。

1867年，汉学家翟理斯就曾作为见习译员，来华接受为期两年的汉语培训。当时的见习译员学习汉语，教材是《语言自迩集》，工具书是马礼逊所编的中英词典《五车韵府》，并且每位学员还配有一位中国老师。王绍祥根据翟理斯写给父亲的信件，对翟理斯利用《语言自迩集》学习汉语进行了详细的描述：

> 上课的时间从早晨8点一直到晚上10点。第一天上课总是特别有趣，甚至接下来的三四天也很新鲜。头三四天的全部时间都用于学习214个部首，其中古典部首30个，废弃不用的部首47个。第二步是做练习，练习137个汉语口语部首。所谓练习通常就是组字成词，把两三字拼在一起而已，如“手”和“心”分别表示一个意思，但是“手心”则是一种比喻的说法，表示亲密的关系。通过这种方式，翻译学生①所积累的意思越来越多，但是，需要记忆的字数并没有增加。然后开始做“四十练习”（Forty Exercises）。练习刚开始时，翟理斯觉得挺枯燥的。这类练习一般需要三个月的时间才能完全掌握，因为此项练习涉及了一千多个汉字。在学习汉语的过程中，翟理斯发现不能用学习拉丁文和希腊文的方法来学习中文，因为中文完全没有语法可言。……翟理斯由此得出了一个结论，每学一个新的汉字都要记住它的发音、意思、声调和字形，缺一不可。②

尽管与威妥玛关系不睦，对威氏的汉语教学方法也有些不以为然，但不能否认的是，翟理斯的汉语学习正是依靠《语言自迩集》和威妥玛制定的学习方法起步并迅速得到提高。可见，正因为《语言自迩集》的存在，使英国众多的驻华人员学到了正宗的汉语官话，并借此比较深刻地了解中国。这些包括威妥玛在内的驻华人员回到英国后，依靠自己所学，积

---

① 即本书所说的“见习译员”。

② 王绍祥：《西方汉学界的“公敌”——英国汉学家翟理斯（1845—1935）研究》，博士学位论文，福建师范大学，2004年。

极地介绍中国及其文化，推动了汉学在英国的发展。

1883年，威妥玛卸任驻华公使回到英国。五年之后，因为在汉语教学上的盛名，“中国通”威妥玛受邀担任了剑桥大学首任汉学教授。《语言自迩集》在英国获得了正式、公开的传播。但其在英国汉语教学上取得的成就似乎并不是太大，据史料记载，威妥玛在担任剑桥大学教授的七年多时间里，学生没有超过三个。而且这种情况在之后的很长一段时间也没能得到改观。[①] 虽说如此，那时适合西方人学习汉语的教材并不是很多，由于《语言自迩集》的巨大影响，许多普通英国人得以了解汉语、掌握汉语，《语言自迩集》功不可没。翟理斯因病退休回到英国之后，继续从事汉学研究和著述，编写《剑桥大学图书馆威妥玛文库汉、满文书目录》（*A Catalogue of the Wade Collection of Chinese and Manchu Books in the Library of the University of Cambridge*）及其续编，当选剑桥大学第二任汉学教授，余生都在进行汉语和中国文化教学，培养相关人才。

由于《语言自迩集》用英语写成，它在美国也有流传，并具备一定的影响。一些在华美国人在第一时间就拿到了《语言自迩集》，并进行阅读和研究。美国传教士卫三畏读后，还对该书取消汉语入声的做法提出过不同意见。当时，美国外交官鼎德（Francis P. Knight）也看到了这部汉语教材，对其推崇备至，推荐给了哈佛大学首位汉语教师戈鲲化，并捐献自己和兄弟的《语言自迩集》来保证哈佛大学汉语课程的顺利开展，该著作由此传入美国。但其在美国反响平平，甚至还不如在英国。戈鲲化在哈佛教学汉语期间，其学生最多时也只有五个，其中只有一名学生通过两年的学习，基本实现了教学目标。

因而，张卫东在《语言自迩集》“译序”中所说：“《语言自迩集》是那个时代英美人普遍使用的课本”[②] 怕是也言过其实了，改成“那个时代在华英美人普遍使用的课本”似乎更为妥帖。在英美，《语言自迩集》更大的影响在于：借助这部教材，威妥玛的汉字注音方案经过翟理斯的改良，风行世界，逐渐成为西方人给汉字注音的标准方式。

比之欧美，《语言自迩集》在日本的流传更广，影响更大。1874年，日本首任驻华公使柳原前光来京师赴任，在与中国官员的接触中，发现中

① 张国刚：《剑桥大学中国学的历史与现状》，《中国史研究动态》1995年第3期。

② ［英］威妥玛：《语言自迩集——19世纪中期的北京话》，张卫东译，译序，第1页。

国官场通行的是北京官话。这与日本人在本国明治维新之后学习的南京话与其他方言有很大的区别。在柳原的建议下，日本国内的汉语学习开始转向以北京官话为主。当时，日本国内并没有现有成熟的北京官话教材。在很长的一段时间，日本人把《语言自迩集》当作他们学习汉语的首选教材。中田敬义等人受外务省选派，来华学习北京官话。他们学成之后，归国带回了一套《语言自迩集》，供国内的学生抄写学习。同时，东京外国语学校的老师也从欧美订购了《语言自迩集》，供本校学生使用。

《语言自迩集》进入日本之后，许多日本学者都对其进行过改编，使之更适合日本人的汉语学习。日清社创始人广部精得到《语言自迩集》后，以此为蓝本编写了《亚细亚言语集支那官话部》，问世后逐步取代了《语言自迩集》在日本的地位。在该书之后，日本还出现不少以《语言自迩集》或部分章节为蓝本的北京官话教材，如《新校语言自迩集》《清语阶梯语言自迩集》以及《自迩集平仄篇四声联珠》等著作。

除了这三个国家，《语言自迩集》在朝鲜半岛、欧洲其他国家和地区亦有传播。根据《语言自迩集》译者张卫东的说法：

> 跟口语系列（Colloquial Series）《语言自迩集》配套的，是书面语系列的《文件自迩集》（Documentary Series）。去年我们在韩国奎章阁发现了它的一部手抄本，……这表明，《语言自迩集》也曾在朝鲜半岛流传。①

1902年，俄国著名汉学家波波夫回国，在圣彼得堡大学任教，其间，他就以《语言自迩集》为教材给一、二年级汉语专业的学生授课，并且给予该书很高评价：“至今为止大家还是认为伟德（Wade）的课本是最好的。”② 因此，张卫东说：“《语言自迩集》作为一部优秀的汉语教材，影响是世界性的。”③ 这样的评价，我们认为是恰如其分的。

《语言自迩集》作为一部汉语教材，同时也是一部汉语语法著作，起到了承上启下的作用。一方面，它对前人许多汉语语法研究成果进行了总

① ［英］威妥玛：《语言自迩集——19世纪中期的北京话》，张卫东译，译序，第2页。

② 同上。

③ 同上书，第1页。

结，如汉语的声调、音节、汉字的部首等方面；另一方面，该书又有所创新，如汉字的注音法、取消入声等方面，甚至在音节、部首的列举上都有与前作不同的独到之处，对之后的一些带有教材特征的汉语语法著作，如童文献的《汉文语法》、狄考文的《官话类编》，都产生过较大的影响。

第五章

“最著名的古代汉语语法书”[①]：甲柏连孜《汉文经纬》

19 世纪中后期，西方列强通过两次鸦片战争，逼迫闭关的清政府打开国门。随着中外交往越来越密切，西方人对中国的了解已经在多方面得到深入。他们更加准确、客观地描述中国、研究中国。可以说，只要他们感兴趣，不用远赴东方，就能得到所需的有关中国的详细信息，中国已经彻底脱去了以往的“神秘”色彩。在汉语语法研究乃至汉学研究方面同样如此，因而这段时期涌现了许多著名的“书斋汉学家”或是“书斋汉语言学家”。

西方国家通过《天津条约》获得了在中国内地游历和自由传教的权利，通过《北京条约》又得到了清政府可以招募华工出国的准许。这在客观上使外国人在中国的更大地区活动获得了法律保护，更多的外国人因为各自不同的目的来到中国，而且他们能够到达之前没有去过的地方，不再局限在沿海地区。他们中很多人通常把在中国的经历写成报道，发回欧美；有些人更是把自己感兴趣的有关中国的内容写成专著，在中国或本国出版。随着互相交往的增多和密切，这样的著作也不再是凤毛麟角，而是灿若星辰，几乎涉及了中国的各方面，政治、文化、经济甚至风土，无所不包。同时，许多的中国人也来到了海外，虽然他们中的绝大多数人都是文化水平不高的华工，但这个时期开始也有一些饱学之士或因国家外交的需要，或因探求救国方略，或单纯就是因为与在华外国人交好而获邀前往欧美。

---

① ［丹］何莫邪：《〈马氏文通〉以前的西方汉语语法书概况》，见北京大学中国传统文化研究中心编《文化的馈赠——汉学研究国际会议论文集·语言文学卷》，第 465 页。

19世纪中期及以前，欧美汉语语法著作的作者主要是来华传教士和外交官。他们虽然大都在本国接受过良好的教育，有的还有大学教育背景，例如卫匡国、威妥玛等人，但他们来华的主要任务却是传教和外交事务，不可能把绝大部分精力投入到语言研究和写作之上。此外，他们写作的目的主要也是给后来人学习和使用汉语提供帮助，此类著作因而具有很强的实用性，真正深入研究汉语及其语法的几乎没有。这些著作的举例，因为写作目的的关系，也大多是中国人的日常生活用语，引用中国经典的极少。

之后，欧洲出现的汉语语法著作的作者与传教士以及外交官有很大的不同，他们大都是学者，对中国感兴趣，渴望了解中国，利用自己的专长来研究中国。前人对于汉语语法的研究已经给他们留下了很深的积淀，他们能够接触到许多有关中国的书籍，甚至是中国人耳熟能详的经典也有很多被介绍到了欧美。这些学者甚至在欧洲就有可能接触到文化水平相对较高的中国人，加之他们自身的专业学养以及能够致力于学术研究、心无旁骛的优势，写出的著作呈现出了许多不同以往的鲜明特色。

19世纪早期，甚至更早以前，欧洲就有学者专门研究过汉语及其语法，比如傅尔蒙、雷慕沙等人。但那时他们很难接触到中国人，可以利用的参考文献又少，这些文献因为原作者自身学养的不同造成水平参差不齐。由于当时中外文化交流并不顺畅，这些学者身处欧洲，对汉语的了解本身也不透彻。这样的著作水平自然就大打折扣了。

德国语言学家甲柏连孜的名作《汉文经纬》，就是在这样的背景之下应运而生的。甲柏连孜18岁开始学习汉语，利用自家和德国的中文文献，1881年出版《汉文经纬》。这部书的出版表明了西方部分人士对汉语更为深入的认识，反映出欧美在中文研究方面的长足进步。该书可以看作17—19世纪欧美汉语语法著作达到巅峰的重要标志。

第一节　甲柏连孜生平与汉语学习

一　甲柏连孜的生平

甲柏连孜，[①] 全名 Hans Georg Conon von der Gabelentz，一般简写为

---

① 甲柏连孜，Gabelentz，又曾被译成加贝伦茨、加贝伦兹、嘎伯冷茨、嘎伯冷兹、贾伯莲、嘉贝兰等。

Georg von der Gablentz，德国著名的语言学家、汉学家，1840 年 3 月 16 日出生于德国图林根州阿尔滕堡（Altenburg，Thüringen）的一个贵族家庭。根据王艳的说法，甲柏连孜姓氏中带有的 von der Gablentz 是出自萨克森—阿尔滕堡公国（Herzogtum Sachsen-Altenburg）的一个古老的贵族之家，该家族以学者辈出闻名。他的父亲 Hans Conon von der Gabelentz 就是一位颇有建树的满文学家，曾把满文版的中国经典翻译成德文，编写过满德词典，被传能说 24 种语言。虽然无法确证，但他父亲对多种语言的了解乃至精通也从中可见一斑。甲柏连孜的父亲在家族城堡里修建了一座图书馆，用来收藏感兴趣的文献，其中就有世界各种语言的资料。[①]

甲柏连孜从小就与父母住在一起，由博学的父亲指导德文、拉丁文学习，进行阅读、翻译和写作。1855 年，甲柏连孜进入文法中学就读，阅读了多种语言语法的著作，开始接触到一些有关汉语语法的论著并逐渐产生兴趣。三年之后，甲柏连孜开始自学中文。1859 年中学毕业后，甲柏连孜进入德国耶拿大学，后转入莱比锡大学，系统学习了语言学的基本理论和基础知识。1876 年，甲柏连孜依靠《太极图说》译注及研究，[②] 获得了莱比锡大学汉学博士学位。之后，甲柏连孜曾在柏林大学东方语言学院讲授东方语言课程。经过莱比锡大学哲学系的鉴定考试，甲柏连孜于 1879 年 6 月被正式任命为该大学东方语言的编外教授，这是在德国有关汉学的第一个教席，被看作德国汉学研究正式开始的标志。[③]

从此之后，甲柏连孜佳作不断。1881 年，他出版了《汉文经纬》，副标题是“不包括俗语和俚语”，对中文的古文语法进行了全面而深入的研究，受到高度赞扬，这种赞扬一直延续至今。德国莱比锡汉学派最杰出的代表人物叶乃度（Eduard Erkes）这样评价自己的老师：

贾伯莲是第一个摆脱了他的前辈们影响的人，那些人潜意识中还

---

① 参见王艳《甲柏连孜〈汉文经纬论略〉》，硕士学位论文，北京外国语大学，2000 年。

② 1876 年，甲柏连孜出版了他的博士学位论文，名为《太极图：周子太极原理图及朱熹的评论》。

③ 参见［德］马汉茂、汉雅娜，［中］张西平、李雪涛主编《德国汉学：历史、发展、人物与视角》，大象出版社 2005 年版，第 426 页。

一直有一种成见，认为每种语言必须用拉丁语的模式来衡量，每种语法也要遵照拉丁语。贾伯莲也是第一个正确处理印度、中文语言特点的人。①

1883年，甲柏连孜出版《汉文经纬》的简写本《汉语语法基础》，1888年出版《汉语语法论集》，在德国也是好评如潮。除了汉语语法以外，他还撰写了许多其他方面的著作，主要集中在语言和文化方面，如《论庄子的语言》《孔子和中国文化》《语法和汉语的联系》等。其中《语言学》《语言学的任务、方法以及迄今为止的成就》具有较大的影响。1889年，甲柏连孜赴柏林洪堡大学②担任东方语言学和普通语言学教授。在这里，他出版了第二部在当时欧洲极具影响力的著作《语言学》（*Die Sprachwissenschaft*）。但不幸的是天妒英才，正当其研究已结出丰硕成果并进一步扩大、发展的时候，甲柏连孜却在1893年12月去世，享年53岁。

通过《汉文经纬》，甲柏连孜成功地建立起一套不同于以往拉丁语语法的全新体系。这个体系更加贴近汉语的实际，也更具有说服力。因此，它将句法研究给予与词法同等重要的地位，使用了许多普通语言学的研究方法，成为德国乃至欧洲学习和研究汉语的标准范例，极大地促进了欧美本土特别是欧洲的汉语研究。

二　甲柏连孜的汉语学习

关于甲柏连孜及其汉语学习，我们可以利用的汉文资料很少，甚至相关的德文史料，在中国流传的也不是很多。③ 所以，现阶段的研究只能是

---

① 参见［德］马汉茂、汉雅娜，［中］张西平、李雪涛主编《德国汉学：历史、发展、人物与视角》，第427页。

② 王艳认为甲柏连孜后来在柏林洪堡大学工作，参见王艳《甲柏连孜〈汉文经纬论略〉》，第7页；李保平认为是柏林大学，参见李保平《加贝伦茨〈汉文经纬〉汉文引例校笺——以〈书〉〈诗〉〈论语〉为中心》，硕士学位论文，西南交通大学，2010年。经过细致核对，本书采用王艳的说法。

③ 到目前为止，对甲柏连孜及其《汉文经纬》进行过比较系统研究的，主要是两篇硕士学位论文：王艳：《甲柏连孜〈汉文经纬〉论略》，硕士学位论文，北京外国语大学，2000年。该文介绍了《汉文经纬》的概要、语法构架，比较了甲柏连孜与吕叔湘、周法高在语法观念、处理词类上的异同，最后简要评价了该书，并对该书与《汉语札记》进行了大致比较；（转下页）

根据有限史料，进行一定的推论，力求推得一个大致的轮廓。

甲柏连孜开始学习汉语的时间大概是在 1858 年左右，张国刚在《明清传教士与欧洲汉学》中这样记述：“G. 嘎伯冷茨[①]继承家学，18 岁开始学习中文，1876 年以翻译中文和满文本的《太极图说》获得博士学位。”[②] 甲柏连孜 1840 年出生，1858 年是其在中学读书期间。这段时期他阅读了许多有关汉语语法的著作。1876 年，甲柏连孜依据汉文和满文对《太极图说》的翻译和研究使他获得了汉学博士学位。这也是甲柏连孜达到了很高汉语水平的标志，意味着他的汉语学习取得了丰硕成果。

根据德国莱比锡大学东亚研究所网页的介绍，甲柏连孜的父亲老甲柏连孜是普鲁士的一名高级官员，同时也是一位语言学家，1845 年担任过莱比锡大学东方学的教授，能读懂超过 80 种语言（包括汉语），尤为精通满语，曾在 1832 年与朋友合著过一部《满语语法》。[③] 小时候的甲柏连孜主要是在父亲的指导下进行德文、拉丁文等欧洲语言的学习。甲柏连孜在中学时开始对中国和日本发生兴趣，由此对汉语展开了学习。但在当时，由于甲柏连孜大部分时间身处学校，也没有史料表明其所处的中学有懂得中文的老师或是此时甲柏连孜的身边有中国人。所以，学界普遍认为，甲柏连孜的汉语主要靠自学而成。凭借着家中所藏的大量汉语学习材料和典籍，再加上父亲的可能的偶尔点拨，颇具语言天分的甲柏连孜，其汉语学习自然进步很快。到 1869 年的时候，甲柏连孜掌握了多种亚洲语言，不仅有汉语，还有日语、印地语，甚至还有马来—波利尼西亚语。[④] 主要依靠自学，仅仅花了 10 年的时间，甲柏连孜就熟练掌握了汉语，其

（接上页）李保平：《加贝伦茨〈汉文经纬〉汉文引例校笺——以〈书〉〈诗〉〈论语〉为中心》，硕士学位论文，西南交通大学，2010 年。该文则主要对《汉文经纬》的汉文引例进行了考证和校笺。需要着重指出的是，姚小平的论文《〈汉文经纬〉与〈马氏文通〉——〈马氏文通〉历史功绩重议》（《当代语言学》1999 年第 2 期）在将《马氏文通》和《汉文经纬》做比较的过程中，用了大量的篇幅来介绍、分析、评论《汉文经纬》，可以算是研究《汉文经纬》的开创之作。此外，一些介绍德国汉学和中国早期语言学发展的著作，也有对甲柏连孜及其著作的简要评述。

① 即甲柏连孜。

② 张国刚等：《明清传教士与欧洲汉学》，中国社会科学出版社 2001 年版，第 346 页。

③ 参见莱比锡大学东亚研究所（http：//www. uni - leipzig. de/ ~ ostasien/institut/geschichte/hans-georg-conon-von-der-gabelentz）。

④ Ibid..

人的确是语言方面的奇才。7 年之后，甲柏连孜甚至能对汉语的规则和特点展开研究，并据此获得汉学博士学位，不能不让人叹服！

至于甲柏连孜在汉语学习上主要依靠的汉语相关著作，也是由于现阶段国内史料的缺乏，我们只能对其有可能用到的著作进行一番推测。这些著作应是 19 世纪中期以前在德国流传，至少在德国知识界具有一定的影响力，而且它们应该是有关汉语语言、文字的相关著作。

17 世纪时德国的大部分处于普鲁士的统治之下，普鲁士王室和许多上层精英都深受英、法国等国“中国风”的影响，对中国文化甚是痴迷，渴望了解中国。在这样的情结之下，他们通过荷兰的东印度公司从东方运来了许多中文书籍。仅就柏林皇家图书馆而言，在 18 世纪初图书馆就拥有了 400 多册的中国典籍，成为欧洲大陆最大的中文图书馆。① 在这样的背景下，德国学者对中国的研究不再局限于概述和总说，开始在汉语等方面有所建树。而甲柏连孜极有可能是通过这些著作自学汉语的。

1685 年，负责管理皇家图书馆的德国医生兼学者门泽尔出版了一部小册子，题名《拉汉字汇手册》。该书包括“序言”“拉汉字汇对照表”和“序言”三部分，介绍了一些汉字的笔画结构，论述了汉语的一些语法规则。像这样介绍汉语的书籍完全可以当成入门级的汉语学习教材。另外，根据白佐良的研究，1689 年，克利耶从巴达维亚把卫匡国的《中国文法》抄本寄给了门泽尔，保存在了皇家图书馆。门泽尔似乎又对该书作了一定的“改编”，然后在另一份抄本上署上了自己的名字。②

同样，甲柏连孜在汉语学习过程中有可能读到过巴耶尔的书。1730 年，这位德国出生的学者根据门泽尔留下的与汉语有关的手稿以及在皇家图书馆看到的其他著作，出版了自己的汉语语法著作《汉文博览》(*Museum Sincum*)。与《汉文博览》的猜测不同，甲柏连孜确实读到过马若瑟的《汉语札记》。前文已述，甲柏连孜不仅读过这部著作，而且对其评价颇高。但像《汉语札记》这样的著作，由于《汉文经纬》中也有对它的参考借鉴，所以，甲柏连孜究竟是在汉语学习过程中就利用过这部著

① 李雪涛：《日耳曼学术谱系中的汉学——德国汉学之研究》，外语教学与研究出版社 2008 年版，第 23 页。

② ［意］陆商隐：《从〈中国文法〉到〈中国语文法〉：卫匡国语法的流传与不断丰富的过程探讨》，参见《中国文法》，第 30—32 页。

作，还是只在《汉文经纬》写作过程中单纯把它当成了“参考文献”，这个实在不好判断，我们认为最大的可能是两者兼而有之。

显然，甲柏连孜在学习汉语过程中看过的著作可能远不止上面的三部。本研究试图把这些著作进行归类，第一类是汉语词典语法类的，这比较适合初学起步的时候用，比如卫匡国的《中国文法》、门泽尔的《拉汉字汇手册》，还有叶尊孝的《汉字西译》、马若瑟的《汉语札记》等。第二类是中文著作的原版或西方汇编版，这比较适合汉语水平有了一定基础、提升学习用，比如中国古代的典籍：《尚书》《诗经》《论语》等一类，甲柏连孜在《汉文经纬》中有对这类著作的大量引例。关于这点，后文还会有所涉及。第三类是介绍中国的概述类著作，这可以帮助甲柏连孜了解中国的各方面，比如基歇尔的《中国图说》、杜赫德的《中华帝国全志》等书籍。甲柏连孜是语言学家，精通欧洲多国语言，阅读这些书籍，无论是拉丁文还是其他文字，对于他来说基本没有障碍。[①] 因此，我们认为，只要有条件，甲柏连孜应该会在学习汉语的过程中以这些书籍作为学习的有效工具的。

利用现有的材料，我们对甲柏连孜的汉语学习还是能描述一个概观：他在 1858 年前后开始学习汉语，以自学为主，利用的是自家以及在德国能够找到的一些学习材料。甲柏连孜用了大概十年多一点的时间，在 1869 年达到了熟练掌握汉语的程度。随着时间的推移，他甚至能够以汉语和中国古代典籍《太极图说》为对象展开研究。

第二节　甲柏连孜《汉文经纬》考

一　《汉文经纬》的编写和出版

《汉文经纬》的正式出版时间是 1881 年，那么，甲柏连孜是什么时候开始《汉文经纬》编写的呢？

由于掌握的史料有限，我们只能从时间先后上进行大致的推测。1869 年，甲柏连孜比较熟练地掌握了汉语。1876 年，甲柏连孜以对《太极图说》的译注获得博士学位。《太极图说》是中国宋代理学家周敦颐为其

---

① 事实上这些书大都由拉丁文写成。

《太极图》写的一篇说明。该文认为“太极”是宇宙的本原，以为人和万物都是由于阴阳二气和水火木金土五行相互作用而构成的。这篇文章渗透着较深的中国文化底蕴。虽然全文只有249个字，但语句晦涩，并不是轻易能够理解和融会的。当时，甲柏连孜的全部精力很有可能都放在了这个上面。他在完成博士学位论文之前一般不会开始《汉文经纬》的写作。正是凭借对《太极图说》的释读，甲柏连孜对汉语才有了进一步的深刻了解。另外，《汉文经纬》旁征博引，其编写的时间也不会太短。所以，我们判断，《汉文经纬》的编写，其开始的时间应该在1876年，甲柏连孜完成并通过了博士学位论文之后。编写该书，他用了五年左右的时间。

《汉文经纬》的前言介绍了该书主要的编写目的：

> 我在三年以来公开发表的有关对汉语语法史理论，以及对汉语语法方面的讨论，都是一种尝试。我希望回顾早期语法学家研究的成果，检视他们的贡献，继而向前看，提出我与其他人对这个艰巨任务的看法，就是能否清晰透彻地运用科学性的语言来描述语法。我在这里说出了如今的基本看法，这在一些细节方面也有相同的变动，但我希望能更明了清楚些。
>
> 这项工作应尽可能地科学进行。根据我的学力和研究范围，这是可以实现的：对于最古老的语言①及其之后的发展，运用科学的方式编写一部教学和参考用书。文言文（vorklassischen Literaturdenkmäler）中语法的特殊性有着实际的原因，我们至少应该考虑到其多方面影响的一部分。这些影响都应该视为全新的、非常重要的任务加以解决。感谢我的朋友马克斯·乌勒博士（Dr. Max Uhle），以他勤奋的工作，帮助我完成了重要的第一步。
>
> 这就是编写一部全面教科书的目标：让学生看懂单独的文本，不需要借助老师或翻译，他的想法在语言学习中通过阅读和理解也能正确地陈述出来——当然，只限于所学语言的内涵、原理和规则，并仍然暂时保留对词汇和外国文化现实的教学。首先，学习者遇到不良语音现象，如果他们搞不清楚，可以暂且忽略一些。这是透彻调查的要求，以便我们能解决与传统语言学家的矛盾并继续前进。如果我们不

---

① 指汉语。

需要这些传统语言学家的帮助，我们就能形成自己的中国时代。

在本书中，我们一直试图清楚解释文稿牵涉的问题，使其显而易见，这或许会牺牲些科学性。与此相反，一种语言的涵盖如此之广，它对逻辑思维等方面有着严格要求，同一时间采用系统的学习是最实用、最有利的。①

由甲柏连孜的记述，我们可以得知许多有用的信息：首先，甲柏连孜1878年来对汉语及其语法进行了很多讨论，但他还是不太满意，努力使这些论述在明晰的同时更具有科学性。这还表明，甲柏连孜《汉文经纬》的写作最晚开始于完成博士学位论文的两年之后。其次，《汉文经纬》的研究对象是古代汉语，也即用于书面的文言文。还有，《汉文经纬》虽然被学界后人归于着重对汉语语法进行研究的专著，但甲柏连孜写书的目的却仍然是“编写一部全面的教科书”，学习汉语者“不需要借助老师或翻译”，就能“看懂单独的文本”。②

《汉文经纬》出版之后，很长时间都没有再版，直到1953年。再版基本上只是重印，无论书名，还是版式、内容，都没有变化，只是在书末加上了叶乃度所选编的简要附录，出版商变成了德国科学出版社（Deutscher Verlag der Wissenschaften）。1956年，叶乃度重新修订增补了该书，副标题变成了Nachtrag von Eduard Erkes（由叶乃度补编），汉文书名也被改为《中国文法》，出版商则仍为德国科学出版社。

李保平在其硕士学位论文中记述该书“此外还有北京1944年印刷的版本，封面标有‘Nachgedruckt im Auftrage des Deuschland-Institute Peking 1944’（受中德学会之委托翻印）”。③ 遗憾的是，我们并未找到该版本。

二 《汉文经纬》的主要内容

《汉文经纬》的几个版本还是具有一定差别的，后来的再版由叶乃度修订了原书的部分错误，并添加了补充内容，作者也变成了甲柏连孜和叶

① Georg von der Gabelentz, *Chinesische Grammatik*: *Mit Ausschluss des niederen Stiles und der Heutigen Umgangssprache*, Leipzig: T. O. Weigel, 1881, Vorrede, p. VII.

② Ibid..

③ 李保平：《加贝伦茨〈汉文经纬〉汉文引例校笺——以〈书〉〈诗〉〈论语〉为中心》，第2页。

乃度两人。所以，本书使用的版本是 1881 年的德文原版。

《汉文经纬》全书包括前言、主体和附录三个部分。该书的前言介绍了《汉文经纬》的成书、体系，并根据自己自学汉语的体会向读者提出了一些学习方面的建议。附录的主要内容是两份列表，首先是一份按字母顺序排列的索引，把一些汉字列于表中，先给出德语的含义，然后罗列若干表示该义的汉字，并注出这些字在书中出现的页数。还有，该表把一些西方的语法概念和其他事物（例如欧美的汉语语法著作作者）和中文专有名词也列在其中。如果只是西方的语法概念或其他事物，只出现德文，再给出页数。如果是中文专有名词，则先用字母注出该词的读音，然后出现汉字和页数，部分在页数之前还会有德文的解释。第二份列表是汉字部首表，甲柏连孜列出了汉字的 201 个部首，每个部首之下，再列书中出现的该部首的例字。这和之前西方汉语语法著作普遍采用的 214 个汉字部首存在着明显的差异。对此，本书将在后文展开专门论述。这两份列表之后是一份该书的勘误表。最后，该书出现的是用楷书、行书、草书、隶书、篆书和金文六种字体写出的《论语》名句，“子曰：‘学而时习之，不亦悦乎’”。以及来自清代黄自元所著论述楷书的《间架结构摘要九十二法》中起始的 20 个字：“宇宙定宁　至圣孟盖　勑部幼即 读蝀议绩 喜吾娄安。”很明显，这些是供读者学写汉字时模仿之用。

《汉文经纬》的主体部分分成三卷。第一卷（Erstes Buch）是“导论和概述”（Einleitung und allgemeiner Theil），包括了导论及另外四章。在导论部分，甲柏连孜说到了汉民族的历史以及汉语的起源和发展。最后，探讨了受汉语影响的远东语言（例如，日语和韩语）以及汉语的不同表现形式：官话、土话、半文半俗、俗话、通文。接下来的四章则分别论述了汉语的发音、文字、词源论以及汉语表达的基本规律。语音章主要探讨了汉语声母、韵母的发音位置，声调的发音方法等内容；文字章则描述了汉字的特点、文字体系、六书、异体字现象、汉字的笔画和部首、标点符号、书写方式等内容；词源论讲的是构词法的规则，阐明了汉语非词根语言的特性；在“语言结构的基本规律”一章，甲柏连孜依袭前人的做法，将汉字分成了“实字（Stoffwörter）、虚字（Formwörter）”以及“活字（lebende Wörter）、死字（todten Wörter）”。第二卷是“分析系统”（Analytischen System）由导论和其余三章组成，导论讲了该卷的研究目的和方法，在该卷中所用到的分析基本准则。第一章“句子成分及其相互关系”

是《汉文经纬》内容最为丰富的一章，主要依据词类的不同，论述了名词[①]、形容词、动词、格、副词、代词、助词和尾词在句子中的特点和作用。其中，古汉语中的代词、助词在该书中的解释尤为详细。不但有总论，还对它们进行了分类论述，并进行丰富的举例，所举的词都是汉语文言中重要的典型例词，所引用的例句则基本来自于中国古代的典籍。第二章和第三章则较为简要，主要从语序的角度论述汉语中句子的构成以及汉语句子的语法特征和文体特征。第三卷是“综合系统”（Synthetische System），包括了导论和另外四章，卷首的导论介绍依旧是该卷的研究目的和方法，还有在表达汉语时要体现的特点。第一章是句子成分，论述如何连接不同的词类以及如何运用特定词语来增强语气。第二章主要介绍汉语简单句的用法，主要有主语、谓语、宾语的特点和说明，以及甲柏连孜特别提出的心理主语、倒装等内容。在该章中，给人深刻印象的依然是对古汉语虚词用法的丰富论述和大量举例。第三章是复合句及其连接，主要论述了形成复合句的连接词。该卷的最后一章是文体论，说明了汉语中的用韵以及排比、重复、高潮、双关等修辞手法。

王艳在介绍《汉文经纬》主要内容的时候，在第一卷（Erstes Buch）中，将“Hauptstück”（意为“主要部分”）翻译为“章”：“第1卷的内容包括4章。”[②] 但在第二、三卷中，却将“Hauptstück”译为“篇”，将“Abschnitt”翻译成“部分”，将位于“部分”下用黑体标注的下级单位却翻成“章”。[③] 这样做，虽然照顾到了全书各部分内容的篇幅长短，但却造成了前后不一的情况，很容易给没有看过原著的读者造成错觉。

《汉文经纬》在内容上具有鲜明的特色。该书作者虽然自称编写的是汉语学习教科书，但在具体写法上，却是实在的研究性专论的写法。例如，在第二、三卷许多章的开头，甲柏连孜都谈到了研究的目的和所使用的方法，还有在运用中必须遵循的原则。这和实用性教科书的通常编写方式相差甚远。还有，《汉文经纬》的结构更加平衡。以往的欧美汉语语法著作，往往是注重词的分类和论述而忽略了句法。甲柏连孜用了将近一卷

① 王艳将 Nomen 翻译成“静词”，参见王艳《甲柏连孜〈汉文经纬〉论略》，第12页，似有不妥，本书依惯例将其译为“名词”。

② 王艳：《甲柏连孜〈汉文经纬〉论略》，第11页。

③ 同上书，第12—13页。

的内容对句法展开专门论述，使该书无论在结构还是在内容上都更加平衡。另外。该书对汉语虚词的重视是前作所不能比拟的，几乎占去了将近一半的篇幅。这应该和甲柏连孜认识到句法在汉语学习中的重要作用有关。

虽然甲柏连孜已经比较深刻地认识到汉语与西方语言相比，具有明显的与众不同的特质。但该书在编写思路上还是承袭了西方拉丁语法著作的规范写法，第一卷讲到正音法、正字法、词源论（构词法），第二卷是词的分类和用法，第三卷则包括了句法论以及作诗法（文体论）。甲柏连孜应是认识到了所谓“作诗法”在汉语语法中并不是特别重要，所以将其作为第三卷“句法论”之中的最后一章，而没有单独成为一卷。

三　《汉文经纬》所涉的参考文献[①]

《汉文经纬》出版之前，已经出现了许多汉语语法及相关著作。对此，甲柏连孜在该书前言中明确提及：

> 这部书会证明，我的许多工作都基于我的前辈。他们提供给我的是许多值得利用的信息，我因此拥有最完备的相关知识。我会时常参考这些来源，获得提示。你们将看到，在我编写这第一部书的时候，范尚人[②]、卫三畏、艾约瑟给了我许多启发和帮助，其次是儒莲和绍特，当然还有马若瑟，偶尔我也会参考江沙维的著作。我在“经”中，主要引述“四书”和《左传》的话，还有在《中国经典》(*Chinese Classic*)[③] 中没有提到的著名语句。我也有好运气，在一些书信集中找到了对写书有用的提示。[④]

甲柏连孜提到的范尚人是来华法国传教士，著有一部拉丁文版的字典《字声纲目》（*Systema Phoneticum Scripturae Sinicae*），出版于1842年。此

---

① 王艳、李保平在各自的硕士学位论文中均未论及该论题。

② 范尚人，又名加略利，全名 Joseph Marie Callery，1810—1862，法国来华传教士。

③ 《中国经典》，英国汉学家理雅各（James Legge）所编的有关中国儒家典籍“四书”“五经”的英文译注本，共有5卷，在1861—1872年间陆续在香港出版。

④ Georg von der Gabelentz. Chinesische *Grammatik*: *Mit Ausschluss des niederen Stiles und der Heutigen Umgangssprache*, Vorrede, p. XIV.

外，1855 年，他还和梅尔奇奥·伊万（Melchior Yvan）合著出版过《太平天国初期纪事》（*L'insurrection en Chine depuis son origine jusqu'à la prise de Nankin*）。显然，甲柏连孜所说的“参考来源”中的一部指的应该就是《字声纲目》，这部主要针对汉语单字的字典虽然释义少，也没有给这些字组词，但给出的释义却十分精确。

卫三畏是美国人，最先是作为《中国丛报》的印刷工前来中国，协助裨治文在华的印刷和传教事务。1844 年，卫三畏出版官话词典《英华韵府历阶》（*An English and Chinese Vocabulary in the Court Dialect*）。1856 年，他又出版了《英华分韵撮要》（*A Tonic Dictionary of the Chinese Language of Canton Dialect*），是一部广东话词典。这一年，卫三畏接受美国政府的任命，出任美国驻华使馆参赞。在北京，他认识到北京官话是官场和中国上流社会交际的通用语，于是下决心编写一部大型的官话词典。1874 年，卫三畏完成心愿，出版了《汉英韵府》（*Syllabic Dictionary of the Chinese Language*）。甲柏连孜《汉文经纬》的研究对象是官话文言，所以，在卫三畏的三部词典中，就影响力和实用性而言，他在编书过程中参考过《汉英韵府》的可能性最大。关于词典，葡萄牙传教士江沙维编写过一部《汉洋合字汇》（*Diccionario China-Portuguez*），于 1833 年出版，用葡萄牙语写成。

可见，甲柏连孜在编写《汉文经纬》的过程中，把西方人编著的汉外词典当成了必要的工具书。《汉文经纬》中大量的对汉字的解释、组词，参考的就是《字声纲目》《汉英韵府》等词典。

当然，与《汉文经纬》同为汉语语法著作的其他著作也不能忽略。因此，甲柏连孜接连列举了一些作者的名字：艾约瑟、儒莲、尚特、马若瑟和江沙维。从行文来看，这些作者及其著作就对《汉文经纬》的重要性而言，分成了三个层次：首先是艾约瑟，给了甲柏连孜“许多启发和帮助”；其次是儒莲、尚特和马若瑟；最后是江沙维，其著作甲柏连孜“偶尔也会参考”。

前文已述，西方传统的语法体系主要包括正字法、正音法、词源论、句法论以及文体论五个部分。1857 年，艾约瑟的《中国官话语法》出版，全书分为三大部分：语音（On Sound）、词类（The Parts of Speech）和句法论（Syntax）。《汉文经纬》的主体也是三部分，第二卷“分析系统”可与词类对应，第三卷“综合系统”与句法论对应。并且两书都把文体论的部分内容放进了句法论中。不同的是，甲柏连孜在《汉文经纬》的第一卷把汉字的历史、语音、字形和词源等问题分章节都进行了讨论，在安排上显得更加科学。

在谈到词的分类问题时，甲柏连孜将汉字分为“实字、虚字”以及“活字、死字”，这也和艾约瑟、马若瑟的说法一脉相承。在西方汉语语法著作中，马若瑟在《汉语札记》中第一次提出了这样的分法：

> 中国语法学家把组成语言的汉字分成两类，称为“虚字”（litteras vacuas，vacant characters）和“实字”（plenas aeu solidas，solid characters）。不能充当文句基本成分的就是虚字。尽管由于其表达含义的必要性，没有汉字可以严格这样说。因此，当汉字作为纯粹小词出现时，我们才叫它虚字。我们通过假借或者比喻的方式进行理解，也就是，它们从原来的含义变为相异的意义。实字用来充当语言的基本成分，可以往下划分为活字和死字，也就是动词和名词。①

相同的论题，艾约瑟的《中国官话语法》是这样说的：

> 他们（中国人）称有意义的字为实字，*full characters*，而那些起辅助作用或者没有实际意义的词，他们取名虚字，*empty characters*，*particles*。
>
> ……字还可以看成动作或者事物的表达，这两种被称为活字，*living characters*，和死字，*dead characters*。②

在《汉文经纬》中，甲柏连孜同样谈到了这样的划分：

> 中国人把汉语的单词叫作字，具有如下相同的句法功能：

① Joseph Henri - Marie de Prémare. *The Notitia Linguae Sinicae*. Translated by J. G. Bridgman, p. 27.

② Joseph Edkins. *A Grammar of the Chinese Colloquial Language Commonly Called the Mandarin Dialect*. Shanghai: Presbterian Mission Press, 1864, p. 105.

a）实字，意义实在或叫物质词（Stoffwörter），和虚字，意义空泛或叫无形词（Formwörter，即小品词）。后者经常被表达为“辞语”，很少称“词”。这大致从字的作用和纯粹性方面划分。

b）活字，即活字（lebende Wörter），指的是与名词对立的动词。死字，即死字（todten Wörter）。这样的区别很重要，因为话语都要用到名词，就像很多时候用到动词。①

把以上这三段文字进行对比，我们很容易发现：尽管在表述上有所不同，但论述的实质却是完全一样的。

至于儒莲和绍特的汉语语法著作，应该指的是1869年出版的《汉文指南》（*Syntaxe Nouvelle de la langue Chinoise*）和1857年出版的《汉语教课本》（*Chinesische Sprachlehre*, *Zum Gebrauchte bei Vorlesungen and Zurselbstuniterweisung*）。《汉文指南》是儒莲的代表作之一，对法国及欧洲其他国家的汉语教学和研究产生过深远的影响。尚特的《汉语教课本》运用简洁的中文语法分析系统，主要对汉语书面语的规律和特点进行详细分析和研究，以期把成果应用于汉语教学。对于同样有志于编写一部全新“汉语教科书”的甲柏连孜来说，这样的两部著作，他是绝对不可能忽视的。最后，根据甲柏连孜的自述，他应该也“偶尔”参考过江沙维的汉语语法著作《汉字文法》（*Arte China Constante de Alphabeto e Grammatica Comprehendendo Modelos das Differentes*），该书出版于1829年。

《汉文经纬》的主要参考文献就是上述的两类，一类是几本西方人编著的汉外词典，它们主要在汉字的释义（尤其是虚字）方面，给甲柏连孜以“帮助”；另一类是若干部前人编著的汉语语法著作，它们主要在著作布局、具体概念以及研究分析方法上，给甲柏连孜以“启示”。

当然，甲柏连孜的自述也提到了中国古代的经典以及所谓“书信集”。中国古代典籍对《汉文经纬》的最大贡献，应该就是提供了大量的地道例词和例句。作者提到了“四书”、《左传》《中国经典》以及其他著名的语句。理雅各所辑的《中国经典》本就包括了“四书”和《左传》，我们根据甲柏连孜自述的行文分析，认为《汉文经纬》引例的主要来源

① Georg von der Gabelentz. *Chinesische Grammatik*: *Mit Ausschluss des niederen Stiles und der Heutigen Umgangssprache*, p. 112.

其实就是《中国经典》，此外，还有一些该书“没有提到的著名语句”。而所谓的“书信集”，我们猜测，指的可能是法国汉学杜赫德所编的《耶稣会士中国书简集》，在该集的一些书信中，提到过汉语的特点和规律等零散的内容。这部《书简集》后来由德国耶稣会士施多克兰译成了德文，题为《以耶稣会传教士的书信报道而展现的新世界》，于 1728—1761 年在德国出版。李雪涛认为：“这 40 卷的译本对德国知识界认识中国产生过不可估量的影响。”①

四　《汉文经纬》的引例

《汉文经纬》全书使用了大量的汉文引例，主要来自中国古代的典籍。李保平曾经在其硕士学位论文中对此展开过专门研究。他穷尽性地收集《汉文经纬》中的全部引例，按照甲柏连孜标注的出处对引例进行溯源、对比，然后对这些引例进行归类整理和统计分析。该文选取了三本“经部”典籍——《尚书》《诗经》和《论语》进行仔细校笺，借此考证甲柏连孜用例的准确性和科学性。②

《汉文经纬》全书出现的汉文引例共计 3169 条。其中，“经部”的引例 2069 条，“史部”引例 299 条，“子部”引例 541 条，“谚语俗语”有 33 条，其他引例 227 条。从中我们可以得知，作为从未到过中国的“书斋汉学家”，甲柏连孜对中国典籍还是非常熟悉的，对“经部”尤甚，其引例占据了所有引例的 66%。这和前期欧美来华人士对经部的推介，致使经部在欧洲学界的熟悉度最高有关。

关于《汉文经纬》对“经部”的引例，甲柏连孜在前言中是这样说的：“我在‘经’中，主要引述‘四书’和《左传》的话。还有，在《中国经典》中没有提到的著名语句。”③ 在“四书”的引例中，出自《论语》的 600 条之多，出自《孟子》的更多，有 704 条，引自《大学》65 条，《中庸》113 条，总计有 1482 条。如果再加上引自《左传》的 203 条例句，达到了经部引例的 81%，全书的 53%。可见，《汉文经纬》全书

① 李雪涛：《日耳曼学术谱系中的汉学——德国汉学之研究》，第 22 页。

② 本节前半部引用的数据大多来自李保平的研究，详见李保平《加贝伦茨〈汉文经纬〉汉文引例校笺——以〈书〉〈诗〉〈论语〉为中心》，硕士学位论文，西南交通大学，2010 年。

③ Georg von der Gabelentz. Chinesische *Grammatik*：*Mit Ausschluss des niederen Stiles und der Heutigen Umgangssprache*，Vorrede，p. XIV.

一半多的引例来自“四书”，来自“经部”达到了近七成。甲柏连孜所言非虚。他所认识的中国古代的“经”，也就是传统的“四书五经”，对“四书”的引例是所有“经部”引例的72%，剩下的主要来自“五经”，其中较多的有《左传》203条，《尚书》189条，《诗经》144条。而所谓“还有，在《中国经典》中没有提到的著名语句”[①]，说明了甲柏连孜对“经部”中引用的例句很有可能并非来自中文原作，而是转引自理雅各所编的《中国经典》。毕竟，对于甲柏连孜来说，阅读带有译注的中文经典并从中引例，能大大提高《汉文经纬》的编写效率。

但因为《汉文经纬》的引例以转引居多，所以也造成了一定的问题，对此，李保平进行过专门的研究。[②] 归纳起来，这些问题主要有下列几项：

第一，文字错讹。试举几例：《汉文经纬》的“舜干羽于两阶”[③] 引自《尚书·虞书·大禹谟》，有误，正确的写法应为“舞干羽于两阶”；“其约维何、维丝依缗”[④] 引自《诗经·国风·召南》，正确的写法应为“其钓维何、维丝依缗”；“子谓白鱼曰”[⑤] 引自《论语·阳货第十七》，正确的应为“子谓伯鱼曰”。根据李保平对《汉文经纬》中引自《尚书》《诗经》和《论语》例句的分析、统计，其错讹率都在4%以上。

第二，文字差别。这并非文字错误，而是因为中国典籍版本众多的关系，《汉文经纬》所用和大多数版本有差别。例如：引自《诗经·商颂·玄鸟》的“邦畿千里，惟民所止”[⑥]，在众多版本中都写作“邦畿千里，维民所止”；引自《论语·为政第二》的“攻乎异端，斯害也已”，四部丛刊本的《论语》作“斯害也已矣”，其余各本则皆作“也巳”。实际上，这并非《汉文经纬》的缺失，而是由中国古籍众多的不同版本而造成。

---

① Georg von der Gabelentz. Chinesische *Grammatik*: *Mit Ausschluss des niederen Stiles und der Heutigen Umgangssprache*, Vorrede, p. XIV.

② 参见李保平《加贝伦茨〈汉文经纬〉汉文引例校笺——以〈书〉〈诗〉〈论语〉为中心》，第8—110页。

③ Georg von der Gabelentz. Chinesische *Grammatik*: *Mit Ausschluss des niederen Stiles und der Heutigen Umgangssprache*, p. 398.

④ Ibid., p. 174.

⑤ Ibid., p. 428.

⑥ Ibid., p. 219.

第三，出处不准。《汉文经纬》标为引自《尚书·周书·梓材》的“宁王惟卜用”[①] 实际上是来自《尚书·周书·大诰》，原句为：“天休于宁王，兴我小邦周，宁王惟卜用，克绥受兹命”；《汉文经纬》标为引自《诗经·大雅·生民之什》的“乃及王季、惟德之行”实际引自《诗经·大雅·文王之什》；《汉文经纬》标称引自《论语·公冶长第五》十五章的“愿车马、衣轻裘，与朋友共”，实际上是出自该篇的廿五章。

第四，断句不一。引自《尚书·虞书·舜典》的“五月南巡守、至于南岳、如岱礼”[②]，正确的断句应该是“五月，南巡守、至于南岳，如岱礼”。引自《论语·学而第一》的“弟子入则孝、出则弟”正确的句读应为“弟子，入则孝，出则弟”。《汉文经纬》还有许多如此这般的例句与经典版本的《论语》存在明显的不同。

上述是《汉文经纬》引例的主要错误，这些错误也不会只存在于本节所涉及的三部著作当中。这三部著作只不过是出错较多，具有典型性，被拿来举例罢了。此外，该书在引用中国古代典籍的过程中还有一些其他类型的引例错误，如标音出错、引例不完整等。考虑到本章的主旨，就不再一一赘述。

除了大量来自中国古代典籍的引例，《汉文经纬》还出现了一些来源于其他著作的引例。这些当中，最值得注意的是来自其他西方汉语语法著作的引例，应该主要是来自马若瑟、恩德利希（Stephen Endlicher）和尚特等人。他们也都是汉语语法著作的作者，这从另一个侧面说明了甲柏连孜在编写《汉文经纬》的时候，对有关的语法著作是进行过细致阅读和研究的。马若瑟的《汉语札记》则以拉丁文出版，对于像甲柏连孜这样的语言学家来说，熟练掌握拉丁语也不是什么难事。而恩德利希和尚特都是德国人，其著作用德文写成，德语是甲柏连孜的母语，精通自然不在话下。

我们把《汉文经纬》与马若瑟《汉语札记》的引例和用法归纳进行比较，发现《汉文经纬》特色鲜明。马若瑟的通常做法是举出一个汉字，然后尽可能地把自己所知的该汉字的所有用法都罗列出来，类似于字典的

① Georg von der Gabelentz. Chinesische *Grammatik*: *Mit Ausschluss des niederen Stiles und der Heutigen Umgangssprache*, p. 314.

② Ibid., p. 239.

编写方式。但他受到例句的影响，往往从特定例句出发，归纳出用法规则的适用性并不是那么强。且各词用法的排列也无规律可言，给读者以零乱之感。《汉文经纬》则在例证的充足性上丝毫不输于前书，且在用法归纳方面更加到位，在概括性、适用性上远胜于《汉语札记》。

本书试对两部书中的“乎”进行对比。在《汉文经纬》中，“乎”被甲柏连孜归入了“语气助词”下的“尾助词”：

> 829. 乎 hû，位于句子的末尾，是古典与后古典汉语中最常见的疑问尾助词。在偶然发现的古老典籍中就有记载：——吁、嚚讼、可乎。《尚书》　——学诗乎。《论语》——仲尼岂贤于子乎。《论语》
>
> 乎 hû，重复出现表示形式上的选择：——且子食志乎、食功乎。《孟子》
>
> 830. 感叹词 乎 hû 通常出现在段落结束，且谓语和主语要倒装。——巍巍乎、唯天为大、唯尧则之。《论语》——巍巍乎、其有成功也。《论语》①

显然，《汉文经纬》所述的“乎”字的用法概括性极强，极大方便了读者解释其他实例。且引例出自中国的经典古文，给读者一目了然之感。而《汉语札记》与其相比就要逊色得多。马若瑟也把“乎”列在“汉语助词”类目之下，其归纳的用法和引例主要有：

> 1. “乎”被用于连接许多动词，和“于”具有明显的一致性。足乎已，无待于外之谓德。暨乎门。所藏乎身。先甚乎德。……
>
> 2. “乎”是惊奇和怜悯的标志词。举例：惜乎。巍巍乎。洋洋乎。深乎深乎。其和“呜”具有相同含义，经常被写成“呼”。呜呼尧舜之德至矣。
>
> 3. “乎”常被用于表达高雅或谐音。礼乐于是乎兴，衣食于是乎足。
>
> 4. “乎”常被用于表示疑问，有多种方式。

① Georg von der Gabelentz. Chinesische *Grammatik*: *Mit Ausschluss des niederen Stiles und der Heutigen Umgangssprache*, p. 324. 引用时略去了例句的注音和释义。

第一种：单独出现。可乎。宜乎。仁矣乎，……

第二种：和“岂”连用。岂可得乎。

……

5. “乎”用于比较，比“于”要高。吾一日长乎尔。经常和否定词“莫”连用。莫高乎天。诗书之所美，莫大乎尧舜。后世之盛者，莫盛乎汉与唐。

6. “乎”表示疑问或反对，常重复。不识今之言者，其觉者乎，其梦者乎。执御乎，执射乎。宜乎，否乎。

7. “乎”和“庶”连用，和缓原本尖锐的语气。则庶乎其可以。以及乎中，则庶乎至矣。……①

这里，“乎”表示疑问的用法在第4、6点都有出现，且第4点之下已列出表示疑问的多达四种方式，疑重复。至于“‘乎’常被用于表达高雅或谐音”可以归入其他用法当中，完全没有必要单列出来。

总而言之，《汉文经纬》用例的丰富性，除了《汉语札记》以外，几乎没有其他同类著作能与其媲美。在引用中国典籍作为例句方面，在古汉语重点字词用法的归纳方面，《汉文经纬》则更胜一筹，数量更多、更为到位。

五 汉语语法著作的中文书名及其他

1881年，《汉文经纬》正式出版，有些材料又把它译成《中国文法》《汉文典》或是《古代汉语语法》等名称。该书1881年版的汉文名是《汉文经纬》，1956年版的汉文名是《中国文法》。② 至于称该书为《汉文典》《古代汉语语法》等，很有可能是撰写这些材料的人没有看过原书的缘故。

在《汉文经纬》第一版的扉页上，印有“光绪七年”“甲柏连孜”“汉文经纬”“立卽州”以及“位玖书铺”的字样，应该是该书特地呈现给读者的汉文封面。在汉文封面之后，是该书的版权页。除去《汉文经

① Joseph Henri - Marie de Prémare. *The Notitia Linguae Sinicae*. Translated by J. G. Bridgman, pp. 191-194. 引用时略去了例句的注音和释义。

② 本书按第一版的说法，统一把该书称为《汉文经纬》。

纬》的完整标题，作者名字署为“Georg von der Gabelentz”。在其之下，有一行小字：MIT DREI SCHRIFTTAFELN，译为汉语是“附有三页书写纸”，应是说明。该书在最后有三页纸，是供读者练习书写汉字之用。最后则是出版地、出版商及时间：LEIPZIG，T. O. WEIGEL，1881。从对音关系分析，所谓“立卽州”应是对“LEIPZIG”的音译，而“位玖书铺”则是对该书的出版商“T. O. WEIGEL”的音译。这两个名称再加上“甲柏连孜”以及出版时间“光绪七年”，可谓中国特色十足。在该页的背面，注有一行小字：Alle Rechte vorbehalten（保留所有权利），这是我们在其他汉语语法著作中没有看到过的现象，这至少能表明：在甲柏连孜时代的德国，版权观念已经比较深入人心了。

在汉语语法著作中出现如此完整的汉文封面，是一个非常值得研究的现象。在最早的两部欧美汉语著作卫匡国《中国文法》和万济国《华语官话语法》中，并没有出现汉文封面，甚至连汉文书名也没有。究其原因，恐怕是因为这两部著作都是写给西方人看的，主要给他们在汉语学习上提供帮助。作为开创之作，那时没有确立汉语语法著作必须注明汉文书名的传统。由于印刷技术的所限，加上当时西方人对汉语的了解不足，《中国文法》早期抄本中的汉字是来华传教士柏应理所加，《华语官话语法》1703 年拉丁文版全书更是没有一个汉字。

虽说马若瑟《汉语札记》拉丁文版在 1831 年才出版，但书中也没有中文书名出现。本书发现，此类不在著作标出汉文书名的，在汉语语法著作中占了很大的比例，巴耶尔《汉文博览》、儒莲《汉文词汇句法分析实践》、巴赞《官话语法》、艾约瑟《中国官话语法》都是这样。

在欧美汉语语法著作中，第一次出现中文书名的是傅尔蒙的《中国官话》。在该书版权页之前，傅尔蒙特辟一页，按中国的习惯，竖印了汉文书名——“中国官话”，汉字左边标注了它们的读音，右边则对“中”“国”“官”“话”四字一一对应用拉丁文进行了解释。傅尔蒙开创的这种给汉语语法著作起中文书名的传统被后来的许多西方作者所继承，只是各书在形式上会有细微的变化。马礼逊给自己的著作取名《通用汉言之法》，竖列在了英文书名之下。马士曼则把自己著作的中文名《中国言法》从右至左横列在了英文书名 *Elements of Chinese Grammar* 之上。同样，江沙维的《汉字文法》也是从右至左横列在了葡萄牙文书名之上。比丘林也是把其《汉文启蒙》的汉语书名列在了俄文书名之前，文字变成了从左至右排列，更加符合西方人的阅读习惯。之后列出中文书名的著作还有一些，其中比较著名的有威妥玛的《语言自迩集》、儒莲的《汉文指南》，它们的书名也是横排在西文书名之前。

从上，我们得出规律：17—19世纪的欧美汉语语法著作，有一部分会在出版时附上中文书名，但绝大多数还是没有的。这些附有中文书名的著作，以横排在西文书名之上的为多。至于从右至左，还是从左至右，体现的是两种习惯在作者心中孰轻孰重的问题：是尊重中国当时的书写习惯，还是以西方读者的阅读习惯为重。

在这些著作中，雷慕沙的《汉文启蒙》别具一格。该书最外面的封皮页便印上了书名，采用纯粹的汉文，竖排，没有法文。这颇为特殊，当时的汉语语法著作，一般是不会直接在最外面的封皮页标上书名的，通常是在内页中才会标示。与《汉文经纬》不同，《汉文启蒙》的书名、作者等相关汉文信息出现在了该书版权页之后。按照当时中文的书写习惯，该页信息是从右至左排列，出版年份“辛巳年镌”位于最上端、横排，其余的则是竖排。从右至左，分别是出版地及作者：“巴黎城阿伯儿辑”；书名：《汉文启蒙》；出版商：“御书楼聚珍梓行”。

黄时鉴就这一页中出现的汉文信息，曾在他《从阿伯而小子说起》一文中展开过精彩论述。[①] 在1811年出版的雷慕沙的另一部著作《汉文简要》（*Essaisur la langue et la literature chinoises*）中，雷慕沙自称“阿伯而小子”。黄时鉴认为：“‘阿伯而’或‘阿伯儿’都是雷缪沙[②]原名中A-bel的音译。”[③]自称“小子”，则是因为：

> 这看来是他汉学才华初露，一种自命不凡的表现，毕竟他发表此书时年仅二十二三岁。而且雷缪沙想必已从马若瑟《汉语札记》一书中读到如果“小子”前面加一个“予”字，连作“予小子”，那就是君主的一种自称，最早可见于《书经》。这位西方汉学家显然一开

---

① 黄时鉴：《从阿伯而小子说起》，参见《黄时鉴全集》之第三卷《东海西海 东西文化交流史》，中西书局2011年版，第132—136页。该文是黄时鉴《苦竹斋札记三则》中的一则，载《暨南史学》2004年第12期。

② 即本书的雷慕沙。

③ 黄时鉴：《黄时鉴全集》之第三卷《东海西海 东西文化交流史》，第133页。

始就表现出不受中国传统道德规范的个性和取向。[1]

关于“小子”，本书认为，可能雷慕沙在自称“小子”时，并没有想太多，只是单纯的“自称的谦词”而已，《汉书·司马迁传》：“小子不敏，请悉论先人所次旧闻，不敢阙。”[2]

同时，黄时鉴还认为，“巴黎城”的“黎”只出现了上半边，是一个明显的笔误。[3] 接着是汉文书名，黄时鉴论述：“比对一下这两部书的法汉两文书名，可以看出雷缪沙给出的汉文书名，很是贴切简练，尤其是以‘启蒙’对译 élémens，遣词实非一般。”[4]

最后的“御书楼聚珍梓行”，黄时鉴这样分析：

> 这是想显示他雷缪沙编的这部书已达到“御刊”水平。当然这也是闹个趣而已。但这个玩笑也只有他洋人在巴黎才开得成，换个中国人在当时大清国内开一下，必惹出另一个文字狱来。
>
> 其实“御书楼”是他雷缪沙胆大妄为，一时兴发，随便用用的。他倒另有一个楼号，……靠着两个印章对读，可以认出它们都由“秀想楼”三字构成。[5]

显然，黄时鉴认为“御书楼”是雷慕沙的“楼号”。这样的看法似有误。本书认为，所谓“御书楼”应该是《汉文启蒙》印书或出版商的名称。在《汉文启蒙》的版权页，注明其出版机构是“Imprimerie Royale”，译成现代汉语就是“皇家印书馆”，这恰好能和“御书楼”对应。“聚珍”则表明该书采用的是“活字”印刷。“梓行”是刻版印行之意，泛指出版。

无论《汉文启蒙》，还是《汉文经纬》，都是前文我们所讨论过的着重“理论研究”的汉语语法著作。雷慕沙和甲柏连孜之所以这样做，恐怕与他们向读者和学界同人展示其深知中国文化的目的有关。

---

① 黄时鉴：《黄时鉴全集》之第三卷《东海西海 东西文化交流史》，第 133 页。

② 陈复华、楚永安主编：《古代汉语词典》，第 1726 页。

③ 黄时鉴：《黄时鉴全集》之第三卷《东海西海 东西文化交流史》，第 133 页。

④ 同上。

⑤ 同上书，第 134 页。

第三节 对《汉文经纬》的评价

《汉文经纬》出版之后，在欧美的语言学界和汉学界引起了部分学者的关注。凡是读过该书的西方人对其评价基本上都是正面的，不乏溢美之词。其中，当代西方汉学家何莫邪的对该书及作者甲柏连孜的评价颇为典型：

> 这是西方至今最著名、资料最丰富的古代汉语语法书。甲柏连孜不是汉学家，对中国文学、哲学、历史各方面的研究兴趣也不大。他是纯粹的普通语言学家，在普通语言学历史上的地位很高，专著颇丰。[①]

另一位法国汉学家贝罗贝对此有着相似的看法：

> 乔治·翁·德尔·卡波兰斯（Georg von der Gabelentz）[②] 所著的《汉文经纬》（*Chinesische Grammatik*，1881）在古代汉语语法方面更加全面。可以说是19世纪末期最优秀的专著。书中列出全部的文言助词及它们详细的使用方法。[③]

当代瑞典汉学家马悦然（Göran Malqvist）在谈到《汉文经纬》时，认为这部专著“至今依然被视为对古代汉语语法最全面最可靠的描述”[④]。张西平更是提出：“从马若瑟到甲柏连孜，西方的汉语语法研究达到了一

---

① ［丹］何莫邪：《〈马氏文通〉以前的西方汉语语法书概况》，见北京大学中国传统文化研究中心编《文化的馈赠——汉学研究国际会议论文集·语言文学卷》，第466页。

② 即甲柏连孜。

③ ［法］贝罗贝：《20世纪以前欧洲汉语语法学研究状况》，见北京大学中国传统文化研究中心编《文化的馈赠——汉学研究国际会议论文集·语言文学卷》，第469页。

④ 张西平：《跨文化视阈中的德国汉学》，参见［德］马汉茂、汉雅娜，［中］张西平、李雪涛主编《德国汉学：历史、发展、人物与视角》，第14页。

个新的高度。”①

这里，他们所说的“古代汉语语法”如果指的是“古代汉语书面语(即文言文)的语法”，那么，《汉文经纬》的确称得上最著名、最优秀，材料最丰富，论述也最为全面。但若是把该书放在所有17—19世纪的汉语语法著作中来考量，该书的编写水平虽说也属上乘，引例的丰富性在所有专著中也位列前茅，但是否能评价为“最著名、最优秀”，因为不存在统一的评价标准和体系，恐怕也只能是仁者见仁、智者见智了。

从中国近代以来，国内学界对甲柏连孜及其《汉文经纬》的评价主要呈现两种情况，一种主要来源于研究中国语言学的专家、学者，他们有的由于对西方早期汉语语法著作缺乏了解，即使在论著中有所涉及，往往也是异常简短；有的则对西方早期汉语语法著作的重要性认识不足，连带对《汉文经纬》的评价也不高。另一种则主要来源于研究国外汉学和西方语言学的专家、学者，他们对《汉文经纬》的评价则显得比较客观，既不像一些中国学者对其的忽略和过度贬低，也不像外国学者般对其虚美。

因为对该领域的不甚了解，何九盈在《中国现代语言学史》中对《汉文经纬》的简短评论来自一位德国的北大进修生：“德国人加贝伦茨(Gabelentz，又译为嘉贝兰，甲柏连孜。1840—1893)发表过《汉文经纬》(1881年)。据德国来北大进修的伊丽莎白·卡斯克女士说，甲柏连孜的汉语语法著作在德国一直很有影响。”② 当代学者邵敬敏在其《汉语语法学史稿》中，也提到过《汉文经纬》，但比起何九盈，还要简略。在对汉语语法学草创时期之前发展的概述中，作者说道，在早期西方汉语语法学著作中，“其他比较出名的如英国传教士艾约瑟编写的《上海话文法》，俄国传教士毕秋林编写的《汉文启蒙》，……以及甲柏连孜的《中国文法学》等。这些书显然不同于清儒所著的关于虚字解释的书，而是以各自的母语语法为蓝本，给汉语词类进行初步的分类”。③

随着社会的发展和时代的进步，越来越多的当代中国学者认识到了以

① 张西平：《西方近代以来汉语研究的成就》，见张西平、杨慧玲编《近代西方汉语研究论集》，商务印书馆2013年版，第19页。

② 何九盈：《中国现代语言学史》，商务印书馆2008年版，第90页。

③ 邵敬敏：《汉语语法学史稿》，商务印书馆2010年版，第50页。

甲柏连孜《汉文经纬》为代表的早期汉语语法著作在中国语法发展进程中的巨大作用，给予该书比较恰如其分的评价。这其中以张国刚和姚小平的看法为代表。

在《明清传教士与欧洲汉语》中，张国刚在论述“汉文正式形成时期的汉学研究时”，对《汉文经纬》进行过评价，虽然简约，但却精准：“嘎伯冷茨最重要的专著是 1881 年出版的《汉文经纬》(*Chinesische Grammatik*)，该书当属这一时期最优秀的汉语语法之列，表现出对汉语相当深入的认识水平，反映了欧洲中文研究的长足进步。”① 姚小平的论文《〈汉文经纬〉与〈马氏文通〉——〈马氏文通〉历史功绩重议》将《马氏文通》和《汉文经纬》做比较，用了大量的篇幅来介绍、分析、评论《汉文经纬》，其主要的观点有：在《汉文经纬》中，甲柏连孜认识和处理汉语语法所依赖的基础是 19 世纪下半叶西方语言学所拥有的理论、方法及立场。《汉文经纬》以其体系的完整性、突出了古代汉语语法以及材料的丰富性三个方面在中国语法学的发展历史上做出了贡献。②

与之前西方人所著的汉语语法著作相比，《汉文经纬》具有突出的特点，而这些特点有许多都是前期同类著作所没有的。首先，《汉文经纬》把论述和研究的对象锁定在古代汉语语法，实际上是古代汉语的书面语，并且所引用的例句绝大部分来自中国古代的典籍。这种纯粹的做法，在同类著作中并不多见。许多其他的汉语语法著作作者出于实用性的目的，其关注的重点大多放在同时代口语上面。有些作者尽管认识到了书面语的重大作用，但口语在其著作中仍然占据一大半的篇幅，比如马若瑟的《汉语札记》。其次，甲柏连孜受到前辈学者的影响，非常重视对汉语句法的论述和研究。在很长的一段时间，西方人许多论述汉语语法的著作都会连篇累牍地介绍、分析汉语中的词类和用法，提到汉语句法往往语焉不详，甚至根本不予提及。以至于有人认为汉语根本就没有句法。随着西方语言学界和汉学界对汉语认识的逐步深入，这种看法也在改变。1869 年，法国汉学家儒莲出版了《汉文指南》，书名直译的话就是《汉语新句法》。受到儒莲等人的影响，甲柏连孜格外重视汉语语法中的句法，前文已述，其

① 张国刚等：《明清传教士与欧洲汉学》，中国社会科学出版社 2001 年版，第 346 页。

② 姚小平：《〈汉文经纬〉与〈马氏文通〉——〈马氏文通〉历史功绩重议》，《当代语言学》1999 年第 2 期。

《汉文经纬》第三卷“综合系统”论述的就是汉语的句法。还有，甲柏连孜在论述汉语语法的过程中，在前人论述的基础上修正了许多语法观念，使其表述更加合理。此外，他还提出了前人未曾表述过的东西，做到了创新。比如，甲柏连孜按前人的做法，也认为助词是虚词的主要种类，在助词范围中，他又进一步提出了尾助词的概念，显然更加符合古代汉语语法的实际。关于语法观念的创新，众多学者都会提及甲柏连孜提出的汉语“心理主语”。在《汉文经纬》第一卷讲到词序规则时，甲柏连孜指出，句子主语有语法主语和心理主语之分，二者可能不一致，也有可能重合。除了语法主语之外，其他句子成分如时间—地点状语、语法宾语、属格名词等也都可以担任心理主语。在作心理主语时，这样一些词必须脱离句子，处于“绝对状态”。①

虽然《汉文经纬》也存在着不足，“以今天的眼光看，《汉文经纬》的某些地方还需要加工，个别部分甚至需要做彻底的修改”，特别在该书涉及汉语语音学和古文字学的部分。② 此外，该书在引例时还有一些错讹、出处标错等情况。但由于其作者对汉语的深刻认识，使该书具有论述水平高超、引例丰富、学术性强等特色，使该书能够从汉语的自身特点着眼，较好地挣脱了先前拉丁语法的束缚。因而其语法部分“依然在汉语研究界享有独一无二的崇高地位”。③ 该书被冠以“最著名的古代汉语语法书”，是当之无愧的。

第四节 《汉文经纬》的流传和影响

甲柏连孜《汉文经纬》1881 年出版，该书首先在德国流传并造成较大的影响，然后扩展到欧美其他国家，接着传到中国，为部分中国学者所了解。

当代德国汉学家叶乃度在《汉文经纬》1953 年修订版的序言中写到了甲柏连孜及该书初次出版的一些情况：

---

① 姚小平：《〈汉文经纬〉与〈马氏文通〉——〈马氏文通〉历史功绩重议》，《当代语言学》1999 年第 2 期。

② 王艳：《甲柏连孜〈汉文经纬〉论略》，第 50 页。

③ 同上。

> 乔治的父亲汉斯·克农·冯·贾柏莲是19世纪最著名的语言学家之一。……受到他父亲的影响，贾柏莲早年就开始从事语言比较方面的研究，特别致力于远东语言的研究。由于他出版了一些引起轰动的专著，研究的是当时还没有像今天这么深入研究的中文文法，所以他1878年被任命到刚刚成立的莱比锡东方语系担任德国的第一个汉语教席。三年后，他将他广博的研究成果汇编成《俗语和俚语外的中文文法》①，这本书新近再版。②

而且通过对《汉文经纬》的研习，叶乃度认为，甲柏连孜是第一个正确处理印度、中国语言特点的人，他摆脱了前辈的影响，建立起一套不同于以往拉丁语语法的概念体系来论述中文。③

作为甲柏连孜学生的叶乃度对《汉文经纬》、其师都评价颇高。他在该书修订版序言中继续说道：

> 甲柏连孜的《汉文经纬》在汉语教科书领域就像甲柏连孜本人在汉学界一样，地位无可取代。……《汉文经纬》在汉语研究史上迈出了崭新的一步。在它之前出版的汉语研究著作——从接近18世纪中时的马若瑟的《汉语札记》，到19世纪肖特、恩德利希、儒莲等人的著作，都对汉语语法的现象作了系统的描述，但对于汉语语法的结构和汉语的语言特性却远未阐释清楚。甲柏连孜以前的人在研究汉语语法时都不自觉地被束缚在一个框里——他们对于每种语言都不自觉地用拉丁语的模子去套，每种语法都根据拉丁语法来设置。甲柏连孜是第一个完全跳出这种框的人。④

根据叶乃度的观点，李雪涛经过考证，提出：

---

① 即《汉文经纬》，《俗语和俚语外的中文文法》实际是《汉文经纬》的副标题。

② ［德］君特·列文：《叶乃度和莱比锡汉学》，曹娟译，参见［德］马汉茂、汉雅娜，［中］张西平、李雪涛主编《德国汉学：历史、发展、人物与视角》，第426页。

③ 同上书，第427页。

④ Erduad Erkes. *Vorwort zum Neudruck*, pp. 1-3. See Georg von der Gabelentz. *Chinesische Grammatik*, 1953. 转引自王艳《甲柏连孜〈汉文经纬〉论略》，第42页。

> 正是由于贾氏建立起了一套不同于拉丁语法的概念体系，才使得他的这部语法著作成为好几代汉学家学习古代汉语的标准读本。这一里程碑式的专著不仅对德国汉学家的古代汉语的学习，而且对研究工作，都起到了极大的促进作用。①

从以上的介绍可见，《汉文经纬》在德国的流传还是很广的，影响也颇大，成为好几代德国汉学家的“标准读本”，对德国人的汉语学习和研究都起到了促进作用。但本书认为，该书之所以如此，并不仅是“概念体系”的缘故。《汉文经纬》在德国的流行，主要原因有两个，一是该书因为学术水准高深受德国学界的赞誉；还有一点恐怕也和甲柏连孜长期在德国的大学教授汉语、传播汉学有关。甲柏连孜培养的许多学生日后都成了德国汉学界大师级的人物，如孔好古、格罗贝等人，他们应该都是通过《汉文经纬》进一步深入了解和掌握汉语，继而薪火相传，使《汉文经纬》在德国知识界的影响不断扩大。与尚特的《汉语教课本》（*Chinesische Sprachlehre*，*Zum Gebrauchte bei Vorlesungen and Zurselbstuniterweisung*）适合初级学习者不同，《汉文经纬》更适合具有一定汉语基础的人学习、提升，因此该书不仅在德国学界流传，其影响力也深入到了知识文化水平较高，对中国语言和文化有兴趣的更大范围的德国人当中。

《汉文经纬》在 1881 年首次出版，由于那时已经处于 19 世纪末期，因此，该书在欧美的主要影响，是在 20 世纪得以体现的。由于甲柏连孜是一位语言学家，在语言学理论和概念上多有创新，因此，《汉文经纬》中透出的理论体系、语法概念和分析方法深刻影响了 20 世纪以索绪尔（Ferdinand de Saussure）、叶斯卜孙（Jens Otto Harry Jespersen）为代表的欧美语言学家。《普通语言学》（*Course in General Linguisttics*）是费尔迪南·德·索绪尔留给 20 世纪语言学最宝贵的遗产，在现代西方语言学思想史中占有不可动摇的地位。根据史料记载，索绪尔于 1876 年在莱比锡大学求学，1878 年甲柏连孜受聘，在该校教授过一段时间普通语言学。因此，关于语言学，两者在体系安排、概念阐述等方面具有许多相近的地方。例如甲柏连孜提出的“Rede/Einzelsprache/Sprachvermo”（言语/具体语言/语言能力）与索绪尔的“parole/langue/language”（言语/话语/语

① 李雪涛：《日耳曼学术谱系中的汉学——德国汉学之研究》，第 38 页。

言）就极为接近，甲柏连孜在书中说到的“Volkgeist”（民族精神）则接近于索绪尔的“conscious collective”（集体意识）。中国当代学者周法高在提到甲柏连孜的时候，谈到其影响：“他对中国语法所作的研究，在语法理论上曾经影响了20世纪的大语言学家叶斯卜孙。”[①]叶斯卜孙是19、20世纪丹麦著名的语言学家，他明确指出语法不是一套僵死的清规戒律，用来规定什么是对的，什么是不对的。语法应该是活的，处于不断的发展和完善之中。因此，他的著作更大地摒弃了拉丁语法的桎梏，具有很强的创造性。在这方面，甲柏连孜《汉文经纬》中贯穿的语法思想和理念与其基本一致。因此，周法高认为两位学者的语法理论和思想具有一定的承袭关系。

《汉文经纬》出版之后，在中国的流传和影响都不是很大，这与其主要用德语写成有极大的关系。当时，掌握英语、法语甚至拉丁语的中国学者数量更多。当代，经过姚小平、张国刚等学者对这部著作的大力推介和初步研究，甲柏连孜及其《汉文经纬》才逐渐被人熟知。

第五节　德俄汉语语法著作：从巴耶尔到甲柏连孜

明清之际，大批的天主教传教士特别是耶稣会士踏上了中国的土地，其中就有一些人来自日耳曼。[②] 17世纪初，汤若望（Johann Adam Schall von Bell）凭借其优良的天文知识和军事技术成功地进入政坛，对当时的中西文化交流做出了特殊的贡献。在他之后，邓玉函（Johann Terrenz Schreck）、纪利安（Killan Stumpf）、戴进贤（Igntius Koegler）等人相继来到中国，在介绍欧洲历算、天文等方面的成果上卓有成效。说到日耳曼人对中国语言和文字的集中关注，则开始于1667年基歇尔在阿姆斯特丹出版的拉丁著作《中国图说》（*China Illustrate*）。

基歇尔是欧洲巴洛克时期最杰出的通才式学者，1629年起担任维尔茨堡（Würzburg）大学的教授。1634年到1680年去世，由于德意志地区动荡不安的形势，基歇尔来到罗马，进行数学、物理学以及东方语言的教学和研究。他根据与卫匡国、卜弥格等人的交往中获得的第一手资料，在

① 周法高：《论中国语言学》，香港中文大学出版社1980年版，第15页。

② 那时，德国作为一个正式的国家还远未成型，德意志帝国在1871年建立。

《中国图说》中从六个方面向西方读者介绍了有关中国的知识。该书的第六部分“关于中国的文字”对汉字进行了介绍、分析和解释，向西方人展示了中国文字的具体类型，讨论了中国字和埃及字的联系和区别。

基歇尔之后，对中国语言文字展开过介绍和研究的主要是穆勒和门泽尔。穆勒是德意志早期的著名汉学家。1674 年，他在给他人的信中，提到自己找到了“中文之钥”——让人们快速掌握中国文字的秘诀，但却一直秘而不宣。由于受到了当时很多人的怀疑甚至抵制，穆勒在其临终前决定将手稿全部销毁，使他究竟有没有发现掌握汉字的“钥匙”成为历史之谜。穆勒去世之后，门泽尔接替了他在图书馆的工作，负责管理柏林皇家图书馆的资料。前文已述，他出版了一部名为《拉汉字汇手册》的小册子，介绍了一些汉字的读音、笔画结构等内容，并获得了卫匡国《中国文法》的抄本，把其保存在了皇家图书馆。他还在 1697 年致信莱布尼茨，宣称自己也发现了“中文之钥”，实际上是一部汉语语音、文字和文法的汇编。

同为日耳曼人的巴耶尔出生于东普鲁士，他早年便到了柏林的皇家图书馆，认真阅读和抄录了与汉语、汉字相关的许多资料。其名作《汉文博览》正是在全面研究、参考了卫匡国《中国文法》、迪亚士的著作以及门泽尔的手稿等材料的基础上充实而成。1730 年，该书在圣彼得堡出版。由于其规模庞大、内容丰富，很多学者都把该书看成是最早在欧洲本土出版有关中国和汉语的小百科全书。《汉文博览》全书共两卷。第一卷的内容包括序言、官花（话）字经解卷一、官花（话）字经解卷二、论漳州方言语法、一些书信、穆勒的“中文之钥”及巴耶尔和友人的通信。官花（话）字经解是第一卷最为重要的组成部分，其卷一论述了汉语语音、名词及格变、代词、动词、副词、形容词和数词的分类和用法；卷二则主要讲述汉字的书写方法、历史演变、笔画特征、汉语字典以及雄辩术等内容。《汉文博览》的第二卷收录了一部汉语字典、选取了《孔子传》《大学》和《小儿论》作为读者的汉语学习范文，最后介绍了中国的度量衡和纪年的办法。书的末尾是一份勘误表。《汉文博览》出版之后，具有较大的影响，但由于存在不少问题，学界对其评价贬远大于褒。这很有可能也是甲柏连孜没有把该著作列入参考文献范围的原因。但因为《汉文博览》的开拓作用，巴耶尔可以说是德国和俄国汉语语法研究的先驱。

《汉文博览》之后，日耳曼人对汉语语法的介绍和研究似乎有些停滞不前。该书出版一百多年之后（1842 年），来华传教士郭实腊（Karl Gützlaff）才用英语写成并出版了《汉语语法》（*Notices on Chinese Grammar*）。该书在巴达维亚出版，作者署名是“爱汉者”（Philo-Sinensis）。学界大多数人把该书归在郭实腊名下，但也有部分学者认为该书的作者是英国传教士麦都斯（Walter Henry Medhurst）。与同类著作相似，该书简要介绍了汉语的语音、汉字、词组等内容，重点说明了汉语中词的分类和用法。在该书出版三年之后，德国学者恩德利希出版了《汉文语法基础》，这是一本供初学汉语的西方人用的浅易语法，书中附有一些中文著作选段和译文。1857 年，尚特在德国出版了《汉语教课本》，其副标题为“用于课堂及自学”，清楚地说明了该书主要作为汉语教材的用途。《汉语手册》的作者苏谋斯在评价绍特的这部著作时说：“这部著作我们认为优于其他所有的汉语教材，因为它有一套简单的中文语法分析系统，尽管它并未延伸到口语，即北京官话。该书探讨和分析的有关中国书面语或学术语言方面的东西非常值得研究。”[①] 1864 年，罗存德（Wilhelm Loschied）出版了《汉语语法》（*Grammar of the Chinese Language*）。该书用英语写成，分两卷。第一卷主要介绍了官话的语音体系，汉语中的各种词类和用法，第二卷则是关于“汉语行文范式的讨论”（A Treatise on the Written style of the Chinese language），主要涉及汉语中各种语句、句式等的用法。德国的汉语语法著作在此书之后便是 1881 年出版的甲柏连孜的《汉文经纬》了。

17—19 世纪德国汉语语法著作的发展，明显可以分为四个阶段。一是准备阶段，包括基歇尔、穆勒、门泽尔等人对汉语语音、汉字构造以及文法的介绍和研究。二是开始阶段，以巴耶尔《汉文博览》的出版作为标志。但之后却停滞了很长一段时间。三便是发展阶段，出现了一批汉语语法著作，有的用德语写成，如恩德利希和尚特的著作；有的用英语完稿，如郭实腊和罗存德的著作。19 世纪末，甲柏连孜的《汉文经纬》出版，这表明德国的汉语语法研究进入了一个全新的阶段。

在清代的中俄文化交流方面，俄罗斯的东正教驻北京传教团扮演了举足轻重的角色。从 1715 年开始的很长一段时间内，该使团担负着外交、贸易和文化等多重职能。随着中俄交往的日益热络，俄国人对汉语的兴趣

---

① James Summers. *A Handbook of the Chinese Language*. Oxford: Oxford University Press, 1863, Preface, p. X.

越来越浓。这方面的许多先行者都比较注重对汉语的学习和研究。1727年《恰克图条约》签订，恰克图便成了中俄贸易的中心。为了更好地为中俄贸易服务，俄国政府决定派遣比丘林[①]赴恰克图组织建立汉语学校。

该校学生使用的汉语教材是比丘林所编写的《汉文启蒙》（*Китайская Трammatика*）。该书的第一版叫《汉语语法基础》，写成于1830年以前。比丘林在恰克图汉语学校的教学中试用了该教材，在这过程中不断地加以完善。1835年，该书第二版经过比丘林的大幅改编后出版，正式取名为《汉文启蒙》。1836年他完成了《汉文启蒙》第二部分的编写工作，将新的内容融进以前的版本，于1838年出版了第三版。

比丘林在《汉文启蒙》序言中回顾了欧洲汉语语法的研究历史，对多种汉语语法论著进行了简要而精到的评价。在这其中，比丘林最看重马若瑟、雷慕沙和江沙维的著作，尤其称许雷慕沙的《汉文启蒙》。本书认为，比丘林把自己的著作也取名《汉文启蒙》，或许和这有关。《汉文启蒙》的主体共分为两个部分，第一部分介绍有关汉字和书写的基本知识，主要包括汉字的构成、书写、发音、部首，相似字辨析等内容。其中特别强调了汉字的多义性、声调、书写及方言的问题。第二部分阐释汉语的语法规则，主要内容为词类，如名词、形容词、代词、动词、副词、前置词、连接词、感叹词的用法，还有对汉字的虚实之分。正文之后是附录，有笔顺表、部首表、量词表、敬语表等内容。为了方便俄国读者阅读欧洲汉学家的著作，比丘林编写了俄语、法语、葡萄牙语、英语译音与汉语译音的对照表。[②] 该书在俄国人学习汉语的过程中发挥了重要作用，促进了俄罗斯汉学的发展。

17—19世纪，与其他欧美主要国家相比，俄罗斯出现的汉语语法著作很少，除了比丘林的著作之外，当代学者阎国栋还提出19世纪下半期俄国人伊萨亚出版过一部《简明汉语语法》。[③] 遗憾的是，我们并没有找到该部著作及其他相关信息。

① 尼基塔·雅科夫列维奇·比丘林（Никита Яковлевич Бичурин）毕业于喀山神学院，以修道士留校任教，取法号雅金夫（Иак ц н ф），所以又有著作称呼他为雅金夫·比丘林。

② 阎国栋：《俄罗斯汉学三百年》，学苑出版社2007年版，第41—42页。

③ 同上书，第42页。

结语

17—19世纪欧美汉语语法著作的比较、承袭

16世纪末，西欧天主教各教派的传教士纷纷入华，开创了明清中西文化交流的全新局面。这些人或为开始，或为扩大传教事业，都积极地适应中国环境、与中国人展开交流，主动地向中国介绍西方先进的科学技术，涉及天文、地理、物理、化学以及医学等多方面的知识。为此，他们中的很多人都努力学习汉语，水平高的甚至能用中文著述。作为汉语学习和研究重要对象的汉语语法，早期的相关著作多由西方来华传教士、在欧学者写成，它们在向欧美传布汉语的过程中扮演了重要作用。17世纪至19世纪欧美汉语语法著作的历史经历了两个发展阶段，从17、18世纪的缓慢前行到19世纪的快速发展，特别是鸦片战争之后的大约60年时间，随着中外交流的日益频繁、深入，欧美汉语语法著作的出版呈现出“井喷”式的局面，三个世纪所有著作的三分之二都是出现在这个时期。这是以“业余”传教士、外交官、专业学者为汉语语法著作的编写主力军，学界没有充分了解但却很有必要深入研究的一段历史。

要深入研究17—19世纪欧美汉语语法学的历史，除了列举有代表性的著作进行个案研究之外，运用历史的观点把这段时期不同时间段的更多著作放到一起进行比较，便成了本书必须着力的重要内容，属于历史比较语言学范畴。我们试图从著作的内容编排、作者和地域分析、参考文献、引例来源以及语法概念阐释等多个层面对它们展开论述。

从17—19世纪西方汉语语法著作发展的历史来看，这些著作的发展并非完全就是循序渐进的过程。各个时期都有一些水平很高的著作，在学术价值、影响力等方面都远远超出许多后来出现的同类著作。这些高水平的著作更多地被模仿和承袭，后期也只有少数著作能在它们的基础上有所超越。它们在整个西方汉语语法著作的发展进程中起着不可替代的重大作

用。例如马若瑟的《汉语札记》和威妥玛的《语言自迩集》等都是长期影响西方早期汉语语法学史的名著，它们独特的地位和学术价值是多数后人同类语法学著作无法超越的，堪称里程碑式的重要著作。这些优秀的著作极具代表性，它们影响着在其出版之后的西方汉语语法著作的历史。因此，从欧美汉语语法学史上最具代表性的关键著作入手研究汉语语法著作的发展历史之后，揭示 17—19 世纪这些著作之间的承袭与发展，在总体上勾勒这段时期西方汉语语法学史的概貌，便成了结语论述的另外一个主要目的。

西方早期的汉语语法著作是中外两种语言和文化相结合的产物，同时也是文化接触、碰撞和融合的结果。事实上，这些著作的作者那时就在进行着跨语言、跨文化的实践了。本书以对欧美汉语语法著作中话语权力的关系分析，凸显了跨越两种语言和文化的有趣冲突和融合。

对于这段时期的汉语语法著作的地位和作用，存在着两种截然不同的评价。专事中国语言学研究的中国学者往往对它们评价不高，存在普遍的轻视。何群雄把原因归结为三点：政治顾虑、学术偏见、客观条件限制。[①] 而主要进行西方语言学、汉学研究的中外专家却大多给予高评价，其中的一些实在是过誉了。因此，本书试图改变这种混乱状况，通过深入比较以及对它们之间承袭关系的探察，进一步地以这些著作为对象，从总体上对它们的历史地位和作用进行客观的、中肯的评价。

在这些作用之中，西方早期汉语语法著作对中国近代语言学和汉语语法研究的兴起的巨大启示和促进最值得关注。1898 年，马建忠出版《马氏文通》，这是中国学者在中国本土所出的第一部汉语语法书。[②] 王力把这一年作为中国现代语言学的开始之年。本书认为，西方早期的汉语语法著作与中国近代开始的汉语语法探索之间存在着密切的联系。近代，成就汉语语法著作的第一批中国学者对西方的成果多有借鉴。所有的这些，都值得学界更加真实、更为深入地研究。

一　主要汉语语法著作比较

中国传统的语言学研究以字为单位研究音韵、文字和训诂，注重实用

---

① 转引自董方峰《十九世纪英美传教士的汉语语法研究》，第 131 页。

② 1869 年，中国学者张儒珍曾经和美国传教士合著过《文学书官话》（*Mandarin Grammar*）。

性。这与西方的语言学成体系、重理论的历史有很大的区别。因此，早期的西方人在想把汉语语法介绍给同胞或是对其展开研究的时候，现成可供参考的资料极少，他们往往套用西方传统的拉丁语法体系展开初步探索。

17 世纪中期卫匡国完成的《中国文法》虽然被冠以“世界上第一部汉语语法书”[①] 的美名，但由于实在过于简略，所具有的特征并不十分明显。从万济国的《华语官话语法》开始，西方的汉语语法著作从编写和研究对象上来划分，可以分为三类。第一类以口语类为主。许多的西方人来到中国，都把汉语口语中的通行官话作为研究的对象，如万济国的《华语官话语法》、马礼逊的《通用汉言之法》、江沙维的《汉字文法》、艾约瑟的《中国官话语法》等著作，它们或是只字片语介绍古代汉语书面语，或干脆不提。这类著作在 17—19 世纪的汉语语法著作中，所占的比重是最大的。三个世纪中都有很多的著作问世。第二类以古代汉语书面语为主。19 世纪早期，在西方人对汉语的认识积累到一定程度之后，他们在书面语的研究方面也开始有所建树，于是开始著书立说。此类著作比较典型的有马士曼的《中国言法》、雷慕沙的《汉文启蒙》以及甲柏连孜的《汉文经纬》等。第三类则是采取口语与书面语并重的方针。这在马若瑟的《汉语札记》中体现得最为明显，全书现存的两编分别论述了汉语口语和书面语。当然，这些著作无一例外地都有对中国或是汉语的介绍说明，区别只是篇幅大小而已。在这个时期所有的汉语语法著作中，巴耶尔的《汉文博览》因为内容庞杂，称得上是汉文小百科全书了。

西方人探索汉语语法是从借鉴西方已有的语法学概念和体系开始的，17—18 世纪的汉语语法著作基本上都是如此。马若瑟没有完全按照拉丁语法体系来编写《汉语札记》，还被傅尔蒙看成是该书的一大“败笔”。随着接触的深入，他们逐渐意识到汉语不仅在语音、文字上与西方语言有着很大不同，而且在词的用法与句子构成等诸多方面与西方语言存在很大的差异。于是，很多的汉语语法著作作者开始了将欧美传统的拉丁语法体系与中国语言特殊性相结合的尝试。最先开始这种尝试的就是法国传教士马若瑟，之后，雷慕沙、威妥玛、甲柏连孜等人相继都有过有益的探索。从时间上来看，19 世纪早期以前，除了马若瑟这样的“异类”，大多的汉

① [意] 白佐良：《卫匡国的〈中国文法〉》，参见张西平、[意] 马西尼、[意] 斯卡尔德志尼主编《把中国介绍给世界：卫匡国研究》，第 244 页。

语语法著作还是套用的拉丁语法体系。为了适应这套体系，甚至“削足适履”，拼凑出汉语语法中根本没有的特点。① 但从雷慕沙的《汉文启蒙》开始，越来越多的汉语语法著作作者注意到了汉语语法有别于西方的特殊性，极力在著作体现自己所认识到的这些特性。这样的结合越来越紧密，到 19 世纪末达到了高峰，以甲柏连孜的《汉文经纬》为代表。可以说，这三个世纪欧美作者在这个问题上的不断探索和追求，为后来中外学者的研究提供了值得重视的参考和积累。

接着，我们对西方汉语语法著作的作者从来源和身份两个方面分时间段来进行考察。如果按成书时间算，17 世纪的两部著作：《中国文法》和《华语官话语法》，其作者来自意大利和西班牙，都是有一定文化水平的来华传教士。这应该和当时的中西文化交流，以传教士来华为主要的交流途径，且葡萄牙、西班牙和意大利人是这些人的主力军有关。18 世纪，马若瑟《汉语札记》的出现则和 17 世纪路易十四打开中法交流的大门，派遣“国王数学家”来华有密切的关系。② 这个时期出现了巴耶尔、傅尔蒙两位“书斋学者”，他们竭尽所能地收集材料，在汉语语法领域孜孜以求，但他们从未到过中国，终归无法深刻领会汉语的奥妙，因此《汉文博览》和《中国官话》除了大量重复前人成果，却没有什么创见，终究落了个毁誉参半的结局。这个时候，可以利用的有关汉语的资料实在太少，没来过中国的“书斋学者”注定在汉语方面不会有太大的成就。19 世纪，欧美出现了大量的汉语语法著作。我们把这段时期分为前、中、后三个时间段。19 世纪初到 30 年代末为第一阶段。此时西方汉语语法著作的作者还是以传教士为主，只不过随着英国的兴起，传教士的主要来源变成了以新教为主、天主教为辅的格局，马礼逊、马士曼都是新教教徒。江沙维来自天主教的遣使会，和葡萄牙占据澳门的历史有关。比丘林是东正教士，起因是中俄特殊的文化贸易交流方式。③ 与前几位不同，雷慕沙是学者，其《汉文启蒙》具有较大的学术价值，是因为其在《汉语札记》的基础上有了改进和创新，他利用马若瑟留下的成果和巴黎王家图书馆的资料，

① 例如所谓的“离格”，很多早期的汉语语法著作都出现了这个概念。

② 具体内容参见本书第二章。

③ 从清代前期开始，俄国就在北京派驻东正教传教团，履行中俄外交、贸易和文化交流的职能。

略有所成。从雷慕沙之后，“书斋学者”所著的著作越来越受到肯定。19世纪40年代到60年代末是第二阶段，鸦片战争之后，中国的大门被打开，中西之间的交流越来越密切，这段时间西人所著的汉语语法著作涌现了众多佳作。巴赞的《官话语法》、艾约瑟的《中国官话语法》、威妥玛的《语言自迩集》以及儒莲的《汉文指南》，从西方人研究汉语语法的整段历史来看，都是不可多得的。这些著作的作者要么是文化水平较高的来华传教士、外交官，要么是本就学有所成的在欧“书斋学者”。19世纪70年代到1898年《马氏文通》出现之前是第三阶段。这个阶段，以甲柏连孜的《汉文经纬》和狄考文的《官话类编》最具代表性。甲柏连孜是“书斋学者”，狄考文则是来华传教士，在作者身份主要来源上和前个阶段一致。到了19世纪末，随着国力的强大，越来越多的美国人来到了中国。这表现在汉语语法著作上，就是该阶段绝大多数的著作出自美国人之手。

至于这些汉语语法著作的参考文献，主要来自：第一，西方的语法学著作。这些著作，17—18世纪主要以拉丁文的语法著作为主。例如，早有学者指出，《华语官话语法》与内不列加的《拉丁文法入门》存在密切关联。19世纪开始则是作者本国母语的语法著作。马礼逊的《通用汉言之法》与穆雷的《英语语法》渊源颇深。大多数的西方汉语语法著作或多或少都是依据西方传统的语法体系来编写。第二，中国的有关汉字构造、音韵、部首的书籍。许多作者在写书的时候，都会参考此类著作。举例来说，卫匡国的《中国文法》对于汉字部首的介绍可能事先参考过梅膺祚的《字汇》，马若瑟的《汉语札记》对汉字的释义颇准，这应该是研究过《说文解字》的缘故。随着西方人对汉语认识的不断深化，他们写作时对中国人相关著作的参考也越来越多。

这些著作所引用的例子，则主要来自两个方面：一方面，对于以汉语口语为主要论述对象的著作来说，作者引用的例句多半来于自身多年的记录和他人的资料。比如，我们考察马礼逊《通用汉言之法》的引例，很容易发现他所引用的这些例子大多和他在中国的生活、学习、工作相关。另一方面，对于那些以汉语书面语为主要论述对象的著作来说，作者引用的例句则基本来自中国古代的经典，以“四书”“五经”为最多。《汉语札记》的书面语部分，《汉文经纬》全书都是如此。甚至有些以官话口语为主要论述对象的著作，像《通用汉言之法》《中国官话语法》等书，也有若干例句来自这些典籍。

通过对 17—19 世纪西方主要汉语语法著作的比较，本书发现，欧美对于汉语语法的论述和研究总的态势是不断进步，大多数后作都在前作的基础上有所提升，其中各阶段都会出现代表性著作。众多作者对汉语语法的认识也是逐渐深刻，时间越往后，著作对汉语的介绍和论述也就越符合汉语的特征和规律。

二　承袭特点分析

纵观 17—19 世纪西方主要的汉语语法著作，发现这些著作带着非常明显的承袭性。许多的著作都是在充分借鉴、参考前作的基础上写成的。本书题名中的所谓“传统”指的就是“世代相传、具有特点的社会因素”,[①] 这些因素包括了文化。

1653 年，耶稣会士卫匡国在巴达维亚完成了《中国文法》，包括了对汉语语音的介绍、词类的分析以及部首的罗列，是世界上第一部汉语语法著作。虽说是第一部著作，但根据考证，其所列出的单音节汉字主要来源于迪亚士的《汉西字汇》词典。该书列出的部首则与金尼阁的《西儒耳目资》很接近。

18 世纪初，方济各会士万济国《华语官话语法》在广州出版，在世界范围内最早正式刊行。万济国使用了西方传统的语法体系来建构全书，同时也对汉语的一些语法特点有所认识。[②] 他将学习汉语的注意事项、汉语语音以及汉语词类的用法和规律、中国文化常识等纳入书中，对后来的汉语语法著作产生了比较深远的影响。

1728 年，马若瑟在广州完成了《汉语札记》，他在分析汉语语法的过程中首次把汉语口语和书面语进行区隔和分别研究，力求从汉语本身的特点出发来编写汉语语法著作。

本书发现，这三个世纪中许多的汉语语法著作都和上列三本著述有关，或多或少对它们都有承袭。

前文已述，德国学者巴耶尔在柏林皇家图书馆发现了门泽尔获得的卫匡国《中国文法》抄本，边抄写边学习。在该书的基础上，巴耶尔又进

① 《现代汉语词典》（第 6 版），第 201 页。

② 例如，万济国提出了汉语中“词无定类”的思想。

行了许多的后续研究。1730年，巴耶尔出版了自己的汉语语法著作《汉文博览》。因此，这两部书之间存在着密切的关联。

《华语官话语法》与《中国文法》相比，影响力则要更大些。本书已经考证，法国汉学家傅尔蒙的汉语语法著作《中国官话》就有多处抄袭自《华语官话语法》。1815年，英国人马礼逊出版了《通用汉言之法》。日本学者内田庆市仔细比较了《华语官话语法》和《通用汉言之法》，发现了许多“有趣”的相似之处。因此，《华语官话语法》也应是《通用汉言之法》的主要参考文献。

当然，在这三部著作中，《汉语札记》因为其作者精深的汉语水平和著作丰富的用例，最为后人所推崇。与该书有承袭关系的大都是汉语语法著作中的名作。由于傅尔蒙的不肯相帮和刻意贬低，《汉语札记》很长时间都没能出版。但即使是傅尔蒙本人，其《中国官话》还是对马若瑟的书有所参考借鉴。在雷慕沙发现《汉语札记》抄本之后，该书更是引起了学界的广泛重视。雷慕沙本人的《汉文启蒙》就和《汉语札记》存在着明显的承袭，有着千丝万缕的联系。马若瑟的书在内容、写作方式、理念阐述等诸多方面都对雷慕沙有重大的启示。儒莲是雷慕沙的学生，因为生计所迫，对藏于巴黎王家图书馆的《汉语札记》进行过抄录。因此，儒莲的《汉文指南》虽说有不少创新之处，但他的写作还是对马若瑟和雷慕沙的观点、方法等多有吸收。甚至到了19世纪末，甲柏连孜在《汉文经纬》出版的时候，还在前言中谈及《汉语札记》对自己的“启发和帮助”。①

事实上，许多部汉语语法著作与前作并不全是一一相承的关系。它们往往从两部或者多部前代同类著作中得益。傅尔蒙《中国官话》就多处抄袭了万济国的《华语官话语法》，同时参考借鉴了马若瑟的《汉语札记》以及其他的多种材料。甲柏连孜《汉文经纬》在写作时除了借鉴马若瑟的著作，还参考了艾约瑟、尚特、江沙维等多人的著作。还有，雷慕沙的《汉文启蒙》出版之后，也影响了后来出现的多部著作，像比丘林的《汉文启蒙》、巴赞的《官话语法》以及儒莲的《汉文指南》。

这种承袭处理得不好，多处与前人的论述一致，很容易会被质疑为抄袭，最为典型的就是傅尔蒙的《中国官话》。傅尔蒙虽然在自己的书中印

---

① 参见本书第六章。

刷了较多的汉字，传统拉丁语法体系的使用也使该书看上去具有更强的学术性，但该书却在多处与《华语官话语法》出现雷同。更让他人对作者人品不齿的是，傅尔蒙却抵死不予承认，硬说自己是在《中国官话》成书之后，才看到的《华语官话语法》。法国汉学家雷慕沙首先站出来指责傅尔蒙大量剽窃了《华语官话语法》。但由于这些著作之间的承袭性实在过于明显，即使有些深受学界普遍好评的著作，如雷慕沙《汉文启蒙》，有时也免不了受到抄袭的指责。根据龙伯格的研究，在雷慕沙逝世两年之后的1832年，他的学生诺依曼（Carl Friedricch Neumann）发表文章，将其师的《汉文启蒙》和马若瑟的《汉语札记》进行比较，指责《汉文启蒙》对《汉语札记》的抄袭：

> 即使雷慕沙仍然在世——这位著名的法国汉学家，东方文学的研究大部分都要归功于他——我曾常常声明，他的《汉文启蒙》只不过是耶稣会士马若瑟那本伟大的、完整且博学的专著的摘抄本。[①]

龙伯格经过研究，并不同意诺依曼的看法。他认为雷慕沙在《汉文启蒙》的序言已经"赞扬了这位伟大的耶稣会语文学家，并承认自己得益于他"。因此"丝毫不会减损《汉文启蒙》这部著作的重要性，它作为一本优秀的完美的汉语入门教材，使19世纪早期的学习汉学的学生们获益匪浅"。[②]

当然，如果只是简单摘抄，《汉文启蒙》也没有太大的学术价值。实际上，《汉文启蒙》在《汉语札记》的基础上有多处的创新。其中最大的一点是，《汉语札记》明显重词法轻句法，而雷慕沙不仅在汉语研究过程中提出了汉语句法的问题，而且总结出了一些基本的句法规律。雷慕沙通过自己的研究，旗帜鲜明地提出：汉语并非没有句法，以前西方人认为汉语没有句法的观点是错误的。

大多数的汉语语法著作都同《汉文启蒙》一样，一方面对前作有所承袭；另一方面对前作进行提高，加入了自己的研究成果和观点。自己在写书的过程中到底参考了什么著作，这些作者通常都会在前言中有明确的

---

① 转引自［丹］龙伯格《清代来华传教士马若瑟研究》，李真、骆洁译，第246—247页。

② 同上书，第248页。

说明。本书认为，这样的著作都不能算作抄袭剽窃。毕竟，只是对前作进行简单的重复而没有自己的东西，这样的西方汉语语法著作在 17—19 世纪还是不多的。

上述分析基本厘清了 17—19 世纪欧美主要汉语官话语法著作之间的承袭关系，下面借用西方校勘学中常用的谱系图来展示后起著作对前代著作的借鉴和吸收：

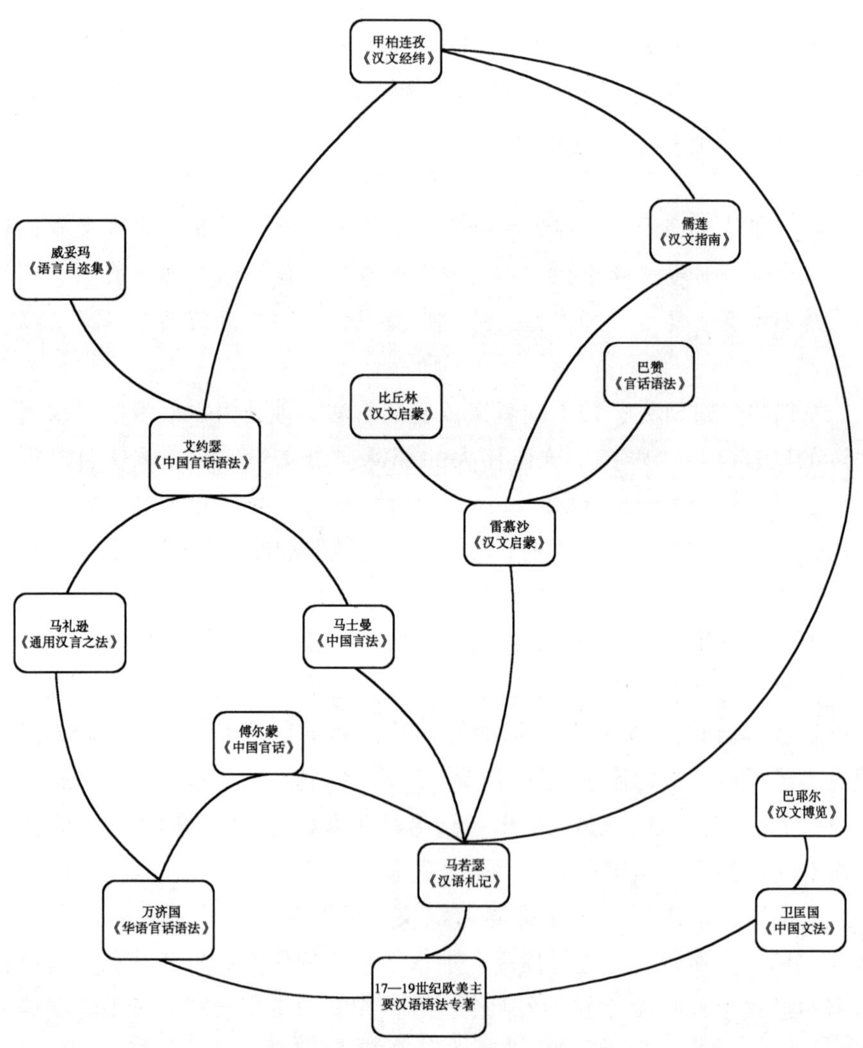

图　17—19 世纪欧美主要汉语官话语法著作承袭谱系图

三　西方早期汉语语法著作的概念阐释

与西方语言及其语法不同，中国人对汉语语法的研究长久以来缺乏系统性，也没有多少语言学理论支撑。作为17—19世纪中西语言交流的重要工具——汉语语法著作，是如何跨越这些障碍，向西方的汉语学习者阐释汉语语法中的概念的呢？

胡适在谈到汉语语法的研究时就提出，有三种方法必不可少：（1）归纳的方法；（2）比较的方法；（3）历史的方法。[①] 本书据此选取了两个概念："格""动词"作为考察重点。"格"是西方语法体系中一个非常重要的概念，名词或代词的形式通常随着格的变化相应发生改变。但它在汉语中却表现得若有似无，地位和重要性远非在欧美语言中可比；"动词"在中西语言的句子中都起着至关重要的作用，是进行词类分析势必要以较大篇幅涉及的内容。因此，考察这两个概念在西方汉语语法著作中的阐释体现了语言交流过程中的跨文化冲突和融合，是非常有意义的。

由于篇幅所限，本书重点选取了万济国《华语官话语法》、马若瑟《汉语札记》、马礼逊《通用汉言之法》、威妥玛《语言自迩集》以及甲柏连孜《汉文经纬》对于这两个概念的阐释和说明来进行研究。之所以不把卫匡国《中国文法》列入其中，是因为该书实在过于简略，且书中基本没有对相关概念的解释，以该书为例讨论概念阐释价值不大。接下来，本研究将对"格"和"动词"两个概念展开重点阐释。

（一）格

所谓"格"，《现代汉语词典》对它的解释是："某些语言中名词（有的包括代词、形容词）的语法范畴，用词尾变化来表示它和别的词之间的语法关系。例如俄语的名词、代词、形容词都有六个格。"[②] 汉语中实际并不存在这种语法现象。

在《华语官话语法》中，万济国为了套用现成的拉丁语法体系，便有了如下前后矛盾的论述：

> 在汉语里，所有的名词都没有词尾变化，也没有格变。它们只能

---

① 胡适：《国语文法概论》，亚东图书馆1921年版，第36页。

② 《现代汉语词典》（第6版），第439页。

通过一些前置的小词（particles）来区分，或者通过其前、其后的词加以区分。……每一个词的格变几乎都是一样的，……通过将一些词项跟另外一些词项并列起来，再按照其句法位置来加以使用，我们就能把它们理解为格变，……①

万济国先是表态汉语没有格变，接着说汉语的格变几乎都是一样的，也就是汉语中有格变，但变化几乎一样，最后总结：通过将词项并列，再考虑句法位置，这就是汉语的格变了。综观全段，在万济国看来，汉语的格变还是存在的。因此，才会有《华语官话语法》的第三章“名词和代词的格变”。万济国根据拉丁语法的论述，也把汉语中的“格”分成了六种：主格、属格、与格、宾格、呼格和离格。②

马若瑟基于对汉语的深刻认识，没有就“格”列出单独的章节，只是进行了简短的说明：

汉语中的名词没有屈折变化来形成格和数，这些分别是通过特定小词（particles）的使用来清楚展示的。③

马若瑟比万济国高明的地方在于，他只列出了汉语中与拉丁语法“格变”类似的语法现象，挑出了有一定变化的属格、与格、呼格、离格这四种格变在汉语中的类似体现。例如，他列出“的”说明汉语中存在与所有格类似的语法现象：“天主的恩”“中国的人”“中国的话”。④ 马若瑟并没有特别专门介绍“格”，而是将其和其他语法现象放在一起列举讨论的，这应该是一种进步。

与万济国类似，马礼逊在《通用汉言之法》中也是专辟一节，来讨论格的问题。他在该节伊始，这样写道：

严格地来说，汉语中的名词没有格的变化，因为它们没有任何词

① ［西］弗朗西斯科·瓦罗：《华语官话语法》，姚小平、马又清译，第30页。

② 同上书，第31页。

③ Joseph Henri - Marie de Prémare. *The Notitia Linguae Sinicae.* Translated by J. G. Bridgman, p. 28.

④ Ibid..

> 尾的变化。这一点已经很明显了。但本书的目标只是为了提供汉语学习当中的实用性帮助，因此格的通常分法被保留。①

然后，除了主格和宾格因为形式一致没有举例外，马礼逊列出了属格、与格、呼格与离格的例子。这样的分法应该仍然源自拉丁语法，是受到了《华语官话语法》的影响。从上述三本著作，我们发现，早期的作者在谈到“格”的问题的时候，内心也是纠结的。一方面，他们指出汉语中没有所谓“格”的问题；另一方面，出于完善语法“体系”的需要，他们又削足适履地在书中论述汉语中的“格”。万济国和马礼逊为此都专辟章节，而马若瑟则没有。

威妥玛《语言自迩集》中也有一节谈到了“格”：

> 英国用户名目（noun），限定三个式样（three distinct modes），都是随势变用。汉话里既没有这个分别，只好对付着（tui fu cho，权且，临时凑合）分出三等（a series of three places）。②

威妥玛也说汉语中没有“格”的分别，但与前人的做法不同，他是根据英语中“格”的三种形式，“对付着”也分出了三等。

相较前面几位作者，甲柏连孜在《汉文经纬》中认为汉语名词共有五个“格”，比之六格说缺少了“呼格”。可见，西方传统的语法理论和语法体系对这些汉语语法著作的作者影响还是很深的。区别只是，有些作者对汉语语法的规律和特点认识得更加深刻些，仅此而已。

（二）动词

所谓“动词”，《现代汉语词典》对它的解释是：“表示人或事物的动作、存在、变化的词。”③ 动词，无论在西方语言还是在汉语中，都起着重要作用，是语法体系不可或缺的一环。

《华语官话语法》对于动词的描述如下：“动词是句子中的一个成分，它有式和时态，但没有格。在汉语中，就如名词没有格变一样。动词也没

---

① ［英］马礼逊：《通用汉言之法和英吉利文话之凡例》（影印版），第62页。

② ［英］威妥玛：《语言自迩集——19世纪中期的北京话》，张卫东译，第411页。

③ 《现代汉语词典》（第6版），第312页。

有变位形式，因为音节是不能变的。”[①] 接着，论述了系动词“是”和实义动词“做”的用法，接着便是动词的时态、语气和语态。这完全是西方语法著作的写法，基本上没有遵循汉语的特点来行事。有意思的是，万济国在书中还提出了汉语动词居然存在“不定式”，这实在过于离谱。看来，万济国并没有深刻、透彻地了解汉语，很多时候只是一味照搬西方的东西套用在汉语身上。

马礼逊《通用汉言之法》在讲到动词的时候，引入了汉语中“生字”“死字”的区分，直言所谓“生字”就是动词。该书指出：“在人称和数方面，（汉语中）动词的形式相同。式和时态由助词来造就。”[②] 论述过后，先是以“有”来具体说明汉语动词的用法，然后是关于动词时态、语气的举例说明。可见，马礼逊和万济国一样，都没有跳出西方传统语法的窠臼。论及动词，必以时态为重心。

在《汉语札记》中，马若瑟谈到动词：“在西方和字母语言中，我们习惯于把动词分成三类：主动、被动和中性——每一个动词都有不同的时态、式和人称。如果多个被提及，需要用复数；一个则用单数。因此，时态和式都会有各种的形式变化。这样的情况，汉语是极度缺乏的。”[③] 显然，马若瑟观察到，在西方语言中大行其道的动词“屈折”，在汉语中是不太常见的。正因为如此，马若瑟再举了几个例子：用“了”曾表示过去，用“明日”“要”“将”表示将来，便结束了关于时态的论述。关于动词也缺少“屈折”变化的问题，万济国和马礼逊不但没有提到，反而用了较大的篇幅、大量的举例来凸显动词的重要性。马若瑟对汉语的认识看来的确比万济国、马礼逊要到位一些。

以西方的时态、语态为核心来论述汉语中的动词，这种情况到了威妥玛《语言自迩集》的时候依然没有改变。威妥玛在《语言自迩集》第二版的“词类章”中谈到动词，标题异常显眼：“动词的情态、时态和语态修饰（*The Verb as Modified by Mood*，*Tense and Voice*）。”[④] 尽管这样做了，但鉴于汉语动词的特殊性，威妥玛在此也说明了这样做是“勉强”比附

① ［英］弗朗西斯科·瓦罗：《华语官话语法》，姚小平、马又清译，第 80 页。

② ［英］马礼逊：《通用汉言之法和英吉利文话之凡例》（影印版），第 113 页。

③ Joseph Henri - Marie de Prémare. *The Notitia Linguae Sinicae*. Translated by J. G. Bridgman, p. 34.

④ ［英］威妥玛：《语言自迩集——19 世纪中期的北京话》，张卫东译，第 420 页。

而已，这样的表态与马若瑟较类似：

> 英国无论人、物，所提及是“为的（being）”，是“做的（doing）”，是“受的（suffering or receiving）”，这宗字样，都归为那九项之一。汉文并没有这个限制，较难创出个专名字来，就是那活字 huo tzŭ，这字样 tzŭ yang，虽不能算是尽对的，权用也无不可，容我把两国随用的那活字，有相对相反的地方儿，勉强做个榜样。①

与前作相比，《汉文经纬》就没有多谈所谓的时态、语气。在讲到动词的时候，甲柏连孜从句法的角度着眼，重点论述了汉语文言中的主动句（Activum）和被动句（Passivum）。② 甲柏连孜的做法在此我们认为依然代表着一种进步，与其深入汉语动词上若有似无的时态、语气，不如干脆舍弃，放弃讨论。同样，这也是摆脱了传统西方语法体系束缚的表现。甲柏连孜也谈到了汉语中也有所谓“动词不定式”：“如果不是作为谓语或是具有实质动词概念的功能，每个动词的宾语和状语很容易形成一个不定式。”③ 尽管甲柏连孜的说法貌似具有一定的合理性，但这依然是牵强的比附，不能不说是一个遗憾。

本书中通过对西方汉语语法著作中的“格”“动词”概念的比对、分析，凸显了跨越两种语言和文化时发生的冲突和融合。在中西语言交流的过程中，从开始的西方语言的绝对压制，对汉语的论述要处处符合西方语法体系的需要，到后来越来越多的作者认识到汉语的特殊性，西语对汉语在此类著作中的“控制”逐渐松动，汉语本身得到了越来越多的重视，开始在后期的著作慢慢“崛起”。但由于这些 17—19 世纪的作者受学识、经历等多种因素的制约，在这些著作中，与汉语相比，西语始终都是强势语言。当然，这种概念的阐释绝对不仅是两种语言之间的问题，更为深刻的是文化层次的问题。这段时期西方很多的汉语语法著作作者其实并不十分了解中国的文化，在这样的情况下研究汉语语法，势必会造成多种偏差

① ［英］威妥玛：《语言自迩集——19 世纪中期的北京话》，张卫东译，第 420 页。

② Georg von der Gabelentz. *Chinesische Grammatik*: *Mit Ausschluss des niederen Stiles und der Heutigen Umgangssprache*. pp. 136&138.

③ Ibid..

或误读。通过这些著作，我们发现，两种语言、两种文化之间更多进行的是单向的沟通，缺乏双向的交流。

四　欧美汉语语法著作的历史地位和作用

17—19 世纪的欧美汉语语法著作，由于所处的时期和这些著作的流传度等原因，它们在中国的语法学研究中长期被忽视。事实上，这些汉语语法著作无论在中国语法学史，还是在中外文化交流史中都具有较高的历史地位，起着一定的作用。

西方人所编写的这些汉语语法著作，其中虽然有很多将西方的语法体系“生搬硬套”于汉语之上，很多作者对汉语认识粗浅，他们所论述的汉语语法也未必有如今天这样到位，存在着很多不够准确的地方。布龙菲尔德对传教士语言学的贡献就曾做出过不以为然的评价：“（这些传教士的）著作用起来一定要谨慎，因为作者在识辨外国语音方面没有受过训练，不可能做出准确的记录；而且他们只知道拉丁语法术语，硬套拉丁语法框框，对这些语言作了歪曲的解释。直到现代，没有受过语言学训练的人还编写着这一类的著作；这不仅是徒劳无功，而且很多资料也给损失了。”[①] 这样的评价有一定道理但却有失偏颇，这些著作表明了系统的汉语语法研究的开始，同时也是这一时期中外文化交流中不可或缺的一环。

在中国，对汉语的研究很早就开始了，其中也涉及一些与语法相关的内容，但这些最早研究却多与哲学问题的讨论相互纠缠。荀子在解释名称和内容之间关系的时候，提到了“约定俗成”：“名无固宜，约之以命。约定俗成，谓之宜，异与约，则谓之不宜。”[②] 虽然之后语法学没有什么发展，但汉语的音韵、训诂和文字学等却有了长足的进步，《说文解字》《方言》《词源》等著作在给汉字注音和释义的时候，有时会对一些语法现象进行归纳和整理。元明之后，尤其到了清代，中国传统语言文字学的研究达到了最高水平，出现了袁仁林《虚字说》、刘淇《助字辨略》和王引之《经传释词》等一大批名著，清儒对虚字、实字、动字和静字等有了更深的理解，进一步提出了形容词、代词等术语。尽管如此，他们的研究仍然停留在文字层面。可以说，一千多年以来，中国学者并没有对汉语

---

① 转引自董方峰《十九世纪英美传教士的汉语语法研究》，第 137 页。

② 王先谦：《荀子集解》，中华书局 1988 年版，第 221 页。

语法有过系统研究。因而，“在《马氏文通》之前，汉语语法学始终没有能够能建立起来”。[①]

本研究认为，邵敬敏的认识有偏差。事实上，汉语语法学在《马氏文通》之前就已经初步得以建立。只不过，做这件事情的并非中国人，而是西方人。经过了早期的探索，欧美的汉语语法著作到了19世纪中后期已渐趋成熟，艾约瑟《中国官话语法》（1857年）、儒莲《汉文指南》（1869年）以及甲柏连孜《汉文经纬》（1881年）都是难得一见的佳作，在当时具有领先的水平。正是这些著作的出现标志着汉语语法学的初步建立。恰恰是这一点，被中国多数的汉语语言学或汉语语法研究者所忽视。这些西方汉语语法著作揭开了序幕，是中国近代语法研究兴起的潮头，对中国学者的同类著作有着强大的启示作用。关于这点，我们将在本章最后论述。

同样，这个时期的汉语语法著作对中外文化交流的贡献也是不容抹杀的。17—19世纪，在中外文化交流的过程中，主要以西方人主动接近中国、认识中国、介绍中国为一大特色。不管怀有什么样的目的，许多西方人都希望能和中国人通畅地交流。因此，他们对汉语学习显得异常重视。许多汉语语法著作的编写者也正是出于这样的考虑出版著作，以便于有志于学习汉语的读者自学。从某种程度上来说，汉语语法著作与汉外词典一起，成为推动中西文化交流和发展的重要工具。正是在这两类著作的帮助之下，越来越多的西方人学习并掌握了汉语，他们借此了解中国，这些有关中国语言和文化的东西又在更大的范围内得以传播。

大多数的汉语语法著作（17—19世纪）还包含着一部分关于中国文化的介绍，许多的西方读者在读过之后，对中国文化的了解也更加深刻、全面。这些包含此类内容的语法著作，其作者大都来过中国，对中国当时的现实有准确的了解。这些汉语语法著作中的文化因素基本上都是围绕中国人日常生活中的礼节、习惯和中国的社会现实展开。例如，《华语官话语法》在最后结束时用了三章来讲述相关的细节：官话礼貌用语；如何称呼官员及其亲属，以及他人；如何在口语和书面语中称呼自己；交谈中的礼貌用语，以及拜访、邀请时的礼节。万济国曾经非常详细地描述了在中国客人到访时，主人应持的待客之道：

---

① 邵敬敏：《汉语语法学史稿》，第21页。

客人一到，主人就必须出来迎接。如果主人到了门口，他就应该站在客人的右边。在经过一道门的时候，主人不能先进去，应该停下来并对客人说："请"。到了"厅"里，主人就应让客人站在右边，从客人前面走过去，却不能对着他，然后就作揖，并问答如仪。①

与《华语官话语法》类似，《语言自迩集》体现的中国文化因素比较集中在"散语章"中。例如，在"散语"练习二十四的单字释义：

翁，老人，一般用来跟个人的号和文人雅号的首字合用。例如，一个人姓王，他的号是"雅亭"，那么就刻意说他为"雅翁"。②

在该书"问答章"中，威妥玛还谈到了客人赴约时的时间问题：

3. 我听说贵国请客，那帖子上定的时刻不能算准成，仿佛罢，写的是午刻，必得未刻去才好。

4. 那看帖子上是怎么写的，如果有个准字，就得到了那个时候就去，张大老爷这帖子上没有那准字，就写的是四点钟，您就六点钟去，也不算晚，去的太早咯，不但别位客不能到齐，碰巧了连主人还未必能够到呢。③

这段对话将文化直接融入语言，读者通过寥寥数语就可了解到在中国做客关于赴宴时间的原则，体现了极强的"中国特色"。当然，类似的例子并非只这两部书才有，其他的汉语语法著作也有一些，限于篇幅，不再一一赘述。

关于17—19世纪的西方汉语语法著作，本研究的态度是：不过分赞美，也不刻意贬低，把它们该有的历史地位和起到过的作用真实地还原出来，使学界对它们的认识归于理性。对此，大多数研究者都发表了类似的看法。董方峰认为对待传教士汉语语法研究成果的正确态度应该是："既

① ［西］弗朗西斯科·瓦罗：《华语官话语法》，姚小平、马又清译，第161页。

② ［英］威妥玛：《语言自迩集——19世纪中期的北京话》，张卫东译，第129页。

③ 同上书，第210页。

承认其贡献，看到他们在建构汉语语法体系、探索汉语语法问题方面的努力和成果，对他们的研究文本做认真的梳理和发掘；同时又以客观的历史眼光认识他们的历史局限性，以期给出公允的历史评价。"①

五　西方早期汉语语法著作与近代中国学者语法研究的兴起

1898年，马建忠出版《马氏文通》，这是中国学者单独编写的第一部真正意义的汉语语法著作。当代学者邵敬敏认为："《文通》的诞生，标志着中国汉语语法学的创立，这是一件在汉语语法学史上具有划时代意义的大事。"②《马氏文通》之后，许多中国学者的汉语语法书跟着出版，很多因袭了《马氏文通》的体系，如来裕恂的《汉文典》（1902年）、戴克敦的《国文典》（1912年）以及吴明浩《中学文法要略》（1917年）等著作。还有一些作者，既对《文通》持有总体肯定的态度，又指出了一些不足之处。他们在自己的著作中对《文通》的缺憾进行了修正和补订，如章士钊的《中等国文典》（1907年）、杨树达的《高等国文法》（1920年）。陈承泽的《国文法草创》（1922年）则是基于《马氏文通》有了较大的创新。这些著作的大量出现，表明《马氏文通》之后，近代中国学者的语法研究开始兴起。

1898年之后，中国学者的汉语语法研究深受《马氏文通》的影响。而《马氏文通》的编写和出版，则在西方早期汉语语法研究、西方传统的语法理论和体系以及中国旧有的文字学和训诂学三个方面广泛汲取营养。这里，本书重点考察《马氏文通》与之前的西方汉语语法著作之间的联系。关于如何对待《文通》之前的汉语语法研究，姚小平明确表明了自己的态度：

> 在世界汉语研究史上，《文通》并非第一部完整的、构成体系的汉语语法，也并非第一次系统地揭示了古汉语语法的特点。……《文通》永远值得我们纪念，但对《文通》以前的历史。我们也应尊重。在那段历史未得到澄清之前，我们对《文通》的功过得失便不可能

① 董方峰：《十九世纪英美传教士的汉语语法研究》，第139页。

② 邵敬敏：《汉语语法学史稿》，第52页。

有全面的认识。①

本书对此深表赞同，要厘清近代中国学者汉语语法研究的历史，就必须尊重《文通》之前西方人对汉语语法的论述和研究。这里，搞清楚《马氏文通》与西方汉语语法著作的关系就显得至关重要。

马建忠，又名乾，字眉叔，1845年出身于江苏丹徒（今镇江）一个信奉天主教的商人家庭。1853年，太平军占领了他的家乡。为了逃避战乱，幼年马建忠随家人连续迁徙，最终举家迁往上海，进入由法国教会所办的依那爵公学（Saint Ignace，后改名为徐汇公学）学习。1860年以前，马建忠一直在学习旧学，准备参加科举考试。这一年，英法联军攻占北京，对马建忠造成了极大的刺激。他遂“决然所弃所学，而学所谓洋务者”。为了直接了解当时西方各国先进的科学技术和世界局势，马建忠在《适可斋纪言·自纪》中表明心迹，决定要“学其今文字与其古文词”。于是，他进入了耶稣会在上海创办的初学院，学习拉丁文、英文、法文和希腊文，钻研西方的自然科学和社会科学。两年后，初学院学习期满，马建忠继续研习了一年的拉丁文，升入大学院。因对大学院中外学员的悬殊的待遇差距感到不平，马建忠于1869年到1870年间愤而退学。由于马建忠精通多种外语，又熟悉西方各国的情况，他受到了清廷洋务派重臣李鸿章的赏识。1870年，他随调任直隶总督的李鸿章北上天津，任翻译，帮办洋务。1876年，马建忠被派往法国巴黎大学政治学院留学，兼任使馆法语翻译。1880年，马建忠结束西洋出使，回到天津，担任清政府多项外事活动的翻译。从1881年到1882年，李鸿章多次派他出使朝鲜、印度以及南洋等地。但因为当时的中国积贫积弱，外交活动屡屡碰壁、失手，马建忠承担了许多本不该由他扛起的责任，遂退出外交舞台，转而兴办实业，任轮船招商局会办等职。1890年以后，马建忠放弃仕途，集中精力，从事著译。1898年，马建忠根据前期十余年的积累，完成《马氏文通》的编写并在上海出版。1900年，马建忠因病在上海去世，享年55岁。

纵观马建忠的生平，有两个时间段需要引起关注。这两段时间是其最有可能接触西方语言的语法著作和西人汉语语法的著作，并展开学习、研

① 姚小平：《〈汉文经纬〉与〈马氏文通〉——〈马氏文通〉历史功绩重议》，《当代语言学》1999年第2期。

究的时期。第一个时间段是 1853 年马建忠随家人来到上海，进入依那爵公学学习直到 1870 年前他从大学院退学。第二个时间段则是从 1876 年马建忠被派往法国留学直到 1880 年回到天津。

根据贝罗贝的转述，贝沃海力（Prevereli）认定马建忠在上海学习的时候，仔细研读过马若瑟的《汉语札记》，后来的《马氏文通》也受到了该著作的影响：

> 他认定培马尔[①]的专著确实对《文通》起到了影响。这部专著，实际上也许可以说是马建忠在上海森伊捏斯教会学校[②]读书期间，最早接触的语法著作之一。这一时期，远在他于 1875 年（或 1876 年）至 1880 年被派到法国就读之前。
>
> 实际上，我们知道当时教会学校的天主教父就是使用这部专著作为语法参考书。因此，不难看出这两部专著有着共同点，特别在组织结构方面。[③]

虽然这样的观点也还有待进一步的论证，但我们认为这种猜想或推测还是非常具有合理性的。

1876 年到 1880 年，马建忠身在法国，有机会接触到更多的与语法有关的著作，应该是论述汉语的以及欧美语言的都有。由于马建忠精通拉丁文、英文和法文，而欧美论述汉语语法的著作大都用这三种语言写成，因此，19 世纪晚期甚至在这之前出版、流传较广的西方汉语语法著作，除了用德文写成的《汉语教课本》和《汉文经纬》之外，马建忠都有可能读到过。相较其他而言，用法语写成的汉语语法著作有更大的可能性，其中应包括雷慕沙的《汉文启蒙》（1857 年再版）、巴赞的《官话语法》（1856 年初版）和儒莲的《汉文指南》（1869 年初版）。本书通过著作之间仔细对比，并未发现这些书和《文通》存在联系的证据，也未见有马建忠所提到的相关记述。所以，我们的结论是，马建忠的《马氏文通》

---

① 即马若瑟。

② 即上文所说的依那爵教会学校。

③ ［法］贝罗贝：《二十世纪以前欧洲汉语语法学研究状况》。参见北京大学中国传统文化研究中心编《文化的馈赠——汉学研究国际论文集·语言学卷》，第 471 页。

极有可能参考、借鉴过马若瑟的《汉语札记》，至于其他的汉语语法著作，马建忠可能也有所涉猎，只不过它们对《文通》并没有很大的实际影响。前文已述，《马氏文通》之后，中国学者很多的汉语语法著作大都是对该书的模仿或改进。与《文通》一样，这些著作大都集中探讨古代汉语中的书面语和口语。

由此可见，早期西方汉语语法著作对近代中国学者语法研究的兴起确实起到了一定的启迪和引领作用。当然，这里西方语言语法著作的影响也不容忽视，但不属于本研究探讨的范围。

本书对17—19世纪欧美汉语语法著作的历史进行了大致的梳理，对深具代表性的主要著作进行了个案研究，并尝试厘清这些著作之间的承袭关系，努力对它们从代表性个体和整体两个层面做出较为客观、公正的评价。但无论是在研究伊始，还是课题进行过程中，许多值得深入、有待深入但在现阶段却无法深入的问题，时刻给我们造成困扰。

本书主要以历史研究的方法对那段时间的西方汉语语法学的发展和进步进行审视，因为学术背景的关系，笔者发现在研究过程中与语言学的结合程度偏低；在与本书相关的一些欧美作者的人生行迹以及学习汉语的经历方面有待更多的史料发掘，以便进行更完善地查考；有些语法术语的继承和沿革脉络也至今存有疑问；对非英语汉语语法著作的分析、比较受到客观条件的约束未能有效实现。这些，都有待于更加深入和细致的研究。只有这样，17—19世纪欧美汉语语法著作的历史才会更加真实。当然，本课题的整理和研究正是为这些后续的进一步探讨提供可靠的基石。本书附录收录了许多西方的汉语语法著作，说明该领域仍有广阔的空间有待开发，在研究方法的多样性、研究的深度和广度等方面我们期待更多的学界人士贡献自己的才智。

附　录

一　17—19 世纪欧美汉语官话语法著作目录

序号	著作名	作　者	国　籍	著作语言	成书时间 /初版时间
1	Grammatica Sinica 中国文法	Martinus Martini 卫匡国	意大利	拉丁文、中文	1653 年成书 1696 年初版 （随文集）
2	Arte de la lengua Mandarina 华语官话语法	Francisco Varo 万济国	西班牙	西班牙文	1682 年成书 1703 年初版
3	Notitia Linguae Sinicae 汉语札记	Joseph Henri-Marie de Prémare 马若瑟	法国	拉丁文、中文	1728 年成书 1831 年初版
4	Museum Sincum 汉文博览	Theophilus Siegfried Bayer 巴耶尔	德国	拉丁文、中文	1730 年初版
5	Linguae Sinarum Mandarinicae hieroglyphicae Grammatica dúplex 中国官话	Étienne Fourmont 傅尔蒙	法国	拉丁文、中文	1742 年初版
6	A Grammar of the Chinese Language 通用汉言之法	Robert Morrison 马礼逊	英国	英文、中文	1811 年成书 1815 年初版
7	Clavis Sinica Elements of Chinese Grammar 中国言法	Joshua Marshman 马士曼	英国	英文、中文	1814 年初版
8	Élémens de la Grammaire Chinoise 汉文启蒙	Abel Rémusat 雷慕沙	法国	法文、中文	1822 年初版

续表

序号	著作名	作　者	国　籍	著作语言	成书时间/初版时间
9	Arte China Constante de Alphabeto e Grammatica Comprehendendo Modelos das Differentes 汉字文法	Joaquim Afonso Gonçalves 江沙维	葡萄牙	葡萄牙文、中文	1829年初版
10	Китайская Трамматика 汉文启蒙	Никита Яковлевич Бичурин 比丘林	俄罗斯	俄文、中文	1830年初版
11	Exercices Pratiques d'Analyse, de Syntaxe et de Lexigraphie Chinoise 汉文词汇句法分析实践	Stanislas Julien 儒莲	法国	法文、中文	1842年初版
12	Notices on Chinese Grammar 汉语语法	Karl Gützlaff 郭实腊	德国	英文、中文	1842年初版
13	Premiers Rudiments de la langue Chinoise 汉文初探	Anonymous 佚名	法国	法文、中文	1844年初版
14	Anfangsgründe der Chinesichen Grammatik 汉文语法基础	Von Stephen Endlicher 恩德利希	德国	德文、中文	1845年初版
15	Manuel Pratique de la langue Chinoise Vulgaire 习言读写中国话	Louise Rochet 罗歇	法国	法文、中文	1846年初版
16	Grammaire Mandarine ou Principes Généraux de la Langue Chinoise Parlée 官话语法	Antoine Bazin 巴赞	法国	法文、中文	1856年初版
17	Chinesische Sprachlehre, Zum Gebrauchte bei Vorlesungen and Zurselbstuniterweisung 汉语教课本	Wilhelm Schott 尚特	德国	德文、中文	1857年初版
18	A Grammar of the Chinese Colloquial Language, Commonly Called Mandarin Dialect 中国官话语法	Joseph Edkins 艾约瑟	英国	英文、中文	1857年初版

续表

序号	著作名	作　者	国　籍	著作语言	成书时间/初版时间
19	A Handbook of the Chinese Language 汉语手册	James Summers 苏谋斯	英国	英文、中文	1863年初版
20	Grammar of the Chinese Language 汉语语法	Wilhelm Loschied 罗存德	德国	英文、中文	1864年初版
21	Yü-yen Tzŭ-êrh Chi: A Progressive Course Designed to Assist the Student of Colloquial Chinese 语言自迩集	Thomas Francis Wade 威妥玛	英国	英文、中文	1867年初版
22	Syntaxe Nouvelle de la langue Chinoise 汉文指南	Stanislas Julien 儒莲	法国	法文、中文	1869年初版
23	Mandarin Grammar. 文学书官话	Tarleton Perry Crawford 高第丕 张儒珍	美国、中国	英文、中文	1869年初版
24	Grammaire de la langue Chinoise 汉文语法	Paul Hubert Perny 童文献	法国	法文、中文	1876年初版
25	Grammatical Studies in the Colloquial Language of Northern China 华北口语语法研究	Jasper Schudder Mcllvaine 文璧	美国	英文、中文	1880年初版
26	Chinesische Grammatik: Mit Ausschluss des niederen Stiles und der Heutigen Umgangssprache 汉文经纬	Georg von der Gabelentz 甲柏连孜	德国	德文、中文	1881年初版
27	Cours eclectique de langue Chinoise Parléé 京话指南	Camille Imbault Huart 于雅乐	法国	法文、中文	1887年初版
28	A Course of Mandarin Lessons 官话类编	Calvin Wilson Mateer 狄考文	美国	英文、中文	1892年初版
29	How to learn Chinese Language 官话特性研究	Chauncey Goodrich 富善	美国	英文、中文	1893年初版

续表

序号	著作名	作 者	国 籍	著作语言	成书时间/初版时间
30	Some Thoughts on the Study of Chinese 汉文学习思考	Oscar F. Wisner 尹士嘉	美国	英文、中文	1893年初版

说明：

1. 此目录的汉语语法著作是汉语官话著作，包括书面语和口语，但不包括方言。有些著作并未对官话和方言进行区分，或者是在讨论官话口语的同时也论及了方言，本表也收录在内。

2. 本目录所列汉语语法著作，已经进行一一核对。对于只存在于目录学著作中，但无法核实的汉语语法著作的，本目录暂不收录。

3. 对于汉语教科书收录为语法著作，主要参考前辈先贤的看法，多位专家意见一致的，才收进本目录。

4. 著作名称和作者姓名尽量收录全称，著作有副标题的都予以列出。

5. 汉语语法著作和作者的汉语译名，根据约定俗成，著作和作者本身就有汉文名，或是大多数人都以同一汉文名称呼，就依前例。少量例外，则用现代通行之法，对著作名称进行直译，对作者名实行对音。翻译时出现的任何差错，均由笔者负责。

二　17—19 世纪欧美主要汉语官话语法著作书影

说明：按著作出版的时间先后排序，同一著作的先后版本列在一起。若该著作有中文封面，一并列出。入选的著作均为本书的重点研究对象。

RELATIONS
DE DIVERS
VOYAGES
CVRIEVX,
QVI N'ONT POINT ESTE' PVBLIE'ES,
ou qui ont esté traduites d'Hacluyt, de Purchas, & d'autres Voyageurs Anglois, Hollandois, Portugais, Alemands, Italiens, Espagnols; & de quelques Persans, Arabes, & autres Autheurs Orientaux.

Enrichies de Figures de Plantes non décrites, d'Animaux inconnus à l'Europe, & de Cartes Geographiques de Pays dont on n'a point encore donné de Cartes.

DEDIE'ES AV ROY.

A PARIS,
Chez ANDRE' CRAMOISY, ruë de la vieille Bouclerie, au Sacrifice d'Abraham.

MDCLXXII.
AVEC PRIVILEGE DU ROY.

1.《旅行奇集》(*Relations de Divers Voyages Curieux*)，1696 年，

附件中收录有《中国文法》(*Grammatica Linguae Sinensis*，即后来所称的 Grammatica Sinica)。

LINGUÆ SINARUM
MANDARINICÆ HIEROGLYPHICÆ
GRAMMATICA
DUPLEX,
Latinè, & cum Characteribus Sinensium.
ITEM
SINICORUM
REGIÆ BIBLIOTHECÆ
LIBRORUM
CATALOGUS,
Denuò, cum Notitiis amplioribus & Charactere
Sinico, Editus
JUSSU
LUDOVICI DECIMI QUINTI.
Author STEPHANUS FOURMONT, *Arabica Lingua in Regio Francorum Collegio Professor, Regia Inscriptionum atque Humaniorum Litterarum Academia Pensionarius, Regia Bibliotheca Interpres ac Sub-Bibliothecarius, è Regiis Londini ac Berolini Societatibus, &c.*

LUTETIÆ PARISIORUM,
Chez HIPPOLYTE-LOUIS GUERIN, rue S. Jacques, à S. Thomas d'Aquin.
ROLLIN Fils, Quay des Augustins, au Palmier.
JOSEPH BULLOT, rue des Prêtres S. Severin, à S. Joseph.
Ex Typographiâ JOSEPHI BULLOT.

M. DCC. XLII.
CUM APPROBATIONE ET PRIVILEGIO REGIS.

2.《中国官话》(*Linguae Sinarum Mandarinicae hieroglyphicae Grammatica dúplex*), 1742 年。

A

GRAMMAR

OF THE

CHINESE LANGUAGE.

通用漢言之法

BY THE REV. ROBERT MORRISON.

Serampore:

PRINTED AT THE MISSION-PRESS.

1815.

3.《通用汉言之法》(*A Grammar of the Chinese Language*), 1815 年。

ÉLÉMENS

DE LA

GRAMMAIRE CHINOISE,

OU

PRINCIPES GÉNÉRAUX

DU KOU-WEN OU STYLE ANTIQUE,

ET DU KOUAN-HOA, c'est-à-dire, DE LA LANGUE COMMUNE GÉNÉRALEMENT USITÉE DANS L'EMPIRE CHINOIS.

PAR M. ABEL-RÉMUSAT,

De l'Académie royale des Inscriptions et Belles-Lettres, Professeur de Langue et de Littérature chinoises et tartares au Collége royal de France.

PARIS,

IMPRIMERIE ROYALE.

1822.

4.《汉文启蒙》(*Élémens de la Grammaire Chinoise*), 1822年。

辛巳年鐫

巴黎城阿伯兒輯

漢文啓蒙

御書樓聚珍梓行

《汉文启蒙》（*Élémens de la Grammaire Chinoise*）中文封面，1822 年。

NOTITIA

LINGUÆ SINICÆ.

AUCTORE P. PREMARE.

MALACCÆ:

CURA

ACADEMIÆ ANGLO-SINENSIS.

MD.CCC.XXXI.

5.《汉语札记》(*Notitia Linguae Sinicae*)(拉丁文版),1831 年。

THE

NOTITIA LINGUÆ SINICÆ

OF PRÉMARE.

TRANSLATED INTO ENGLISH

BY

J. G. BRIDGMAN.

CANTON:

PRINTED AT THE OFFICE OF THE CHINESE REPOSITORY.

1847

6.《汉语札记》（*The Notitia Linguae Sinicae of Prémare*）（英文版），1847 年。

GRAMMAIRE MANDARINE,

OU

PRINCIPES GÉNÉRAUX

DE LA LANGUE CHINOISE PARLÉE,

PAR M. A. BAZIN,

PROFESSEUR DE CHINOIS MODERNE
À L'ÉCOLE IMPÉRIALE ET SPÉCIALE DES LANGUES ORIENTALES VIVANTES,
SECRÉTAIRE ADJOINT DE LA SOCIÉTÉ ASIATIQUE.

PARIS.

IMPRIMÉ PAR AUTORISATION DE L'EMPEREUR

A L'IMPRIMERIE IMPÉRIALE.

M DCCC LVI.

7.《官话语法》（*Grammaire Mandarine ou Principes Généraux de la Langue Chinoise Parlée*），1856 年。

A GRAMMAR

OF THE

CHINESE COLLOQUIAL LANGUAGE

COMMONLY CALLED THE

MANDARIN DIALECT.

BY

JOSEPH EDKINS B. A. LOND.

FOREIGN ASSOCIATE OF THE ETHNOGRAPHICAL SOCIETY OF FRANCE

OF THE

LONDON MISSIONARY SOCIETY;

PEKING.

SECOND EDITION.

8.《中国官话语法》（*A Grammar of the Chinese Colloquial Language*），1864 年。

語言自邇集

YÜ-YEN TZŬ-ERH CHI,

A PROGRESSIVE COURSE

DESIGNED TO ASSIST THE STUDENT OF

COLLOQUIAL CHINESE,

AS SPOKEN IN THE CAPITAL AND THE METROPOLITAN DEPARTMENT;

In Eight Parts;

WITH KEY, SYLLABARY, AND WRITING EXERCISES;

BY

THOMAS FRANCIS WADE C.B.

SECRETARY TO H.B.M. LEGATION AT PEKING.

LONDON:

TRÜBNER & CO., 60, PATERNOSTER ROW.

MDCCCLXVII.

9.《语言自迩集》（第一版）（*Yü-yen Tzŭ-êrh Chi*），1867 年。

語言自邇集

(YÜ YEN TZŬ ÊRH CHI).

A

PROGRESSIVE COURSE

DESIGNED TO ASSIST THE STUDENT OF

COLLOQUIAL CHINESE

AS SPOKEN IN THE CAPITAL AND THE METROPOLITAN DEPARTMENT.

IN THREE VOLUMES.

SECOND EDITION.

PREPARED BY

THOMAS FRANCIS WADE,

Sometime H.B.M.'s Minister in China.

AND

WALTER CAINE HILLIER,

Chinese Secretary to H.B.M.'s Legation, Peking.

VOL. I.

SHANGHAI:
PUBLISHED AT THE STATISTICAL DEPARTMENT OF THE INSPECTORATE GENERAL OF CUSTOMS,
AND SOLD BY
KELLY & WALSH, LIMITED, SHANGHAI, YOKOHAMA, AND HONGKONG.
LONDON: W. H. ALLEN & Co., WATERLOO PLACE.
1886.

10.《语言自迩集》（第二版）（*Yü-yen Tzŭ-êrh Chi*），1886 年。

漢文指南

SYNTAXE NOUVELLE

DE LA

LANGUE CHINOISE

FONDÉE SUR LA POSITION DES MOTS

SUIVIE DE DEUX TRAITÉS SUR

LES PARTICULES ET LES PRINCIPAUX TERMES DE GRAMMAIRE,

D'UNE TABLE DES IDIOTISMES,

DE FABLES, DE LÉGENDES ET D'APOLOGUES

TRADUITS MOT A MOT

PAR

M. STANISLAS JULIEN,

DE L'INSTITUT.

The whole of Chinese grammar depends on position.
(*Morrison.*)

PREMIER VOLUME.

PARIS

LIBRAIRIE DE MAISONNEUVE

15, QUAI VOLTAIRE, 15.

MDCCCLXIX.

11.《汉文指南》(*Syntaxe Nouvelle de la langue Chinoise*), 1869 年。

CHINESISCHE GRAMMATIK

MIT AUSSCHLUSS

DES

NIEDEREN STILES UND DER HEUTIGEN UMGANGSSPRACHE

VON

GEORG VON DER GABELENTZ.

MIT DREI SCHRIFTTAFELN.

LEIPZIG

T. O. WEIGEL

1881.

12.《汉文经纬》(*Chinesische Grammatik*)，1881 年。

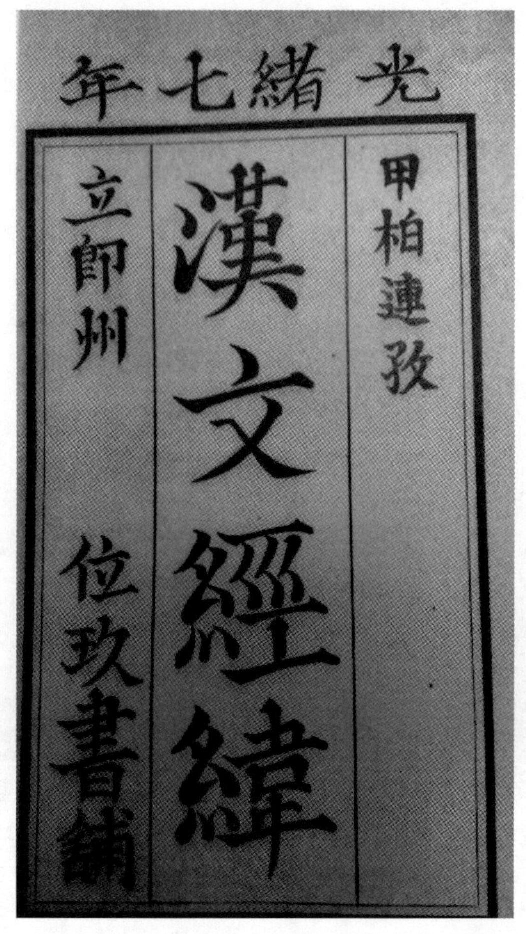

《汉文经纬》（*Chinesische Grammatik*）中文封面，1881 年。

基本文献

西方汉语语法著作

说明：按出版的时间先后排列，同一部著作的其他版本（包括汉译本）分列在各著作之后。若著作出版时有中文书名，则其列在外文书名之后。

Thévenot，Melchisédech. *Relations de divers Voyages Curieux*. Paris：Chez Andre'Cramoisy，rue de la vieille Bouclerie，au Sacrifice d'Abraham，1696.

Martini，Martinus. *Grammatica Sinica*，in *Martino Martini Opera Omnia*，Trento：Univedrsità degli Studi de Trento，1998.

［意］卫匡国：《中国文法》，白佐良意译、白桦中译，华东师范大学出版社 2011 年版。

Varo，Francisco. *Francisco Varo's Grammar of the Mandarin Language*. Translated by W.South Coblin，Joseph A.Levi. Amsterdam：John Benjamins，2000.

［西］弗朗西斯科·瓦罗：《华语官话语法》，姚小平、马又清译，外语教学与研究出版社 2003 年版。

Prémare，Joseph Henri-Marie de. *Notitia Linguae Sinicae*. Malaccae：Academiae Anglo-Sinensis，1831.

Prémare，Joseph Henri-Marie de. *The Notitia Linguae Sinicae*. Translated by J.G.Bridgman. Canton：The Office of the Chinese Repository，1847.

Bayer，Theophilus Siegfried. *Museum Sinicum：In Quo Sinicae Linguae te Litteraturae ratio Explicatur*. Petropoli：Ex Typographia Academiae Imperatoriae，1730.

Fourmont，Étienne. *Linguae Sinarum Mandarinicae hieroglyphicae Grammat-*

ica dúplex《中国官话》Lutetiae Parisiorum：Chez Hippolyte - Louis Guerin，1742.

Marshman，Joshua.*Clavis Sinica*：*Elements of Chinese Grammar*《中国言法》Serampore：Mission Press，1814.

Morrison，Robert.*A Grammar of the Chinese Language*《通用汉言之法》Serampore：The Mission Press，1815.

［英］马礼逊：《通用汉言之法和英吉利文话之凡例》，大象出版社 2008 年影印版。

Rémusat，Abel.*Élémens de la Grammaire Chinoise*，*ou Principes Généraux du Kou–wen ou Style antique*《汉文启蒙》Paris：Imprimerie Royale，1822.

Gonçalves，Joaquim Afonso. *Arte China Constante de Alphabeto e Grammatica Comprehendendo Modelos das Differentes*《汉字文法》Macao：De S.Jose，1829.

Бичурин，Никита Яковлевич. *Китайская Трамматика*《汉文启蒙》Санкт–Петерсург：Бе Литоярарve Теиuisяка，1835.

Julien，Stanislas.*Exercices Pratiques d'Analyse*，*de Syntaxe et de Lexigraphie Chinoise*.Paris：Benjamin Duprat，1842.

Philo–Sinensis.Notices on Chinese Grammar.Batavia：Mission Press，1842.

Anonymous. *Premiers Rudiments de la langue Chinoise*.Paris：Benjamin Duprat，1844.

Endlicher，Von Stephen. *Anfangsgründe der Chinesichen Grammatik*.Wien：Druck und Verlag Von Carl Gerold，1845.

Rochet，Louise.*Manuel Pratique de la langue Chinoise Vulgaire*. Paris：Typographie de Firmin Didot Preres& Benjamin Duprat，1846.

Bazin，Antoine.*Grammaire Mandarine ou Principes Généraux de la Langue Chinoise Parlée*.Paris：Autorisation de l'Empereur，1856.

Schott，Wilhelm. *Chinesische Sprachlehre*，*Zum Gebrauche bei Vorlesungen and Zurselbstuniterweisung*.Berlin：Ferd.Dummler's Verlagsruchhandlung，1857.

Edkins，Joseph.*A Grammar of the Chinese Colloquial Language*，*Commonly Called Mandarin Dialect*. Second Edition. Shanghai：Presbyterian Mission Press，1864.

Summers，James. *A Handbook of the Chinese Language*.Oxford：Oxford University Press, 1863.

Loschied, Wilhelm. *Grammar of the Chinese Language*. Hong Kong: Daily press, 1864.

Wade, Thomas Francis. *Yü - yen Tzŭ - êrh Chi: A Progressive Course Designed to Assist the Student of Colloquial Chinese, as Spoken in the Capital and the Metropolitan Department*《语言自迩集》London: Trübner Company, 1867.

Wade, Thomas Francis. *Yü - yen Tzŭ - êrh Chi: A Progressive Course Designed to Assist the Student of Colloquial Chinese, as Spoken in the Capital and the Metropolitan Departmen*《语言自迩集》Shanghai: the Statistical Department of the Inspectorate General of Customs 1886.

[英] 威妥玛:《语言自迩集——19世纪中期的北京话》，张卫东译，北京大学出版社2002年版。

Julien, Stanislas. Syntaxe *Nouvelle de la langue Chinoise*《汉文指南》Paris: Librairie de Maisssonneuve, 1869.

Crawford, Tarleton Perry 张儒珍. *Madarin Grammar*《文学书官话》Denchow: 1869.

Perny, Paul Hubert. *Grammaire de la langue Chinoise*. Paris: Adrien Maisonneuve, 1876.

Mcllvaine, Jasper Schudder. *Grammatical Studies in the Colloquial Language of Northern China*. Shanghai: American Presbyterian Mission Press, 1880.

Gabelentz, Georg von der. *Chinesische Grammatik: Mit Ausschluss des niederen Stiles und der Heutigen Umgangssprache*《汉文经纬》Leipzig: T.O.Weigel, 1881.

Mateer, Calvin Wilson. *A Course of Mandarin Lessons*. Second Edition. Shanghai: American Presbyterian Mission Press, 1906.

目录丛书

说明：按编者姓氏的首字母先后排序，中文著作列在外文著作之后。若著作出版时有中文书名，则其列在外文书名之后。

Andreae, V.& Geiger, John. *Bibliotheca Sinologic*《汉字文法书广总目》Frankfurt, 1864.

Cordier, Henri (ed.). *Bibliotheca Sinica: Dictionanaire Bibliographique des Ouvrages Relatives a l'Empire Chinois*. 5vols. Original Edition Published. Taipei：Ch'eng-wen Publishing Company，1966.

Lust，John（ed.）.*Western Books on China Published up to* 1850：*in the Library of the School of Oriental and African Studies.* London：Bamboo Publishing，1992.

Morrison，Robert.*Chinese Miscellany*.London：S.McDowall，1825.

Wylie，Alexander.*Memorials of Protestant Missionaries to the Chinese*.Shanghae：American Presbyterian Mission Press，1867.

张西平主编：《中国丛报》（*Chinese Repository*），顾钧、杨慧玲整理，广西师范大学出版社 2008 年影印版。

参考文献

说明：按编著者姓名的首字母先后排序。

中文论著

［德］阿塔纳修斯·基歇尔：《中国图说》，张西平、杨慧玲、孟宪谟译，大象出版社 2010 年版。

［英］艾丽莎·马礼逊编：《马礼逊回忆录》，杨慧玲、张蓉斌等译，大象出版社 2008 年版。

［葡］安文思：《中国新史》，何高济译，大象出版社 2004 年版。

［意］白佐良、马西尼：《意大利与中国》，萧晓玲、白玉崑译，商务印书馆 2002 年版。

［意］白佐良：《卫匡国〈中国文法〉》，白桦译，《国际汉学》第 15 辑，大象出版社 2007 年版。

［法］贝罗贝：《二十世纪以前欧洲汉语语法学研究状况》，《中国语文》1998 年第 5 期。

［英］博克舍编注：《十六世纪中国南部行纪》，何高济译，中华书局 1990 年版。

［意］柏朗嘉宾、鲁布鲁克：《柏朗嘉宾蒙古行纪·鲁布鲁克东行纪》，耿昇、何高济译，中华书局 1985 年版。

卞浩宇：《晚清来华西方人汉语学习与研究》，博士学位论文，苏州大学，2010 年版。

［美］布鲁纳、费正清、司马富编：《步入中国清廷仕途——赫德日记》，傅曾仁、刘壮翀、潘昌运等译，中国海关出版社 2003 年版。

［美］布鲁斯·L. 雪莱：《基督教会史》，刘平译，上海人民出版社 2012 年版。

陈喆：《伦敦会传教士艾约瑟的中西语言比较研究及其影响》，《学术研究》2008年第8期。

崔希亮：《语言学概论》，商务印书馆2009年版。

董方峰：《十九世纪英美传教士的汉语语法研究》，外语教学与研究出版社2011年版。

董海樱：《西人汉语研究述论——16—19世纪初期》，博士学位论文，浙江大学，2005年。

董海樱：《16世纪至19世纪初西人汉语研究》，商务印书馆2011年版。

[法] 杜赫德编：《耶稣会士中国书简集——中国回忆录》，郑德弟、吕一民、沈坚译，大象出版社2005年版。

常振国：《历代诗话论作家》，湖南人民出版社1984年版。

范晓：《三个平面的语法观》，北京语言文化大学出版社1996年版。

方豪：《中国天主教史人物传》，宗教文化出版社2007年版。

方豪：《中西交通史》，中国文化大学出版部1983年版。

[美] 费正清、刘广京编：《剑桥中国晚清史 1800—1911年》，中国社会科学出版社1985年版。

封宗信：《现代语言学流派概论》，北京大学出版社2006年版。

龚千炎：《中国语法学史》，语文出版社1997年版。

郭廷以：《近代中国史》，商务印书馆1947年版。

郭作飞：《近代汉语词汇语法论稿》，中国社会科学出版社2012年版。

顾长声：《传教士与近代中国》，上海人民出版社1981年版。

顾长声：《从马礼逊到司徒雷登：来华新教传教士评传》，上海书店出版社2005年版。

顾钧：《卫三畏与美国早期汉学》，外语教学与研究出版社2009年版。

顾钧：《英语世界最早的中文语法书》，《中华读书报》2012年2月1日。

顾卫民：《果阿：葡萄牙东渐文明中的城市》，上海辞书出版社2009年版。

顾卫民：《基督教与近代中国社会》，上海人民出版社2010年版。

桂林：《西方语言学理论对汉语语法学的影响》，《外语教学》2001 年第 3 期。

何九盈：《中国古代语言学史》，广州教育出版社 2000 年版。

何九盈：《中国现代语言学史》，商务印书馆 2008 年版。

［丹］何莫邪：《〈马氏文通〉以前的西方汉语语法书概况》，载《文化的馈赠——汉学研究国际论文集·语言文学卷》，北京大学中国传统文化研究中心编，2000 年 8 月。

［日］何群雄：《19 世纪新教传教史的汉语语法学研究——以艾约瑟为例》，阮星、郑梦娟译，《长江学术》2010 年第 1 期。

胡适：《国语文法概论》，亚东图书馆 1921 年版。

胡书经：《法国汉语教学与研究的历史》，《语言教学与研究》1983 年 7 月。

胡优静：《英国 19 世纪的汉学史研究》，学苑出版社 2009 年版。

黄时鉴：《黄时鉴文集》，中西书局 2011 年版。

黄时鉴主编：《解说插图中西关系史年表》，浙江人民出版社 1994 年版。

计翔翔：《十七世纪中期汉学专著研究——以曾德昭〈大中国志〉和安文思〈中国新志〉为中心》，上海古籍出版社 2002 年版。

蒋绍愚：《近代汉语研究概要》，北京大学出版社 2005 年版。

蒋绍愚、曹广顺主编：《近代汉语语法史研究综述》，商务印书馆 2005 年版。

［意］卡萨齐、莎丽达：《汉语流传欧洲史》，学林出版社 2011 年版。

康瑞琮：《古代汉语语法》，上海古籍出版社 2008 年版。

［德］柯兰霓：《耶稣会士白晋的生平与专著》，李岩译，大象出版社 2009 年版。

李灵、尤西林、谢文郁主编：《中西文化交流：回顾与展望》，上海人民出版社 2009 年版。

李保平：《加贝伦茨〈汉文经纬〉汉文引例校笺——以〈书〉〈诗〉〈论语〉为中心》，硕士学位论文，西南交通大学，2010 年。

［意］利玛窦：《利玛窦书信集》（上册），罗渔译，光启出版社、辅仁大学出版社 1986 年版。

［意］利玛窦、［比］金尼阁：《利玛窦中国札记》，何高济、王遵仲、

李申译，中华书局2005年版。

［法］李明：《中国近事报道》，郭强、龙云、李伟译，大象出版社2004年版。

李真：《〈汉语札记〉对世界汉语的贡献》，《世界汉语教学》2005年第4期。

李真：《雷慕沙与马若瑟汉语语法著作比较研究》，《国际汉学》第1期。

李真：《马若瑟〈汉语札记〉研究》，商务印书馆2014年版。

李明滨：《俄罗斯汉学史》，大象出版社2008年版。

李学平：《英语语法研究历史梗概》，《外语学刊》1982年第3期。

李雪涛：《日耳曼学术谱系中的汉学——德国汉学之研究》，外语教学与研究出版社2008年版。

林红、王镇富：《中外文化的冲突与融合》，山东大学出版社2010年版。

林玉山：《汉语语法学史》，湖南教育出版社1983年版。

刘淇：《助字辨略》，中华书局1954年版。

刘润清：《西方语言学流派》，外语教学与研究出版社2002年版。

刘子菁：《马若瑟汉语教学理论及实践之探讨——以〈汉语札记〉为中心》，硕士学位论文，南京大学，2014年。

柳若梅：《俄国汉学史上的第一部汉文语法书——汉学启蒙》，《福建师范大学学报》2010年第2期。

［丹］龙伯格：《清代来华传教士马若瑟研究》，李真、骆洁译，大象出版社2009年版。

［德］马汉茂、汉雅娜，［中］张西平、李雪涛主编：《德国汉学：历史、发展、人物与视角》，大象出版社2005年版。

马建忠：《马氏文通》，商务印书馆1983年版。

［英］马礼逊夫人编：《马礼逊回忆录》，顾长声译，广西师范大学出版社2004年版。

马松亭：《汉语语法学史》，安徽教育出版社1986年版。

梅膺祚：《字汇·字汇补》，上海辞书出版社1991年版。

［西］门多萨：《中华大帝国史》，何高济译，中华书局1998年版。

［美］孟德卫：《奇异的国度：耶稣会适应政策及汉学的起源》，陈怡

译，大象出版社 2010 年版。

孟庆波、刘彩艳：《专业汉学以前韩国汉语研究简述》，《河北理工大学学报》2011 年第 2 期。

［英］米怜：《新教在华传教前十年回顾》，张蓉斌译，大象出版社 2008 年版。

莫东寅：《汉学发达史》，大象出版社 2006 年版。

濮之珍：《中国语言学史》，上海古籍出版社 2002 年版。

［法］荣振华、方立中、热拉尔·穆赛等：《16—20 世纪入华天主教传教士列传》，耿昇译，广西师范大学出版社 2010 年版。

桑兵：《国学与汉学——近代中外学界交往录》，中国人民大学出版社 2010 年版。

邵敬敏：《汉语语法学史稿》，商务印书馆 2006 年版。

宋桔：《〈语言自迩集〉的文献和语法研究》，博士学位论文，复旦大学，2011 年。

孙三军、周晓岩：《语言研究：方法与工具》，安徽大学出版社 2011 年版。

孙玄常：《汉语语法学简史》，安徽教育出版社 1983 年版。

［瑞士］索绪尔：《索绪尔第三次普通语言学教程》，屠友祥译，上海人民出版社 2007 年版。

［英］汤森：《马礼逊——在华传教士的先驱》，王振华译，大象出版社 2002 年版。

谭慧颖：《〈西儒耳目资〉源流辨析》，外语教学与研究出版社 2008 年版。

谭树林：《马礼逊与中西文化交流》，中国美术学院出版社 2004 年版。

王珏：《现代汉语语法研究：专题、理论与方法》，上海交通大学出版社 2010 年版。

王力：《中国语言学史》，复旦大学出版社 2006 年版。

王立新：《美国传教士与晚清中国现代化》，天津人民出版社 2008 年版。

王绍祥：《西方汉学界的“公敌”——英国汉学家翟理斯（1845—1935）研究》，博士学位论文，福建师范大学，2004 年。

王艳：《甲柏连孜〈汉文经纬〉略论》，硕士学位论文，北京外国语大学，2000年。

王先谦：《荀子集解》，中华书局1988年版。

王致心：《中国基督教史纲》，上海古籍出版社2004年版。

［美］卫斐列：《卫三畏生平及书信——一位美国来华传教士的心路历程》，顾钧、江莉译，广西师范大学出版社2004年版。

文秋芳、俞洪亮、周维杰：《应用语言学研究方法与论文写作》，外语教学与研究出版社2012年版。

吴孟雪、曾丽雅：《明代欧洲汉学史》，东方出版社2000年版。

吴为善：《认知语言学与汉语研究》，复旦大学出版社2011年版。

吴霞：《英国伦敦会传教士艾约瑟研究》，硕士学位论文，福建师范大学，2005年。

吴义雄：《在宗教和世俗之间——基督教新教传教士在华南沿海的早期活动研究》，广东教育出版社2000年版。

肖玉秋：《俄国传教团与清代中俄文化交流》，天津人民出版社2009年版。

［法］谢和耐、戴密微等：《明清间耶稣会士入华与中西汇通》，耿昇译，东方出版社2011年版。

熊文华：《英国汉学史》，学苑出版社2007年版。

熊月之：《西学东渐与晚清社会》，天津人民出版社1994年版。

许光华：《法国汉学史》，学苑出版社2009年版。

许明龙：《黄嘉略与早期法国汉学》，中华书局2004年版。

许余龙：《对比语言学》，上海外语教育出版社2010年版。

徐宗泽：《明清间耶稣会士译著提要》，上海书店出版社2010年版。

徐宗泽：《中国天主教传教史概论》，上海书店出版社2010年版。

阎国栋：《俄罗斯汉学三百年》，学苑出版社2007年版。

阎宗临：《传教士与法国早期汉学》，大象出版社2003年版。

杨慧玲：《19世纪汉英词典传统——马礼逊、卫三畏、翟理斯汉英词典的谱系研究》，商务印书馆2012年版。

姚小平：《〈汉文经纬〉与〈马氏文通〉——〈马氏文通〉历史功绩重议》，《当代语言学》1999年第2期。

姚小平：《现存最早的汉语语法著作——瓦罗著〈华语官话语法〉简

介》，《中国语文》2001 年第 5 期。

姚小平：《17—19 世纪的德国语言学与中国语言学》，外语教学与研究出版社 2001 年版。

姚小平主编：《〈马氏文通〉与中国语言学史》，外语教学与研究出版社 2003 年版。

姚小平主编：《海外汉语探索四百年管窥》，外语教学与研究出版社 2008 年版。

姚小平：《西方语言学史》，外语教学与研究出版社 2011 年版。

姚小平：《从语法到修辞——马若瑟〈汉语札记〉评析》，《当代修辞学》2014 年第 4 期。

叶蜚声、徐通锵：《语言学纲要》，北京大学出版社 2010 年版。

俞强：《鸦片战争前传教士眼中的中国——两位早期来华新教传教士的浙江沿海之行》，山东大学出版社 2010 年版。

于锦恩：《马礼逊的汉语学习考察》，《东南大学学报》2009 年第 6 期。

袁仁林：《解惠全注 · 虚字说》，中华书局 1989 年版。

［葡］曾德昭：《大中国志》，何高济译，上海古籍出版社 1998 年版。

查时杰：《马礼逊与广州十三夷馆》，广西师范大学出版社 2010 年版。

张国刚：《德国的汉学研究》，中华书局 1994 年版。

张国刚：《剑桥大学中国学的历史与现状》，《中国史研究动态》1995 年第 3 期。

张国刚等：《明清传教士与欧洲汉学》，中国社会科学出版社 2001 年版。

张卫东：《威妥玛氏〈语言自迩集〉所记的北京音系》，《北京大学学报》1998 年第 4 期。

张西平：《欧美汉学研究的历史与现状》，大象出版社 2006 年版。

张西平：《世界汉语教育史的研究对象与研究方法》，《世界汉语教学》2008 年第 1 期。

张西平、陈力卫、杨少娴等编：《马礼逊研究文献索引》，大象出版社 2008 年版。

张西平：《清代来华传教士马若瑟研究》，《清史研究》2009 年第

2 期。

张西平主编:《世界汉语教育史》,商务印书馆 2009 年版。

张西平、吴志良、彭仁贤编:《架起东西方交流的桥梁——纪念马礼逊来华 200 周年学术研讨会论文集》,外语教学与研究出版社 2011 年版。

张西平:《中西文化的初识:北京与罗马》,华东师范大学出版社 2012 年版。

张西平、罗莹主编:《东亚与欧洲文化的早期相遇——东西文化交流史论》,华东师范大学出版社 2012 年版。

张西平、[意] 马西尼、[意] 斯卡尔德志尼:《把中国介绍给世界:卫匡国研究》,华东师范大学出版社 2012 年版。

张西平、杨慧玲编:《近代西方汉语研究论集》,商务印书馆 2013 年版。

张延俊、钱道静:《〈文学书官话〉语法体系比较研究》,崇文书局 2007 年版。

郑奠、麦梅翘编:《古汉语语法学资料》,中华书局 1964 年版。

周法高:《论中国语言学》,香港中文大学出版社 1980 年版。

周燕:《传教士与中外文化交流:李明中国近事报道研究》,浙江大学出版社 2012 年版。

邹嘉彦、游汝杰主编:《语言接触论集》,上海教育出版社 2004 年版。

西文论著

Bertuccioli, Ciuliano.*Martino Martini's Grammatica Sinica*.Monumenta Serica, Vol.51, 2003.

Coblin, W. South. *Robert Morrison and the Phonology of Mid - Qing Mandarin.* Journal of the Royal Asiatic Society, Third Series, Vol. 13, No. 3, 2003.

Cooley, James. *T.F.Wade in China: Pioneer in Global Diplomacy.* Leiden: Brill, 1981.

Duyvendak, J. J. L. *Early Chinese studies in Holland*, Toung Pao. Leiden, 1936.

Lundbaek, Knud.*Joseph de Prémare* (1666-1736), *S.J.: Chinese Phi-*

lology and Figurism.Aarhus：Aarhus University Press，1991.

Mungello，David.*Curious Land：Jesuit Accommodation and the Origins of Sinology*.Stuggart：Franz Steiner Verlag Wiesbaden Gmbh，1985.

Murray，Lindley.*An English Grammar*.London：Longman，1808.

Nebrija，Antonio.*Gramatica de la lengua castellana*，1492.

Saussure，F. de. *Course in General Linguistics*. Foreign Language and Research Press.& Gerald Duckworth Co.Ltd.，2001.

Webb，John.*Endeavouring a Probability That the language of the Empire of China is the Primitive Language*. Londn：Augel in Gresham Colledge，1669.

后　记

终于，我完成了书稿。这部书稿也是自己近几年研究的一个成果。当初，在中学担任教师的我在教学水平、个人素质等方面广受领导、同事和学生的好评。只是因为自己内心残存的对学术的追求与渴望，我毅然放弃安定，选择漂泊。这应该是出于年轻时的冲动与勇气，若是换作现在，我恐怕未必会这么做。

与美好的愿景不同，现实的学术研究之路充满了艰辛。但既然这条梦想之路是自己所选，我便应该乐观面对，竭尽全力，解决前进道路上出现的一切问题，迎难而上，圆满实现自己早年的美好理想。在这种内心信念的支撑和激励下，我完成了这部书稿。

在这里，我最要感谢的是浙江大学的计翔翔教授。计老师广博的学识让人折服，与学生亲切、平等的交流使人如沐春风。在书稿的修改过程中，计老师不厌其烦，对其中出现的一些错误直接修改，并多次提出中肯的建议。本人落实这些建议之后，书稿增色不少，变得更加全面、合理。可以说，我能顺利完成这部书稿，与其切实、深入地指导是分不开的。计老师对待研究严谨、求实的态度给了我很大的影响。

浙江大学中国古代史研究所的多位老师也在学习和研究上给了我诸多的帮助。在书稿的修改过程中，卢向前教授、孙竞昊教授、龚缨晏教授和其他老师提出了多条好建议。对于他们，我内心的感激无法用文字精确地表达，只能真心地对各位老师说声：“谢谢！”

还有，王永杰学长、马智慧学长、田力同学、吴倩华同学等众多学友对于我在学业和研究上的浅薄不以为意，多次的沟通和交流使我获益良多。拥有如此众多的良师益友，幸甚！

最后，我必须感谢我的父母，正是他们的支持，我才能在工作之后走上真正的学术之路。我还要感谢我的爱人，能与她在杭州相识、相恋，是我一辈子最幸运的事。老婆，谢谢你的默默付出，陪着我一起吃苦。正是你的理解和支持使我的生活变得快乐、温馨。当然，感谢的名单中绝对不可缺少我们的宝贝。有了你，爸爸很幸福，自然也会更努力！

我坚信，这部书稿是我学术人生的一个新起点！

叶　锋

2017 年 1 月 14 日